可持续的人口集聚

——以长三角地区的人口导入和碳减排实现机制为例

Sustainable Population Agglomeration
Take the Population Introduction and Carbon Emission
Reduction Mechanism in the Yangtze River Delta
as an Example

谭 静 ◎ 著

经济管理出版社
ECONOMY & MANAGEMENT PUBLISHING HOUSE

图书在版编目（CIP）数据

可持续的人口集聚：以长三角地区的人口导入和碳减排实现机制为例/ 谭静著 . —北京：
经济管理出版社，2019.7
ISBN 978-7-5096-6524-4

Ⅰ. ①可… Ⅱ. ①谭… Ⅲ. ①长江三角洲—流动人口—研究 Ⅳ. ①C924.255

中国版本图书馆 CIP 数据核字（2019）第 068501 号

组稿编辑：任爱清
责任编辑：任爱清　姜玉满
责任印制：黄章平
责任校对：赵天宇

出版发行：经济管理出版社
　　　　　（北京市海淀区北蜂窝 8 号中雅大厦 A 座 11 层　100038）
网　　　址：www. E-mp. com. cn
电　　　话：(010) 51915602
印　　　刷：北京玺诚印务有限公司
经　　　销：新华书店
开　　　本：720mm×1000mm/16
印　　　张：19.25
字　　　数：367 千字
版　　　次：2019 年 8 月第 1 版　　2019 年 8 月第 1 次印刷
书　　　号：ISBN 978-7-5096-6524-4
定　　　价：88.00 元

在全国人口迁移流动和人口国土再分布的过程中，我国东部地区人口和环境关系面临着重大挑战。无论是按照区域规划、国家层面的人口功能区划还是区域自身发展战略，东部地区将成为我国最大的人口导入区之一。人口集聚与东部地区的工业化、城市化和经济发展是紧密联系的，在此过程中，人口—环境冲突日益加剧，环境恶化速度超过了区域对环境的自我修复能力，从而表现出发展过程中的环境恶化，并表现出生态环境压力制约了区域发展的潜力，限制了区域生态环境的质量，也限制了人口继续向东部地区集聚的可能性。

然而，当我们思考如何改善这种人口—环境关系时，发现以往生态承载力、环境容量等研究思路，对于解决长三角地区的可持续性问题显得力不从心。这是因为区域是一个高度开放的系统，许多资源环境问题可以通过国内外贸易得到解决，区域的实际承载力并不很适合作为判断区域是否可持续发展的标准。英国经济学家——著名的适度人口论的奠基人埃德温·坎南说过，土地与人口的关系（即土地的承载力）存在着一个适度水平，而这一适度水平也是动态变化着的。同时，以往研究对于人口—环境关系改善的手段，更多强调"减"和"抑制"的手段，例如，认为人口增长带来了区域不可持续发展，控制人口数量是实现区域可持续发展的直接手段。本书的一个基本观点是，实现良好的人口—环境关系需要在一个综合的、复杂的系统中，考察人口变动和生态环境的相互关系。本书带着对人口导入区的人口—环境关系和区域可持续性该如何观察的思考，初衷便是希望为东部地区的发展战略提供更加促进功能区可持续性的观察和建议。

本书以我国主要的人口集聚区——长三角地区为研究对象，首先运用规范的人口学方法，对长三角地区人口导入的未来发展态势进行预判，指出长三角地区将保持人口持续导入的态势，这种人口集聚甚至在我国人口总量到达顶峰开始下降之后依然持续进行。

在文献研究和定性分析的基础上，本书指出人口是影响区域可持续性的重要因素，但并不是唯一因素；人口—环境关系是内嵌入区域复杂系统中的，通过经济、技术等各种途径影响着区域可持续性，那么在人口集聚的背景下就可能存在某些有力的措施能够改善人口—环境关系，实现区域可持续性的增强。

同时，本书也着力搭建一系列用于观测区域可持续性的概念框架，用可持续的一阶观测和二阶观测共同构成区域可持续性的评价，用"可持续的人口集聚"考察区域的人口—环境关系。该概念框架指出，如果在人口集聚的同时环境指标得到改善则是实现了绝对的可持续的人口集聚，即人口—环境关系的无压力状态；如果环境指标恶化速度小于人口集聚速度，则是相对的可持续的人口集聚的改进，即人口—环境关系的弱压力状态；如果环境恶化速度超过人口集聚速度，则是不可持续的人口集聚，即人口—环境关系的强压力状态。从而将以往对于区域要么"可持续"、要么"不可持续"的"二元"判断拓展到"三阶段"判断，增加了从不可持续向可持续状态过渡的"可持续的改进"阶段。这样的判断一定程度上也可以得到经济发展与环境的库兹涅茨曲线的支撑，并克服了以往的主观性和区域系统开放性等问题。人口集聚过程中所带来的生态环境恶化，通过一个相对弱化和向可持续发展的转化，则有可能转变为人口集聚过程中更加可持续性的状态。同时该概念框架也指出，如果经济保持增长的同时，实现了可持续的人口集聚，则是实现了"智慧型的经济发展"，这样的发展设想，区别于以往"粗放型经济增长"和"减"的可持续思想。

本书进而以长三角地区的人口—碳排放关系为例，对长三角地区历史上可持续的人口集聚指标的变动进行了测量，说明了长三角地区过去的发展是一种不可持续的人口集聚状态，即：随着人口集聚，区域碳排放增加且增加程度快于人口集聚速度。

在概念框架的基础上，本书从理论上提出了实现可持续的人口集聚的十大路径。在数据的收集、整理和验证等工作的基础上，通过文献研究、计量经济学和社会统计学分析构建了长三角地区的 2005~2050 年人口—碳排放关系的系统动力学模型，作为基础模型；基于上述关于人口—环境关系的十大路径的假设，构建了 11 个政策调整模型。这些模型的结论是清晰而有说服力的，在模型基础上笔者也罗列了一个内容丰富的结论清单，并分析了这些结论对于推动人口—环境关系改善和实现区域可持续性的政策意义。本书研究发现：

第一，有些手段能够促成智慧型经济发展的转变，即在不改变甚至略有增加经济规模的情况下，实现可持续的人口集聚。例如，促进产业结构向第三产业转移，进而促进高科技农产品的供给和提高服务产品的消费；再如形成稳定的、良好的、社会普遍的节能环保观念和实施一项有规范力的环境政策。

第二，有些手段虽然不能保障智慧型经济发展的转变，但对于促进人口—碳排放关系改善状况的效果非常显著，并且是持久有效的。例如推动紧凑型城市建设；再如积极发展提高能源利用率的技术，其效果在短期内可能不甚明显，但随着时间的推进将对人口—环境关系产生改善作用。

第三，有些手段需要我们做出权衡，即在这些手段的作用下扩大经济规模和增强人口集聚的可持续性并不能两全，这是现实生活中大多数推动环境友好型发展所面临的重要尴尬问题。例如，减少生产性投资，而将国民经济更多地用于环保型技术投资和居民消费等，会降低经济水平，但同时也是环境友好的转变。提高全要素生产率大大增加了产出，也破坏了人口—环境关系。另外，在本书研究中，关于降低能耗水平的技术因子并没有表现出乐观的"技术万能"作用，即依靠技术改善环境是不能实现的。当然一项好的人口—环境关系友好型技术，即环保技术，确实能够扩大可持续的时间范围和成果。

第四，还有一些我们正在积极倡导的措施，并非出于人口—环境关系的改善，如果这些政策并没有对环境造成明显的影响，那么，我们可以说出于其他社会发展的目的，这种手段是"相对"环境友好的。例如，提高第三产业就业比重、促进就业结构向第三产业转变、适当地提高第二产业就业弹性，结束第一产业劳动力挤出的局面，并没有表现出显著的环境不友好，因此出于社会稳定、促进就业的目的，在区域建设环境友好型社会的过程中是可以推行的。再如开发老年人力资源，使老年人口推迟退出劳动力市场，促进生产型老龄社会的建设，鼓励低年龄劳动力人口延长教育年限、充分积累人力资本、推迟进入劳动力市场，也没有表现出明显的环境不友好，甚至环境指标略有改善。

第五，本书还间接地得到一些启示，如对区域发展做出长期的规划是有必要的，因为提早规划有助于节能观念的培养、有助于政策发挥效果。

除以上政策措施之外，本书还特别提出了区域实现可持续的人口集聚的必要条件：时间、合作和组合。因为政策发挥效果需要时间，而一项看似没有恶化人口—环境关系的政策长期看却可能严重破坏环境，即给一项政策发挥作用的充分耐心和给一项政策足够长的检验时间；另外，对于一项措施我们及早行动会快速地降低为实现人口—环境友好转变的时间成本和其他成本，并使碳排放维持在较低的水平上，也就是说加快行动速度、加快反应速度，但是给政策试验足够的时间。区域性的合作则是关系到上述所有政策结果是否能落实的最重要因素，不合作对环境的结果往往是零和博弈，甚至是负和博弈。组合是政策最大发挥环境、社会、经济效能的办法，即通过政策的优势互补、劣势相抵来最大化政策效用。

最后，本书针对长三角地区目前的大规模人口集聚和经济的快速发展，示范性提出了若干改善人口—环境关系的政策组合对策，通过互补的政策组合规避某些手段带来的社会负效应，供相关研究和决策参考。

此外，我们还得到四个关于"谨慎判断"的启示。第一，长期人口预测往往带有很大的概率特征，随着预测期的延长概率区间也会变大，点预测的精确度将大打折扣，因此对于长期人口预测需要进行区间预测，对点预测保持谨慎的判断，更为可靠的是对于长期人口预测着重观察曲线的增长态势，而非绝对数值。第二，尽管在本书研究中系统动力学模型描述了非线性的、复杂错综的联系和作用，但本质上这仍然是一个高度抽象的、有限的系统动力学模型，此外，系统动力学的性质决定了其对于长期发展的绝对数值模拟将有偏差，因此对有关结论需要保持谨慎的判断，对于系统性的研究更多是需要关注结构和趋势的问题。第三，对于研究概念框架"可持续的人口集聚"的内涵和适用性保持谨慎，可持续的人口集聚并不意味着"人口越多可持续性越高"。第四，由于时间的重要性，对于人口—环境关系的相关政策手段的研究应尽可能拉长观察期，从而观测从政策执行到效果消失的全过程，以便对期间可能发生的任何状况做好充足的应对措施，时间过短的政策研究往往很容易造成误判，因此对于政策的评估和研究需要保持一定的谨慎。

总之，发展中国家的人口导入区，环境面临着人口集聚和经济发展的双重压力，而区域发展却不同于以往发达国家"先污染后治理"的历程，因此实现"可持续的人口集聚"是一条充满挑战也将有极大回报的发展道路。我们无论何时都应该知道，是否实现可持续发展是受到综合因素影响而难以判定的，但实施促进可持续性的改进策略是我们可以立即行动加以促成的。

目录 Contents

引　言

长三角地区作为我国最大的生产服务型人口导入区之一，一方面要完成生产发展和自身发展，另一方面也肩负着国家生态脆弱区人口移民的重要环境重任。只有在保持自身发展、人口集聚的同时至少不降低自身目前的可持续水平才有可能实现整体国家可持续发展的"帕累托改进"。这一现实使我们不得不去思考两个问题：一是如何考察和评价人口导入区的可持续性，看待这一问题的角度；二是如何使人口导入区转变为可持续的人口集聚功能区，某些方法对于区域可持续性改善的方面、方向、程度是如何的。

一、研究的范围界定和核心内容

（一）区域的可持续性相关边界

本书研究目的在于区域可持续性的增强和区域人口—环境关系的改善。首先，本书所强调的区域可持续性主要是人口—环境关系层面。其次，区域主要界定在国家级别内，省市级别上一级的地域，例如，长三角地区等。再次，区域可持续性的增强，体现在实际区域内部系统中即是人口—环境关系是否具有可持续性，如人口—碳排放关系、人口—水资源关系等，这与可持续发展要求地球系统的各个方面都实现改善在地域范围、程度和改善的内容上都是不同的。最后，区域作为一个高度开放的系统，与全球封闭系统是不同的，尽管统摄于全球可持续发展之下，区域内部的环境资源问题往往可以通过国内和国际贸易的方式得到解决，因此本书对于区域增强可持续性最先关注的往往有两方面，一是区域发展中的"环境短板"问题，二是区域发展中相对于其他子系统关联度最大的环境问题。

（二）研究对象说明

长三角地区相关的地界划分有三个：长三角城市群，泛长三角地带，长三角地区。长三角城市群又称为长江三角洲经济圈，2003 年该城市群包括上海、杭州、苏州、无锡、常州、镇江、南京、扬州、泰州、南通、宁波、嘉兴、湖州、绍兴、舟山、台州共 16 个城市，2010 年长三角城市群增加至 22 个城市，增加了盐城、淮安、金华、衢州、合肥、马鞍山。

泛长三角地带有两种提法，一是包括上海、江苏、浙江和安徽；二是包括上海、江苏、浙江、安徽和江西。这一地理概念由胡锦涛总书记 2008 年第一次明确提出。

2008 年《国务院关于进一步推进长三角洲地区改革开放和经济社会发展的指导意见》定义了长江三角洲地区，即长三角地区为上海市、江苏省和浙江省的两省一市行政辖区。这也是本书所使用的长三角地区范围。

（三）研究的核心内容

本书研究的核心内容包括两个方面。

一是概念框架的探索和架构，目的是建立一套在人口导入区观察区域可持续性和人口—环境关系的视角。包括可持续性的一阶观测和二阶观测，以及可持续的人口集聚。需要特别指出的是，可持续的人口集聚是一个以弹性为形式的指标，是将人口和环境联系起来的用于考察人口—环境关系的指标。实现可持续的人口集聚表示在人口集聚的背景下，区域可持续性改善或者至少发生方向性的改进，并不代表人口集聚与区域可持续性直接的因果关系，也不表示人口越集聚区域可持续性越强，区域可持续性本身需要包括人口、经济等在内的一系列措施促成。

本书不否认并且在某种程度上支持，对于中国而言，实现某些区域的人口集聚和另一些区域的人口疏散，有助于提高全国可持续发展的能力。但对于人口集聚区而言，这种人口影响环境的思考方式不再适用，对于一个已经以人口集聚为基本背景的区域，更重要的是考察人口集聚过程中突破人口系统的人口—环境关系改善手段。

二是实证分析。本书研究试图证明，可持续的人口集聚具有实现的可能性，并验证这些可能路径的方向和作用程度。目的在于探索复杂的区域系统内人口—环境关系的作用路径和系统结构，以及利用系统动力学"政策实验室"的特点探索能够发挥人口集聚产生的有利影响，缩小甚至抵消人口集聚度对环境产生负影响的方法，以及实现可持续的人口集聚和促进人口—环境关系友好发展的相关重要措施和政策。

二、研究的主要思路和工作量

按照核心内容的需求，本书研究的主要思路和工作量围绕以下五大方面展开。

一是人口预测。根据较为成熟的人口学理论和方法预测未来相当长一段时间内的人口集聚的态势和人口变动，如人口总量、结构等变动。

二是概念框架搭建。对判断区域人口—环境关系的可持续性做出具有实践性、有操作意义的概念构建，将主要搭建的系列概念包括：可持续性的一阶观测和二阶观测，一阶观测指标，可持续的人口集聚，绝对的可持续的人口集聚、可持续的人口集聚的改进和不可持续的人口集聚，以及智慧型的经济发展。从文献中进一步总结十个可能促进可持续的人口集聚实现的理论手段。

三是碳排放衡量和可持续的人口集聚指标测算。可持续的人口集聚指标的衡量需要相关环境指标的测量，本书选取碳排放指标，即以人口—碳排放关系为例研究区域人口—环境关系。本书中所使用的碳排放选取化石能源终端消耗产生的碳排放，忽略了电热消耗等碳排放，因此本书所使用的碳排放仅用于人口—环境关系的研究，所得数值小于区域真实生产、生活中所产生的碳排放。在此基础上，结合人口历史发展区域和人口预测计算可持续的人口集聚的指标，从而对长三角地区人口—环境关系做简单判断。

四是模型构建。通过大量文献查考、计量经济学计算和统计学计算构建以长三角人口—碳排放关系为例的系统动力学模型，以模拟长三角地区未来的人口—环境关系发展趋势。

五是政策调整模型和政策工具集。在模拟的基础模型上通过参数组合和调整进行政策实验，整理出11个政策调整模型，这些模型基本上囊括了系统动力学中的调整参数，并且这11个政策调整模型均源于理论假设中实现可持续的人口集聚的促进手段。最后笔者通过这些模型丰富的信息建立结论清单，以概念框架提出的判断为依据，系统地考察对于人口—环境关系改善最为重要和有效的层面，并由此得出一个关于促进人口—碳排放关系友好发展的政策工具集，再根据该工具集提出若干可供参考的政策建议。

其中的二、四、五点是本书研究的主要工作量所在。

三、研究方法说明

本研究分为定性分析和定量分析两个部分，将分别在第四章详细论述，其中核心的研究方法是系统动力学，以统计学和计量经济学为基础的研究方法。对于系统动力学的方法，尽管如下两点将会在文中不断地被重复，笔者依然将在行文前简要说明。

一是有限的系统、谨慎的判断。尽管系统动力学作为复杂系统分析的重要方法，从罗马俱乐部的相关研究以来便成为区域可持续发展和区域系统研究的重要分析工具，其优势正是在于对错综复杂的系统关系、非线性滞后联系等关系进行分析梳理，并被称为"政策实验室"工具。本书所引入的区域系统是一个对无限的世界高度简化的"有限的系统"，其意义在于分析对人口—环境关系的改善有利的若干政策和手段，主要作用是回答方向性、结构性、趋势性和是否有效等诸如此类的问题。因此我们需要知道使用该方法的不适用范围，即本书并不回答绝对精确的数值，因为有限的系统动力学在长观测期内难以精确地预测现实，例如，对于政策调整模型，仅回答该政策是否有利于人口—环境关系的改善这一问题，而不回答该政策应该改变多少程度。因此这就需要我们对得到的相关结论秉持谨慎的判断。

二是夸张的参数、结论的限制。为保证政策模拟更为直观和易于捕捉细节，在若干政策调整模型中参数调整较现实夸大，例如，在经济结构调整模型中，第三产业变动率调整至77%。本书做这样的调整，目的仅限于得出经济结构调整是否对于人口—环境关系的改善有效这一结论，而不是对要求第三产业比重做绝对数值的调整，只提供了与调整方向同向的调整建议。再如，通过系统动力学模拟得到2005~2050年期间长三角地区未来经济年均增长约为4.2%，与现实中近几年来年平均保持10%左右的长三角经济增长率似乎相违背，这首先是研究跨度较长，其次，该内容为了说明劳动力的集聚低于经济增长速度，并且该结论也再次说明对系统动力学绝对数值需要权衡审视。事实上，对于高度简化的有限的系统动力学分析，试图做出"精确的推断"是不可能的，也并不是系统动力学的长处所在，当然数值本身也并不是本书在政策调整模型中所考虑的。

四、研究内容安排

根据本书的核心内容和主要工作，本书研究内容分为八章。

引言，本书研究界定、研究说明和研究的主要内容介绍。用于对本书可能产生质疑的地方做出简要解释。

第一章，本书研究背景和人口发展趋势预测。本章将分三节展开，包括基本背景、人口预测和环境压力，主要为了说明人口集聚在相当长时间成为长三角地区的持续状态，长三角面临着人口—环境关系的压力，而这种压力将在人口集聚、经济发展和全球化的可持续发展下表现更为突出。同时本章的人口预测也是下文可持续的集聚指标和系统动力学模型构建的重要基础资料。

第二章，文献综述。主要从三方面进行文献研究，包括区域发展的可持续性相关理论和研究，人口集聚的概念和影响因素，人口集聚和区域可持续发展的联系，如人口—经济关系、人口—环境关系等，以及碳排放的相关研究。通过本章综述以说明人口—环境关系镶嵌于区域复杂系统中，人口是影响环境的重要因素而不是唯一因素，看待区域可持续性需要系统的观念。

第三章，概念框架的搭建。着力构架可持续性的观测和可持续的人口集聚的概念框架、衡量手段，并进行其实现手段的理论探讨。通过本章的探讨建立观察区域可持续性和人口—环境关系的视角，该概念框架将指导所有后续研究。

第四章，研究方法和关键技术。主要介绍系统动力学对于研究人口—环境关系的适用性、各个章节的研究方法，以更好地说明系统动力学的优势和劣势。

第五章，以碳排放为例衡量可持续的人口集聚，从理论层面构建区域的系统动力学模型。本章包括两方面工作：碳排放的衡量和区域系统概念模型构建。碳排放的衡量主要是对第三章提出的概念框架的实证应用，而概念模型是第六章研究的框架"骨骼"。

第六章，模型构建和政策调整模型搭建。以长三角为例，在第四章系统动力学概念模型的基础上展开大量的定量分析和文献研究，以构建长三角地区未来发展的人口—环境关系的模型。在基础模型的基础之上，按照第三章提出的可能的促进人口—环境关系友好发展的手段将模型中的控制参数大致分为 11 类，构建出 11 个政策调整模型，并最终在这些模型中得到一张内容丰富的结论清单。

第七章，政策工具集和政策建议。根据第六章的结论清单，提出促进区域实现可持续的人口集聚的政策工具集，并尝试性地将这些政策工具集中若干政策相互组合得到一些可供参考的政策建议。

第八章，本书研究的不足之处及潜在研究方向。主要为后续研究提出若干建议。

五、研究意义

本书是一次从概念框架的搭建到手段检验的一整套关于区域可持续性和区域的人口—环境关系分析的有益性尝试。其研究意义简要分为理论意义和实践意义两方面。

（一）理论意义

本书搭建了可持续的人口集聚、可持续性的观测及其系列概念，构成了一个关于区域可持续性判断的概念框架，其中可持续性的一阶、二阶观测用于对区域可持续性的判断，可持续的人口集聚用于对区域人口—环境关系的判断。

本书也将以往区域可持续的"是非式"二元判断，拓展到人口—环境关系的强压力状态—弱压力状态—实现可持续的人口集聚的"三阶段式判断"中，突出关注了以往忽视的人口—环境弱压力状态，即从不可持续向可持续过渡的状态。

在此基础上，本书构建了 11 个政策调整模型，并得出四类政策工具和三个基本保障：时间、合作和组合。这些模型首先证明了可持续的人口集聚和智慧型经济发展通过一定的措施或措施组合是可以实现的。其次，所有这些工作，在理论上丰富了区域可持续性判断的视角和方法，转变了传统的"减人口"和"抑制经济发展"的可持续发展手段，同时得到一系列有意义的政策结论并形成一个政策工具集和结论清单，系统总结并丰富了改善人口—环境的有力手段。

（二）实践意义

本书立足于长三角地区，以发展中国家的人口导入区为研究对象，这样的人口导入区属于生产发展型人口功能区，肩负着经济发展和人口集聚的任务。另外，按照人口功能区划标准，生态脆弱区人口将需要更多的迁移到人口集聚功能区以实现国家层面的可持续性的增强，就这个意义而言，长三角地区作为人口导入区至少要在人口集聚的同时生态环境不至于恶化、甚至有所改善。本书正是以这样的想法为初衷，通过概念构建和实证检验，证实了在人口集聚的背景下，通过某些有力的政策工具集能促成可持续的人口集聚的实现，甚至有望实现智慧型的经济发展。这一结论是对人口导入区转变为可持续的人口集聚功能区从理论到实践层面的探索和支持，更有助于长三角地区提供区域整体竞争力。除此之外，这些实践经验不仅适用于长三角地区，也适用于其他的人口导入区，对其他各区域的人口—环境关系的改善也有一定的借鉴作用。

在这些有力手段中，对于不断地促进区域可持续性的增强、促进人口—环境关系不断地改善这一过程，学术界已有许多的定性研究提出了若干政策。本书也将提到一些被学术界广为提倡的手段。但不同的是，除了这些手段是经过研究中严谨的政策调整模型定量模拟得到，更大区别在于，对每种手段，包括常见手段，本书将对其作用和作用程度做出明确的分析和归类。这对于长三角地区在一定的改革成本约束下的中长期人口—环境关系改善行动的选择有着重要的启示意义。

第一章

区域人口—环境关系背景和
人口集聚态势

随着中国人口迁移态势的加剧和城镇化水平的不断提高，长三角地区在未来将长期成为中国重要的人口导入区，而在区域方面也不断倾向于积极的促成这种人口集聚的态势，但这些考虑都基于经济发展的原因，政策也更多的是以城市和区域自身的发展为主要考虑方面。本章的研究内容主要分为两个部分：首先将较为深入地考察长三角地区的人口集聚态势发生的社会背景；其次通过历史数据的演变趋势，基于经典人口学研究对长三角地区未来人口集聚水平进行情景设置下的人口预测。

第一节　长三角地区人口集聚的背景

一、人口背景

1. 人口因素的整体性

人口、经济、环境之间存在着复杂的联系，并共同构成了我们生活其中的社会系统。三者任一都包含着众多的属性和内部要素，每一个要素都与其他要素甚至子系统外其他要素相互联系作用着。也就是说，要素和要素的关系共同决定了人口对经济和环境的影响。对于人口因素来说，就是不同的人口规模或集聚程度，与人力资本积累程度、人口生产力、人均消费程度等相互影响，共同决定着人口—经济—环境的基本面貌。即人口的数量因素、质量因素和结构因素共同决定着对经济、生态和社会系统的不同情况。

举例来说，人口或者说一个人口群体，包括了人口规模属性、人口结构属性和人口质量属性等，这三者之间存在着一定的联系，我们说人口规模较大、出生率较高的人口群体，一般属于年轻型人口结构，劳动力数量大，人口相对生产力较高，因此，从生产力角度有利于促进经济发展，而从人口基数较大可能削弱资本积累的角度，则不利于经济增长。经济规模较小或集约型经济、人口规模较小的系统对生态的压力相对较小是客观事实，可问题是，人口规模过小的经济体往往无法形成聚集经济效应。

人口与环境的关系在当今社会发展模式多元化、关系错综化的情况下，绝不仅仅是简单的数量关系。不能单纯的因为一个人口群体具有相对较大规模，而认为这个人口群体对经济、环境产生更大的压力，这是将人口规模要素对社会系统的影响简单地从人口要素中割裂出来，而忽略了人口的质量和结构等特征，更重要的是忽视了人口与环境关系是存在于更为复杂的系统中的，人口集聚并不一定与环境恶化同时发生。当然这不代表着人口集聚有利于环境改善，只是说通过其他途径可以在人口集聚的同时使环境得到改善。

另外，我们说人口过剩不是说一个区域人口总数或是人口密度的多少，而是相对自然禀赋、可利用资源、生产资源供养能力和社会文化制度发展的状况来说的，更是针对这个人口群体的生产力和消费水平来说的。既是如此，便不能说人口规模或人口集聚对经济—环境产生了不可调和的压力。

总之，人口因素作为一个整体，往往与一定的人口规模、一定的人口结构、人口质量相联系，这是一条客观存在的纽带，是无法忽视和割裂的。对人口—经济—环境的关系研究就需要用系统的眼光思考，需要权衡各个方面的关系。

2. 我国基本的人口国情

对于一个国家来说，人口数量是基本的人口国情，也在某种程度上决定着其他人口要素的特征。对中国来说，人口基数大，与自然资源的相对匮乏、经济积累的相对困难并存，长期的人口数量控制塑造了未来相当长时期内的人口背景。不少研究证明，20世纪80年代以计划生育政策为主的人口控制策略实施以来，中国用近30年为世界贡献出约2亿人的发展空间，这一重要历史事实也塑造出当今中国人口的基本面貌，并由此影响着人口区域和城乡布局、城乡社会经济发展的状况。

首先，生育率降至更替水平后中国人口开始进入惯性增长期，多项研究显示人口持续增长到2030年前后将达到16亿左右的人口高峰，随后开始下降。我们现在正走在这样一条路上，人口出生水平已经降至更替水平以下，在人口安全的前提下，单纯通过人口控制降低人口数量以便减轻对生产力和生产资料的挤压已经不再可行。这首先是因为我国人口出生率已经常年处于更替水平以下，继续降低生育水平的可能性不大，并且花费的成本将远远超过收效。其次是不断用强烈的手段降低生育水平，生育率降低到一定程度将形成低生育刚性，妇女生育率将像许多发达国家一样无法反弹，最终可能形成人口自我消亡的民族危机。最后，事实上，2016 年全面二胎政策的人口新政实施以来，收效并不十分理想。计划生育政策放开也是 1980 年中共中央、国务院在号召实行计划生育政策时政府向全社会承诺的"这个（计划生育）政策叫'一代人政策'，不适宜很久"，"什么叫一代人？就是假如双方都是独生子女，他们俩结婚后就可以要两个孩子，这正好是一代人，为计划生育做出贡献了，就可以多生一个"①。于是，我们可以说，计划生育的人口控制政策已经完成其历史使命，人口数量控制策略在协调人口—环境关系上的边际收益越发有限，这就需要对人口政策工具探索总量控制以外的新方法。更存在争议的是，对于长三角等某些生产型功能区，是否需要控制人口数量这一问题。

其次，以人口出生率下降为主的一系列变化，大大改变了中国的人口年龄结构。中国现阶段高速的实体经济增长是一系列复杂关系的综合体，而至少在人口因素方面，学术界存在一个共识，那就是，人口结构形成的红利是中国经济增长的一个重要因素，即由于人口年龄结构中的劳动年龄人口比重远远高于抚养人口（老年人口和少年人口）比重，从而产生了相对富足的劳动供给，为经济增长提供了基本要素保障。然而这背后还暗含着一个结论，那就是在中国经济分布不均衡的广袤土地上，这些劳动年龄人口由于相对合理的分布而实现了自身的劳动力价值，这种人口分布是绝对不均衡的，受到经济、地理、社会、政治、环境等一系列因素的影响。从 2000 年第五次人口普查开始，中国正式进入老龄社会。老龄化和高龄化加剧、劳动力减少和老化等人口状况对未来的经济发展产生着重要的影响。人口的结构性调整至少需要一代人的时间，而通过迁移进行替代性的人口结构调整成为重要的政策参考。

这些基本人口条件的变化意味着人口的总量调控无论从可行性和经济性来看都越来越受到制约，结构性的人口调整，尤其是以人口分布为主的结构调整成为短期内有效的人口工具。另外也可以看到，人口调控工具在我国不同区域也越来越需要发挥出不同的功能和作用。

---

① 蔡昉. 专家：计划生育是一代人的政策，长期考虑应调整 [EB/OL]. 中新网，http：//news. us-qiaobao. com/2009-11/03/content_257919. htm. 2009-11-03.

二、区域性的集中趋势

1. 人口集聚和经济集聚趋同性

21 世纪以来全球进入迅速城市化时期，中国城市化速度之快成为影响世界发展进程的重要事件。在这一背景下，城市化和人口空间结构再分布将是中国未来二十年发展的一个突出现象，而东南沿海地区凭借自身的发展实力吸引着人口的持续迁入，由此成为中国主要的人口集聚区，同时在现阶段经济发展模式下，人口集聚有利于这些地区的产业集聚和发展，具有经济效率，能带动区域及周边地区的发展。因此，伴随着城市化进程的加剧，长三角地区等重要经济区都认同并已经实施着以经济效益为导向的人口导入政策。

具有中国特色的区域发展，除了作为发展中国家谋求新型发展道路的现实，中国处在社会制度和体系的转型中，随着城乡二元结构的消解，大规模、高强度的城乡迁移和区域迁移成为中国最突出的社会现象和现实，其结果表现为人口在某一空间的集聚程度显著上升。东南沿海，尤其是长三角地区成为我国最主要的人口导入区。事实上，这种人口集聚为导入区的经济增长、劳动密集型产业所需，因此，中国人口总量受制度控制的前提下，通过有序的人口迁移和合理的人口集聚将实现要素的集聚效应和规模经济，提高全国总福利水平；同时根据舒尔茨的人力资本积累理论，人口迁移将增加人力资本积累，从而为该地区发展转型提供更多智慧和技术。

另外，我国区域人口导入的首要考虑因素即资本积累和经济发展，因而人口分布基本和经济分布保持一致，呈现东高西低的现象，而在这一过程中，人作为实现经济发展的手段，并通过经济发展得到自身发展，从而实现了从发展的手段到发展的目标的转变，环境的作用和影响却在这一过程中被低估了。

2. 人口导入区环境的双重压力

以经济为导向的人口导入策略对区域的持续发展是不利的。

首先，环境的低估不利于经济发展。尽管我们确实不能准确地为我们的环境承载力划定绝对的边界，但长远看来，随着经济体的增长，环境有限性将逐步凸显，资源的价格剧增、生态空间约束不断地加剧，在区域层面上，可能造成区域发展的严重制约，成为区域安全的隐患。

其次，环境的低估导致人作为发展目的的不完全性。健康是人类生存的最基本需求，清洁的空气、良好的环境是人类社会发展到一定阶段的要求，这些都在不同程度上满足了人类作为发展的目的。单纯将任何发展阶段的人的需求归结为经济需求，而忽视人类的生态需求和自身发展需求，将使得人作为发展目的无法完全实现，甚至在某种程度上忽视了以人为本这一根本目的。

对于人口导入区，将面临人口和经济的集聚的双重压力。如果说因为经济增长、人类无节制的消费而忽视了人口—环境关系的和谐发展，那么不难想象对于人口导入区鲜有政策和手段是真正关注于区域发展的可持续性的，往往这种政策是以经济发展为根本目的、以人口导入为主要手段，因而通过政策的不可持续导向可能将更加加剧人口导入区的不可持续状态，这就需要了解在人口集聚区的人口—环境—经济的基本作用机理，并及时将政策导向转向区域可持续性的加强上来，建立关于促进人口导入区的可持续性的对策措施和政策工具集。从而从经济、社会、制度等多方面，将人口导入区转变为可持续的人口集聚功能区。

三、政策的人口优先导入倾向

作为对主体功能区划重要的人口分布参考和建议，国家人口计生委于2007年发布了《科学界定人口发展功能区促进区域人口资源环境的协调发展》（以下简称《界定》）成为编制全国主体功能区规划的重要参考。该文指出东南沿海地区和长江中下游平原等地区将作为全国的生产服务地区，接纳更多来自生态脆弱区的外来人口，也就是说，这些地区将面临经济规模扩张和人口膨胀的双重压力。

当然，就全国范围来看，由主体功能区划应运而生的人口功能区划意味着我国在建立良好的人口—环境—经济关系上，最初的以计划生育为导向的人口数量控制将发生变革，暂不究其弊端，至少在可持续发展的道路上，计划生育政策具有显著意义并即将完成其历史任务。这种变革是显而易见的，也是在规划进程当中的。在人口总量保持稳定的宏观国家人口发展规划下，借助中观层面的人口结构调整和安排以实现人口内部优化，是现阶段实现良好人口—环境—经济关系的一项重要人口数量控制补充手段，而在不久的将来随着计划生育政策的逐渐放松和退出，将成为最主要的人口规划方式。这给我们的最大启示便是：区域人口集聚的调控以及可持续性的规划，正在成为国家人口调控的一个重要手段。

这是一项充满智慧和挑战的任务。面对更多的发展问题，尤其是人口导入区的区域发展，包括区域发展的不均衡、人口城乡分布和贫富差距、环境保护和发展等空间问题和不均衡问题，人口的再分布需要与区域的主体功能定位相适应。在区域发展层面，存在着多重多主体博弈，涉及相关层面包括经济、环境、人口等，涉及主体包括国家、区域、区域内城市等。博弈的结果，往往使很多问题无解，甚至恶化原先状况，使弱势群体或层面持续陷入弱势。以往的政府决策、规划以区为本，通过区域发展带动本区内部人口生活方式的转变和生活水平的提高。但是由于自然禀赋、发展历史、国家政策等条件的差异，这种以区为本的发展方式在带来经济增长的同时，也使区域间经济发展更为不均衡。

面对这些可能的问题，需要空间的人口调整和相关政策安排登上历史舞台。这是缓解我国区域发展不均衡和区域发展目标不突出的办法，是解决贫困人口问题的一个有效办法，也是我国由经济、人口大国到负责任的强国的转折点。我们可以根据全国的生态环境脆弱度，分为生态建设服务区和生产发展功能区，通过人口的合理布局和有序迁移，将生态建设服务区的人口迁移至生产发展功能区，一方面能缓解迁出地的资源、生态环境压力，另一方面，满足生产发展功能区的劳动力需求，更重要的是通过生态建设服务区人口在迁移过程和迁移后的融合，改进了其边际劳动生产率，提高了其收入，增进其生活水平。这样的人口再布局具有合理性和有效性，根据经济效率和资源环境利用效率的原则，并非人口对资源环境压力的简单平移。这样就实现了发展理念从以区为本过渡到以人为本；实现迁出区生态环境有所改善、资源压力有所减轻，迁入区生态压力没有明显恶化、经济与人口有机结合；符合可持续发展理念和科学发展观，对于社会系统的持久有效的优化有着重要的意义。本书关注的，正是对于人口导入区如何增强区域可持续性，或者说，在人口导入的情况下，如何缓解人口—环境之间的矛盾。

四、全球化的可持续性

在学术界关于人口—环境关系的探索出现过三次浪潮，第一次是在 20 世纪四五十年代，由于粮食生产不足和不可再生资源的耗竭使人们开始普遍关注"有限的自然资源"；第二次浪潮是在 20 世纪六七十年代，由于大量垃圾处理、噪声污染、空气和水污染、化学污染等使人口开始关注"生产和消费产生的副产品"。第三次浪潮开始于 20 世纪八九十年代，并持续至今，由于臭氧层破坏、酸雨等现象使人口关注"全球环境变化问题"[①]，美国麻省理工学院研究小组成员丹尼斯·L. 米都斯等在《增长的极限》中就指出"全球发展……必须发展一种全面的战略……特别是对人和环境"，这就是说，可持续性问题开始进入了"全球化"时代。区域的可持续性，尤其是发展中国家为可持续性增强所做出的

---

① 于同申. 发展经济学 [M]. 北京：中国人民大学出版社，2002：387.

努力某种程度上尽管有别于上述进程，但随着我国经济的发展、许多"绿色条款"实施、"绿色贸易"展开，作为我国最发达的经济地区之一，"长三角地区"不仅需要增长自身发展的能力，更要面对全球化下的可持续性问题。但相对全球的可持续性问题，区域问题显得更为复杂。

经济和贸易的全球化使经济的天平更加向发达国家倾斜，自然禀赋不再成为必然的经济约束，要素在全球范围内配置，大自然在真正意义上成为整个人类的大自然；信息的全球化一方面缩短了空间距离、缩小了交易成本和通信成本，等等。这就是说某些地区的环境"损耗"，未必直接与该地的人口消费挂钩。这些全球化的趋势使得对于一个区域而言，以区域承载力问题的角度来考虑区域的人口—环境关系变得不再合适，也使得追究环境责任变得困难，解决方式除了合作也需要更多的自觉性和有约束力的规范。

对于发展中国家而言，经济处于发展初期在环境问题上也将面临更多沉重的抉择。未来的发展是全人类行动的集合，也是全人类共同努力的结果。发达国家依靠"羊吃人"、剥夺农民、掠夺殖民地，实现原始资本的积累得到最初的发展，当今则依靠自身的经济优势和贸易转移大肆消费和挥霍着地球上的资源。对于刚刚发动经济引擎的发展中国家，其发展恰恰驶入了这样一个不同于以往发达国家走过的道路的任何时代：人类社会开始重新反思传统工业化和城市化道路对生态环境和气候的影响，"绿色经济""低碳经济"和"可持续发展"等发展模式逐渐得到提倡并成为共识。经济已经得到充分积累的发达国家，对生态环境的最直接最严重影响在于奢侈庞大的个人消费；而作为一个发展中国家，我们面临着更为艰巨的任务。我们没有原始资本积累的条件，因为我们曾作为并在某种程度上延续着作为发达国家资本积累的剥夺对象，而在这个全球化的时代讲求的是国家主权和经济主导话语权。我们也没有持续粗放发展的可能性，因为绿色革命将在未来决定世界体系的领导地位，而加入世界贸易组织后我国也确实在所谓的绿色技术等要求上受到不公平的贸易待遇；同时技术上和经济上的落后必然导致相对弱势的获取资源竞争力，客观上也限制了我们获取资源的可能性。我们更没有奢侈消费和挥霍的能力，因为经济的落后和被动、低碳生活的倡导和频频发生的经济危机。我们却有不能继续走发达国家道路的责任，因为中国是人口大国，照搬西方发达国家的发展道路向前走，不但中国将永远受制于自然、受制于发达国家而没有未来，甚至整个地球都可能因此而没有未来。

将地球变为资源和环境的争夺战场最终导致全球崩溃，抑或全球合作以突破仅以自身发展和短期自身环境约束来思考人口—环境问题，这成为需要全球达成共识的重大事件。

五、本节小结

上述现象给我们以这样的启示：城市化和人口空间结构再分布将是中国未来二十年发展最为突出的现象；而人口的区域分布结构在中国未来的发展中，将比人口总量起到更为有效和重要的支撑作用。对于长三角地区等无论从经济吸引力还是政策导向上都坚持人口导入的区域来说，它们通过经济发展集聚人口，并以改善人口结构、提高信息共享和规模效应来带动新一轮经济发展，并对中国经济起到了至关重要的示范和启动带头作用。另外，根据舒尔茨的观点，人口迁移本身就是一种人力资本投资，因此人口集聚在某种程度上是将投资优先于人的战略。

经济发展固然重要，但短期经济结果并不代表区域持续发展能力。长三角地区的生态环境也面临着前所未有的压力，这些压力来自庞大的经济规模和人口持续不断的聚集。在现实背景下西方"边发展边污染""边城市化边污染"，或者"先污染再治理"的老路不再适用。可见，单纯以经济发展为目的的人口导入未必能增强区域的持续竞争力，甚至可能使区域丧失未来发展的空间、丧失区域赖以增长的基本原料、降低经济回报率等；而人口集聚与适应的人口战略、经济行为和政策导向等相结合，共同作用于复杂的区域系统，也存在产生可持续效果的可能性。基本上可以说，人口集聚或分散影响着区域的人口总量和结构，而两者又从规模效应、边际效应等方面共同作用于经济和生态环境。

经济增长和人口增加根据两者的消费属性而言，对生态直接表现为消耗、排泄、占据等负生态效应。然而，如果经济增长模式能够变更和升级，人口能够根据经济和生态共同的要求合理迁移分布时，就全国范围来看与环境的矛盾就并不是不可调和的，甚至可能在总量上减少人口和经济对环境的压力。尤其是在当今社会发展模式多元化、关系错综化、智能化和信息化、高科技化的情况下，人口—环境之间绝对不仅仅是简单的数量关系，或可以说，根据系统动力学的基本观点：结构决定功能，我们甚至可以说，人口的结构因素可能从现在到未来将成为人口—环境关系中更为主要的因素。这是对于全国来说的，对于长三角地区这样一个政策规划和自身发展都向着人口导入倾斜的区域来说，人口集聚中人口—环境关系是更为复杂的，需要突破人口本身在系统中观察人口—环境关系。这些研究都需要建立在对长三角地区人口发展态势的基本把握，这是下文的主要内容。

第二节　长三角地区人口发展状况预测及分析

一、人口预测及其基本方法

1. 人口预测及相关概念

人口预测（Population Projection）建立在对人口发展历史的分析上，推测未来人口发展的趋势和状况。预测，英文译为 Projection，包含着对未来发展与环境状况及其关系的理解和判断，其解是一系列结果的开放的集合，因此人口预测可以被看作一项综合人口系统及其外部环境要素在内的复杂工程。尽管没有统一的概念（熊肇煜等，2001），基本的人口预测法可以归纳为趋势外推法和要素构成法两类（见图 1-1）。

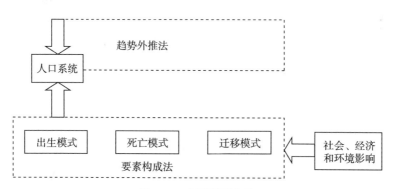

图 1-1　人口预测方法

趋势外推法以人口发展在时间序列上的惯性为基本依据，根据过去的路径设定相关人口发展函数曲线，进行趋势外推。常用的人口预测函数有，算术级数曲线、几何级数曲线、马尔萨斯模型、Logistic 曲线、Gompertz 曲线（辛秋红等，2008）、指数平滑法、回归分析法（付莹，2000）、ARIMA 法、Keyfitz 矩阵方程模型等。趋势外推法在短期内对人口预测有较高的准确性和实用性，但是以数学曲线规律为方法论的该法不能充分考虑到相关影响因素和环境的作用，因此，趋势外推法的应用需要通过现实状况和人口理论的检验。

要素构成法依据经典人口数量公式，即现期人口数量是上一期人口数量和出生、死亡、迁移因素的函数，是以人口理论为基础的涉及多要素的系统性人口预测。与趋势外推法相比，要素构成法需要的信息量较大，适于人口年龄、性别和空间结构等的研究。在其方法论选择上也较为多样，尤其是随着多学科交叉的发展，系统论和动力学方法也被引入了人口预测。一些典型的要素构成法模型包括Leslie 人口模型、生命表预测、灰色系统预测方法、神经网络模型、自组织模型、系统动力学方法、系统仿真结构功能模型等。

早在 80 年代起这两类方法在我国就得到了广泛应用，并随着人口预测理论及方法的发展，两类方法相互融合、互为辅助。宋健等（1985）在其著作《人口控制论》中将现代控制论的时域方法引入人口预测，分别用偏微分方程和差分方程构建了人口发展的连续模型和离散模型，并提出了人口发展过程的最优控制方法。王广州（2002）开发完成了中国人口预测软件（CPPS），将人口预测与计算机软件结合起来，极大推进了人口预测的效率。苏小康等（2003）根据耗散结构理论自组织建模，以长沙为例建立了城市区域人口动态演化自组织模型，将人口规模预测进一步细化到城市内部各区域人口分异特征。任远（2006）以人口学的假想队列研究方法构造出上海市外来人口的生命表模型，从而推算出外来人口规模和居留模式。刘颖等（2006）通过 BP 神经网络法、指数平滑法和自回归的对比，对浙江人口进行了从 2004~2020 年的预测，并得出三种方法在人口自然增长率的预测上较为一致的结论。龙文等（2007）通过五维、六维、七维三种短序列灰色系统模型对桂林市人口进行预测，得出六维预测平均误差较低，模拟效果较好，且数据量需求相对较小。涂雄苓等（2009）运用 ARIMA（2，2，1）和二次指数平滑对中国人口进行短期预测，认为两者均适于短期拟合，其中 ARIMA 法拟合中国人口总数的时间序列规律并进行预测比较合理。所有这些人口预测方法都以一定假设为前提展开，根据对数据、理论、预测期和预测对象的时空特征具有各自不同的适用范围。

2. 多情景预测

多情景预测是当未来的某些环境发生不同的变化时，对研究对象可能引起的各种结果的判断。情景预测具有概率特征和比较静态分析特征。

从广义上来看，人口预测都可被视为以某一假设为情景的人口预测；而从狭义上说，建立在场景预测下的人口预测必须以多场景的设置为主要标志，并与人口预测方法中的要素构成法相结合。① 从狭义上来看，人口的多情景预测包含三层意思：第一，人口预测可以看作建立在一系列参数和假设基础上，因此变量对应变量的影响具有概率统计特征，也就是说对人口预测我们只能判断其可能

---

① 本书中多情景下的人口预测以其狭义概念为准。

性的大小，而无法确定其发生。第二，人口发展的情景分析是一种比较静态分析，因此可以对参数对模型结果变动的影响及敏感程度做出基本判断。第三，人口发展的情景预测回答"如、则"的问题，如前所述这样的因果关系以概率判断为基础，并非回答"未来一定如何"的问题，因此在某种程度上对政策试验更具有指导意义，也"更加可靠"①。

国内许多学者采用场景预测方法对不同人口群体进行总量预测，取得了较好的中、远期预测结果（游允中，1978）。叶长法（1983）在对浙江省 2000 年人口的预测中引用了三种方法，Logistic 曲线、Gompertz 曲线和分要素匡算法，他指出前两种预测结果偏小，因为忽略了人口的突然变动以及人口的循环变动因素，因为人口内部过程带有惯性和不确定性，指出单纯的数学拟合（即"趋势外推法"）不足以解释人口发展的长期特点，而其分要素匡算法即在本质上正是一个简单的多情景人口预测，根据不同生育控制政策参数形成不同情景。根据其结论一对夫妻平均生育 1.5 个孩子有助于实现浙江省在全国人口总量控制下的最优人口发展路径。袁建华等（1995）以胎次递进模型为基础，对妇女生育分别设置了计划内和计划外在三种不同情景下的组合，再对我国人口进行从 1994～2000 年的中长期人口发展情景分析。马小红等（2004）以 2000～2050 年为预测期，分别根据总和生育率和人口迁移规模设计了北京市 50 年人口发展的低、中、高三种情景，并指出人口替代作用是有限的，不能改变北京市老龄化的趋势，解决北京市人口不可持续的问题必须提高目前过低的生育水平。

3. 关于"长三角"的人口预测

学术界有不少对于长三角城市群（16 个城市）整体人口趋势的讨论（任远，2007）以及对苏、浙、沪三地分别的人口趋势判断，分别列于表 1-1②。这些研究的结果差异非常大，即人口预测方法、预测期间、参数设置、理论依据和数据库等共同决定了人口预测结果的千差万别。并且这些预测之间的差别，以及与真实值之间的差异都随着时间的递增不断扩大。因此，我们有必要重新对长三角地区进行长期的、综合的人口预测。

---

① 田飞. 21 世纪初人口场景预测研究回顾 [J]. 人口与发展，2010（2）：48-51.
② 注：表中预测文献仅列入预测期末超过 2010 年的预测。

表 1-1 关于上海、江苏、浙江等的人口预测研究

地区	作者	预测对象	预测区间/年份	预测方法	预测结果（万人）			
上海	王桂新[①]	户籍人口	1996~2030	分区县的人口结构分析	年份 人数 1992 1304 2000 1319 2005 1351 2010 1378 （中方案）		年份 人数 2015 1396 2020 1406 2025 1400 2030 1376	
	贾凌云等[②]	户籍人口	2005~2050	七维优化灰色预测模型	年份 人数 2005 1358 2006 1366 2007 1373 2008 1381 2009 1389 2010 1397 2015 1437		年份 人数 2020 1478 2025 1521 2030 1564 2035 1609 2040 1656 2045 1703 2050 1752	
	宁越敏等[③]	户籍人口和常住人口	2015, 2020	综合各种数学模型	常住人口：2015 年 2070, 2020 年 2200 户籍人口：2015 年 1433~1441, 2020 年 1449~1474			
	曾明星等[④]	常住人口	2000~2050	占全国人口比重	年份 人数 联合国人口司 2000 1910 1917 2010 2070 2059 2020 2205 2181 2030 2281 2244 2040 2313 2257 2050 2295 2217 （中方案）			

---

① 王桂新. 区域人口预测方法及应用 [M]. 上海：华东师范大学出版社，2000：381.
② 贾凌云，门可佩. 上海人口发展预测研究 [J]. 统计与决策，2006 (3)：14-16.
③ 宁越敏. 上海人口发展趋势及对策研究 [J]. 上海城市规划，2011 (1)：16-26.
④ 曾明星，张善余. 基于比较研究的上海人口规模再思考 [J]. 人口学刊，2004 (5)：28-33.

续表

地区	作者	预测对象	预测区间/年份	预测方法	预测结果（万人）			
上海	庞丽华等①	常住人口	2000~2030	年龄移算法	年份 2000 2005 2010 2015	人数 1641 1835 2023 2199	年份 2020 2025 2030	人数 2347 2459 2537
					（高迁移方案）			
	叶鹏举②	常住人口	2000~2020	年龄移算法	2020年2300，2030年2500（中方案）			
	李鸿琪③	外来常住人口	2000~2050	社会经济因素	年份 2000 2005 2010 2015 2020 2025	人数 319 302 299 305 334 357	年份 2030 2035 2040 2045 2050	人数 348 335 346 395 429
江苏	杨丽霞等④	常住人口	2005~2020	马尔萨斯模型和Logistic模型的均值	年份 2005 2006 2007 2008 2009 2010 2011 2012	人数 7510 7548 7586 7623 7659 7695 7720 7744	年份 2013 2014 2015 2016 2017 2018 2019 2020	人数 7768 7791 7814 7836 7857 7878 7899 7919
	门可佩等⑤	常住人口	2009~2020	新优化灰色模型	年份 2009 2010 2011 2012 2013 2014	人数 7742 7807 7873 7940 8007 8075	年份 2015 2016 2017 2018 2019 2020	人数 8144 8213 8283 8353 8424 8495

① 庞丽华等. 上海市未来人口和人力资本的变化趋势分析 [J]. 市场与人口分析，2006 (6)：1-31.

② 叶鹏举. 乡城人口迁移大潮中的上海人口与就业：现状与将来预测——基于城乡统筹发展的人口学思考 [D]. 复旦大学博士学位论文，2004.

③ 李鸿琪. 上海市外来常住人口预测 [J]. 上海统计，2003 (2)：18-21.

④ 杨丽霞等. 数学模型在人口预测中的应用——以江苏省为例 [J]. 长江流域资源与环境，2006 (3)：287-291.

⑤ 门可佩等. 基于新优化灰色模型的江苏人口发展预测研究 [J]. 南京信息工程大学学报（自然科学版），2010 (2)：26-30.

续表

地区	作者	预测对象	预测区间/年份	预测方法	预测结果（万人）			
江苏	黄健元[①]	常住人口（不考虑迁移）	2010~2050	年龄移算法	年份 2010 2020 2030 （中方案）	人数 7623 7720 7467	年份 2040 2050	人数 7083 6419
浙江	俞鑫权[②]	常住人口	2000~2050	仿真预测软件	年份 2000 2010 2020 （第二方案）	人数 4574 4741 4751	年份 2030 2040 2050	人数 4621 4326 3861
	叶明德[③]	常住人口（不考虑迁移）	1990~2040	生育率的情景分析	年份 1990 1995 2000 2005 （中方案）	人数 4214 4380 4519 4631	年份 2010 2020 2030 2040	人数 4716 4829 4844 4701
	易会俊[④]	常住人口	2010~2020	年龄移算法	年份 2010 2011 2012 2013 2014 2015	人数 4689 4695 4699 4700 4700 4698	年份 2016 2017 2018 2019 2020	人数 4693 4688 4680 4670 4659
	尹文耀等[⑤]	常住人口	2005~2050	年龄移算法	年份 2005 2010 2020	人数 4739 4929 5444	年份 2030 2040 2050	人数 5818 5785 5428

---

① 黄健元等. 江苏省人口发展趋势预测 [J], 西北人口, 2007 (5)：43-47.

② 俞鑫权. 浙江未来人口预测 [J]. 浙江统计, 2003 (6)：10-12.

③ 叶明德. 浙江人口发展前景及战略选择 [J]. 浙江大学学报（人文社会科学版）, 1999 (2)：80-85.

④ 易会俊. 2010~2020 年浙江省劳动力供求预测 [D]. 浙江大学硕士学位论文, 2011.

⑤ 尹文耀等. 统筹城乡的动态人口预测与分析 [J]. 中国人口科学, 2004 (6)：14-79.

续表

地区	作者	预测对象	预测区间/年份	预测方法	预测结果（万人）			
长三角城市群（16个城市）	崔红艳[1]	常住人口	2001~2050	动态模糊集	年份 2018 2019 2020 2021 2022 2023 2024	人数 11041 11197 11346 11455 11625 11756 11882 （方案一）	年份 2025 2026 2027 2028 2029 2030 2031	人数 12003 12120 12233 12343 12446 12549 12645
长三角地区（两省一市）	高向东等[2]	常住人口	2010~2020	—	年份 2010 2011 2012 2013 2014 2015	人数 15129 15356 15682 16015 16356 16703	年份 2016 2017 2018 2019 2020	人数 17037 17378 17726 18080 18442

4. 本研究的人口预测路径

本书对中国长江三角洲地区人口趋势的预测主要包括两方面：一是判断长三角地区人口预测模型中基本参数变动情况，并考虑制度和社会经济发展状况变动的影响，设置关于某些关键参数的不同组合，从而构成人口未来发展态势的几种基本情景；二是进行不同的参数状态下的多情景人口预测，得出人口发展的可能区间和趋势状况。

二、长三角地区社会经济和人口发展的历史状况

1. 长三角地区概况

根据2008年《国务院关于进一步推进长三角洲地区改革开放和经济社会发展的指导意见》（以下简称《意见》），长江三角洲地区包括上海市、江苏省和浙江省的行政辖区，将除长三角经济圈16个城市外的苏北和浙江西南纳入了长三角区域。可以预见，未来长三角地区发展的一体化和整体集聚力将在政策的

---

① 崔红艳. 基于DFS的长三角人口发展决策支持模型及系统设计 [D]. 苏州大学博士学位论文，2010.

② 高向东等. 世博后上海及长三角地区人口发展趋势研究 [J]. 科学发展，2010（9）：49-53.

引导下不断增强。本书按照《意见》规定，以长三角地区两省一市为研究对象。

长三角地区位于北纬 30°附近，处于长江中下游平原、东部沿海地区的中部、长江入海口，是中国最大的河口三角洲。区域面积约 21.074 万平方公里，占中国总面积的 2.2%。根据《中国统计年鉴》，2009 年长三角地区生产总值为72494.1 亿元人民币，同比增长 10.68%，约占全国国内生产总值的 21.1%。长三角地区承载着中国重要的经济和贸易命脉，是中国经济发展的示范和启动器。

2. 长三角地区人口基本状况

本节考察长三角地区人口集聚的历史趋势，以及将用于人口预测的相关人口参数的历史发展状况，为下文人口预测做准备。

（1）长三角地区是全国最主要的人口集聚区。20 世纪 80 年代中后期随着国家对农村人口进入中小城镇控制的放松，中国流动人口的整体规模在 20 多年的时间增长了 21 倍[1]，而随着中国城市化进程的加速，城乡人口迁移、人口跨区域的流动将成为中国社会发展中愈加显著的进步现象。在这一过程中，因发达的社会经济、便利的生活条件和快捷的交通运输，长三角地区成为中国城市化进程中的主要人口迁移引力区。按照 2010 年第六次人口普查公布数据，长三角地区常住人口为 1.56 亿人，1990~2010 年期间常住人口累计增加 3271.69 万人，平均年增长速度为 1.01%，其中，1990~1999 年常住人口年均增长速度为 0.81%，而 1999~2000 年增长率陡然升至 2.63%，之后 2000~2010 年年均增长速度为 1.01%。

另外，区域常住人口[2]占全国人口的比重从 1990 年起经历了三个阶段：1990~1999 年长三角占全国人口比重由 10.79%逐步下降到 10.55%；2000 年快速升至 10.74%，并在 2000~2004 年基本维持在该水平；2004~2010 年长三角地区常住人口占全国人口比重从 10.75%快速上升到 11.39%（见图 1-2）。就长三角内部两省一市来说，三地常住人口均呈现出逐年递增的局面，其中浙江和上海占全国人口的比重在不断上升，而江苏占全国人口的比重略有下降。

（2）长三角地区常住人口增长远快于户籍人口增长。随着流动人口居留时间的长期化，流动人口本地化的倾向逐步加剧，"流动人口与城市生活更多和更深层次的互动，并卷入到城市生产和生活的运行中"[4]；而城市出于自身发展和

---

① 段成荣等. 改革开放以来我国流动人口变动的九大趋势 [J]. 人口研究，2008 (6)：30-45.

② 常住人口是实际居住在某地半年以上的人口或离开户籍地半年以上人口，按照《第五次全国人口普查办法》，常住人口有五类：居住在本乡、镇、街道，并已在本乡、镇、街道办理常住户口登记的人；已在本乡、镇、街道居住半年以上，常住户口在本乡、镇、街道以外的人；在本乡、镇、街道居住不满半年，但已离开常住户口登记地半年以上的人；普查时居住在本乡、镇、街道，常住户口待定的人；原住本乡、镇、街道，普查时在国外工作或者学习，暂无常住户口的人。

③ 其中，1991~1994 年、根据 2001~2004 年上海市常住人口根据历年常住人口数利用线性内绘得到。

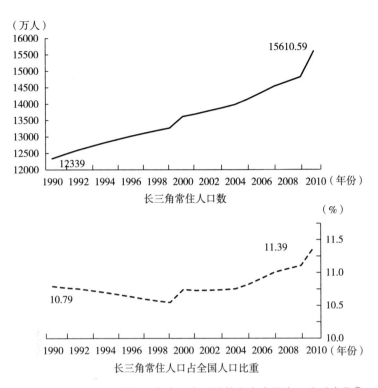

图1-2　1990~2010年长三角人口发展趋势和占全国人口比重变化①

资料来源：历年《中国统计年鉴》《上海统计年鉴》《江苏统计年鉴》《浙江统计年鉴》《六普公报》。

城市竞争力的原因，也通过多种渠道促成流动人口的社会融合，最终促进流动人口成为城市人。这一现象直接体现在常住人口和户籍人口增长的不均衡上，同时也不断地证明着：户籍政策将在发展中成为历史，因此对常住人口的研究在中长期内更有意义。

　　1990~2008年期间，长三角地区户籍人口和常住人口均表现出增长的趋势，常住人口趋势曲线较户籍人口曲线明显更为倾斜（见图1-3）。户籍人口增长基本表现为平稳略有上升，1990年到2009年累计净增加户籍人口1346.12万，平均年增长率为0.55%；同期常住人口净增加2486.73万人，1.85倍于户籍人口状况，年平均增长率为0.97%，也是户籍人口的1.76倍。这也就是说，长三角地区人口集聚的主要来源是常住人口的增加，并且随着户籍人口的逐渐稳定，常住人口的集聚效应将越发凸显出来。

---

① 任远，戴星翼. 外来人口长期居留倾向的Logit模型分析［J］. 南方人口，2003（4）：39-44.

可持续的人口集聚
——以长三角地区的人口导入和碳减排实现机制为例

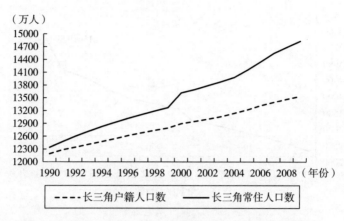

图1-3　1990~2008年长三角户籍人口和常住人口发展趋势
资料来源：上海历年统计年鉴、江苏历年统计年鉴和浙江历年统计年鉴。

某一开放区域人口不断上升，存在两种可能原因：一是由于人口自然增长率的不断上升，即人口死亡率的下降和人口出生率的上升，尤其是在比较稳定的社会环境和医疗卫生条件下，人口出生率的上升更可能是造成人口增加的主要原因。二是由于净迁入强度的增加，这与城市区域对外来人口的开放程度、区域的发展和就业可能性等相关。因此对常住人口的增长，需要对人口自然增长状况和迁移状况分别进行探讨。

（3）长三角地区常住人口生育率保持低位。根据长三角地区育龄妇女数和育龄妇女年龄别生育率可以得到不同年份长三角地区妇女总和生育率（图1-4）。1995年、2000年和2005年长三角地区妇女总和生育率水平分别为1.21、0.956和1.11，尽管经历了2000年到2005年总和生育率的反弹，但生育水平依旧没有回到1995年的水平，并低于2005年全国妇女总和生育率1.8的水平，更低于2.1的更替水平。就长三角内部来看，上海常住人口妇女总和生育率的超低位水平和持续下降的趋势，成为长三角地区总和生育率较低的主要原因；江苏省生育水平基本与长三角地区平均水平相当，而浙江地区妇女总和生育率历年均高于长三角平均水平。

在长三角常住人口总和生育率已显著下降的情况下，我们可以说外来人口进入并没有对长三角地区以计划生育为代表的人口出生控制政策造成过多的干扰和障碍，而更为可能的是外来人口在进入城市后受到城市生育观念的影响，并处于自身的工作等经济原因自觉地转变了生育行为，尽管这样的生育行为转变可能在某种程度上并没有完全等同于城市水平，但是就全国而言，人口迁移是有助于人口总量控制的。

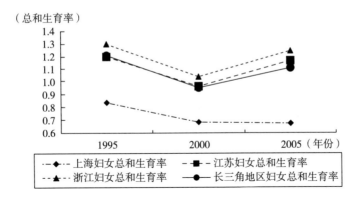

图 1-4 1995 年、2000 年和 2005 年长三角地区常住人口妇女总和生育率状况①

资料来源：中国 1995 年 1%人口抽样数据汇编、中国 2000 年全国人口普查资料和中国 2005 年 1%人口抽样数据汇编。

　　至此我们可以说，长三角常住人口规模不断上升，并占全国人口比重增加，是由于以人口出生率显著下降为主要原因的人口自然增长速度降低和人口迁移集聚程度加深共同作用的结果；而在人口自然增长维持在相对稳定的水平时，人口迁移增长将成为总人口规模增长的主要原因。

　　（4）长三角地区常住人口出生婴儿性别比持续偏高。除了生育水平之外，出生婴儿性别比②偏高成为可能阻碍长三角地区人口可持续发展的主要因素。出生婴儿性别比根据统计规律近乎常量，国际公认这一比例的正常范围为 103～107。对于中国，实际情况是从 1982 年第三次人口普查加入出生人口的调查以来，出生性别比一直高于这一范围，并持续增长③。学者研究认为，出生婴儿性别比根本上取决于生物因素，社会经济因素只起到间接影响作用。当然，出生性别比的持续失衡某种程度上反映了社会性别观失衡的严重程度。其中，中国传统文化中的男性偏好和以计划生育为主的政策作用是导致我国出生婴儿性别比失衡的两大主要原因。（穆光宗，1995；乔晓春，2004；原新、石海龙，2005；郭志刚，2007）

　　就长三角地区而言，1995 年、2000 年和 2005 年出生婴儿性别比分别为 119.18、116.90 和 120.65，远远高于国际公认水平，并且没有表现出缓解趋势（见图 1-5）。同时，在长三角内部 2000 年以后出生婴儿性别比上升主要是江苏和上海出生人口婴儿比显著上升造成的，浙江出生婴儿比略微下降。

---

　　① 长三角妇女总和生育率由各年份汇编资料中苏、浙、沪三地育龄妇女年龄别生育率、育龄妇女人数等得到。

　　② 性别比等于男性人口数比女性人口数。

　　③ 乔晓春. 对中国人口普查出生婴儿性别比的分析与思考［J］. 人口与经济，1992（2）：21-28.

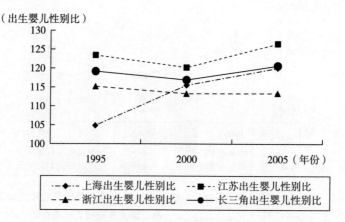

（出生婴儿性别比）

说明：
- ...◆... 上海出生婴儿性别比
- ...■... 江苏出生婴儿性别比
- ...▲... 浙江出生婴儿性别比
- —●— 长三角出生婴儿性别比

图 1-5 1995 年、2000 年和 2005 年长三角地区常住人口出生婴儿性别比

资料来源：中国 1995 年 1% 人口抽样数据汇编、中国 2000 年全国人口普查资料和中国 2005 年 1% 人口抽样数据汇编。

出生婴儿性别比是人口预测中一个重要的参数变量，涉及未来生育年龄妇女人数，进而影响到未来人口出生水平。出生婴儿性别比失衡产生于深刻的社会背景，并对未来社会的婚姻市场、劳动力市场均产生重要影响。

（5）长三角地区常住人口预期寿命不断提高。随着经济水平发展带来的生活水平提高和医疗卫生事业的发展，长三角地区人均预期寿命不断提高，总体看来，由 1990 年的 72.16 岁提高到 2005 年的 75.80 岁（见图 1-6），1990~2000 年期间长三角地区人口预期寿命的年均增长率为 0.375%，2000~2005 年期间长三角地区人口预期寿命年均增长率约为 0.237%。

这可能是因为人口预期寿命增长的一般规律，由于预期寿命增长的有限性，随着经济和卫生事业的发展人口预期寿命提高的程度是下降的。就人口分性别情况来看，男性预期寿命水平各年份均低于女性预期寿命，这主要是由于男性的生理特征和社会角色等原因造成的；同时各个年份中女性预期寿命的增长略微高于男性，男性预期寿命年均增长率约为 0.350%，女性预期寿命年均增长率约为 0.360%。

就长三角地区内部而言，上海男、女性预期寿命均高于江苏、浙江同期水平，浙江省男、女性预期寿命略高于江苏省，这一情况基本符合经济水平发展、社会保障程度和医疗卫生条件的程度不同。

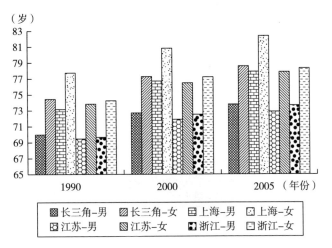

图 1-6　1990 年、2000 年和 2005 年长三角地区常住人口分性别预期寿命①

资料来源：中国 1990 年全国人口普查资料、中国 2000 年全国人口普查资料和中国 2005 年 1% 人口抽样数据汇编。

（6）长三角地区常住人口劳动力充足、老龄化加剧。1995～2005 年长三角地区常住人口年龄结构的一系列显著变化是：第一，整体常住人口生产力较强，社会抚养负担较轻。这主要是因为劳动年龄人口比重不断上升，从 1995 年的 65.78% 上升到 2005 年的 70.13%，长三角地区处于劳动供给充足阶段，即长三角地区常住人口整体生产力较强；同时，社会抚养比也从 1995 年的 52.02% 下降到 2005 年的 42.59%，劳动年龄人口社会负担不断下降。第二，少子老龄化程度加剧。在分性别年龄结构的人口金字塔中可以看出，长三角常住人口结构存在着金字塔底部和顶部的同时并持续老化的现象（见图 1-7）。尽管长三角人口在 1995～2005 年期间表现为劳动力人口上升趋势，但是人口的内部结构却存在着不可持续的因素。具体来说，少年儿童比例从 1995 年的 21.43% 下降到 2005 年的 14.84%，60 岁以上老年人口比重由 1995 年的 12.79% 上升到 2005 年的 15.03%；与此同时，1995～2005 年十年期间，劳动力人口比重仅以平均每年 0.64% 的速度递增，而老年人口比重却在以平均每年 1.63% 的速度增长，少年人口的比重以平均每年 3.6% 的速度下降。随着人口的发展和人口结构的更迭，如果没有大量外来劳动人口的导入，可以预见，劳动年龄人口最终将持续下降，

---

①　长三角地区分性别人口预期寿命 $e_i = \sum (e_{ij} \cdot p_j)$，其中 i=1，2 分别代表男性、女性；j=1，2，3 分别代表上海、江苏、浙江；e 为人口预期寿命；p 为某地常住人口占长三角地区总人口比重，作为人口预期寿命的近似加权数。

社会老龄化程度持续加深，从而对社会经济的持续稳定发展、社会体制等带来一系列冲击。

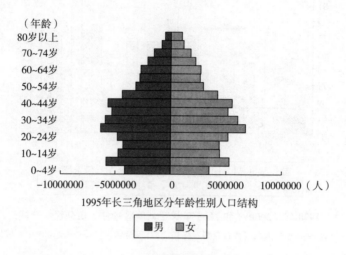

1995年长三角地区分年龄性别人口结构

■男 ■女

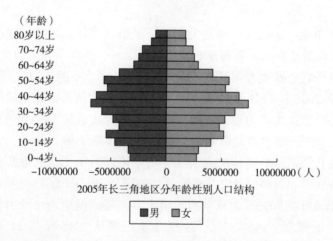

2005年长三角地区分年龄性别人口结构

■男 ■女

**图1-7 1995年、2000年和2005年长三角地区常住人口
分性别年龄结构金字塔①**

① 社会抚养比=（14岁及以下人口+60岁及以上人口数）/15~59岁人口数

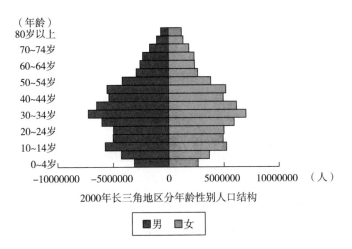

2000年长三角地区分年龄性别人口结构

■男　■女

图1-7　1995年、2000年和2005年长三角地区常住人口
分性别年龄结构金字塔①（续）

资料来源：中国1995年1%人口抽样数据汇编、中国2000年全国人口普查资料和中国2005年1%人口抽样数据汇编。

（7）迁移人口大幅增长。对于某一地区常住人口而言，迁移人口可以分为户籍迁移人口和非户籍迁移人口，其中非户籍迁移人口也就是我们通常所认为的外来流动人口。迁移人口的基本计算公式可以表示为：某一地区净迁移人口 =（T+1）年常住人口数−T年常住人口数−出生人口数+死亡人口数，净迁移人口也称为机械增加人口，将（出生人口−死亡人口）的净人口数称为自然增长人口。对于中国人口迁移状况的一个重要现实就是"常住流动人口已经超过户籍迁移，成为城市人口变动的主体②"。

根据前述公式，计算长三角地区常住人口的机械变动和自然变动，长三角地区机械迁移人口在2005~2009年期间年均2.71倍于自然增长人口；同时，也可以看出，相较自然增长人口基本保持稳定在每年增长45.7万人，长三角地区机械迁移人口对经济状况、社会政策等变动较为敏感而产生年度波动，体现在2008年开始的机械增长人口的较大幅度下降（见图1-8）。

随着常住人口自然增长的越发稳定，可以预见，未来长三角地区机械迁移人口比重将越来越高，外来迁移人口在经济行为和社会行为上与本地户籍人口有所差别，进而会在短期内影响到当地的经济、生育、死亡等社会状况；而在长远看来，随着城乡二元结构和区域差异的缩小，外来人口对本地既有的社会

① 社会抚养比=（14岁及以下人口+60岁及以上人口数）/15~59岁人口数
② 任远，王桂新. 常住人口迁移与上海城市发展研究［J］. 中国人口科学，2003（5）：42-48.

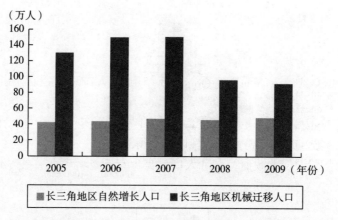

图 1-8　2005～2009 年长三角地区常住人口机械迁移和自然增长状况

资料来源：2006～2009 年上海统计年鉴、江苏统计年鉴和浙江统计年鉴。

经济行为模式产生的冲击将越来越小。

对长三角地区常住人口和户籍人口及其相关因素分析，可以得出如下观点：

第一，长三角地区人口规模不断上升，从 90 年代起持续成为全国的主要人口集聚区，这一趋势将在 21 世纪城市化和区域发展的大背景下进一步强化；

第二，长三角地区户籍人口缓慢增长，常住人口自然变动也较为稳定，而机械迁移人口大幅增加，长三角地区的人口集聚效应将越发凸显出来；

第三，在影响人口变动的要素上，长三角常住人口结构尽管处于高生产力和低社会抚养比期，但低的生育率可能会变成不可逆转的趋势、少子老龄化程度的加重、出生人口性别比的持续失衡已经成为影响长三角地区人口可持续发展和人口安全的主要消极因素。

三、2005～2050 年长三角地区常住人口预测

对长三角地区常住人口预测基期为 2005 年，预测期至 2050 年。主要数据来源是中国历次人口普查及人口抽样调查汇编和苏浙沪两省一市统计年鉴①。

1. 人口预测参数估计和设定

基本参数的判断即是对未来常住人口出生模式、死亡模式和迁移模式三个方面的判断，对这三个模式判断又分别涉及规模、分年龄别状况和分性别状况的判断。

————————

① 部分参数具体年份值见附录 1。

（1）总和生育率。据计算，2005 年长三角地区常住人口总和生育率为 1.11。对总和生育率的变化趋势设定两种不同情景，即高情景和低情景。

高情景：根据学者研究，如果中国不实行计划生育政策，2005 年实际人口总和生育率应该是 2.475 而非实际的 1.8[①]。随着人口总量控制，由于政府承诺或是其他社会发展原因而逐渐放松，到 2050 年对长三角地区完全放开，假设在 2050 年长三角地区人口总和生育率为 2005 年中国不实行计划生育政策的总和生育率，即 2.475。其余年份通过线性内插法得到。

低情景：假设随着政府控制和人口自身生育观念的调整，在 2050 年长三角地区人口总和生育率达到更替水平，即 2.1。其余年份通过线性内插法得出。

（2）分年龄别生育率。在分年龄别生育率中，选择"联合国亚洲地区"生育模式，其中粗出生率为 8.5‰。

（3）出生人口性别比。长三角出生人口性别比一直处于高位，2005 年达到 120.65，远远超出了正常水平。随着生育观的转变、生育政策的调整和引导，假设出生人口性别比在 2050 年达到 107 这一正常值，再根据 2005 年和 2050 年两个端点值，线性内插出 2006~2049 年各个年份出生人口性别比值。

（4）人口预期寿命。根据 2000~2005 年长三角常住人口预期寿命年均增长率为 0.24%，假设 2006~2050 年期间分性别人口预期寿命年均增长速度均维持在这一水平，从而可以得到各个年份分性别人口预期寿命值。即，人口预期寿命将从 2005 年男性和女性预期寿命分别为 73.76 岁和 78.57 岁，增加到 2050 年的 82.1 岁和 87.4 岁。

（5）死亡模式。死亡模式即分年龄性别死亡率，选择"Coale-Demeny 东方"寿命表模型，其中粗死亡率为 8.5‰，婴儿死亡率为 14‰。

（6）迁移人口规模。对迁移人口规模的基本判断依据有两点：一是常住人口年净迁入与经济状况直接相关，因为人口迁移成为事实的一个基本条件是就业，这点可以通过经济型迁移人口比重不断上升得到佐证（王桂新等，2005；胡萍等，2007；段成荣等，2008），仅就上海来说经济型流动人口占总流动人口的比重就由 1984 年的 6.63% 上升到 2000 年的 75.7%[②]。二是常住人口年净迁入（年新增常住人口）带有一定的惯性，即人口迁移在时间序列上呈现自相关性，这主要源自微观迁移主体之间的联系以及与经济状况之间的联系等。据此，笔者将设计高、低两种情景下的人口迁移规模，以判断人口迁移的基本区间。

高情景：根据新增常住人口与经济规模的关系，设置主要参数新增常住人口迁移弹性，2008 年开始的经济危机使得 2008 年前后的迁移弹性出现明显的不同，

① 杨鑫，李通屏，魏立佳. 总和生育率影响因素实证研究 [J]. 西北人口，2007（6）：59-66.
② 徐玮，宁越敏. 20 世纪 90 年代上海市流动人口动力机制新探 [J]. 人口研究，2005（6）：47-55.

尽管经济保持一定增幅，但迁移弹性却由正转负（见表1-2）。

其中，迁移弹性=新增常住人口变动率/经济的变动率。

表1-2　长三角地区不同经济阶段的迁移弹性

不同阶段	新增常住人口年均变动	GDP 年均变动	迁移弹性	经济状态
2001~2004 年	0.0989	0.1721	0.5748	正常时期
2005~2007 年	0.0754	0.17741	0.4251	正常时期
2008~2009 年	-0.0451	0.1068	-0.4225	危机时期

资料来源：历年《江苏统计年鉴》《浙江统计年鉴》《上海统计年鉴》。

如果假设未来经济状况是正常状态，那么通过 2001~2004 年和 2005~2007 年两个阶段的对比，可以认为未来的迁移弹性在 0.5 左右。

除此，根据迁移弹性对新增常住人口判断，还需要对未来经济增长的基本状况进行判断，该内容可以由历年苏、浙、沪三地的五年规划得到（见表1-3）。

表1-3　长三角地区五年规划经济增长率

阶段	上海规划经济增长率（%）	江苏规划经济增长率（%）	浙江规划经济增长率（%）	长三角规划经济增长率（%）	长三角规划增长率每五年的变化率（%）
"十一五" 规划	9	10	9	9.46	——
"十二五" 规划	8	10	9	9.25	-2.22

资料来源：历年《江苏统计年鉴》《浙江统计年鉴》《上海统计年鉴》。

将 2005~2009 年间苏、浙、沪三地 GDP 分别占长三角地区的比重作为权重，根据三地的"十一五"规划和"十二五"规划可以得到长三角地区规划的经济增长率，该增长率在两个规划期间下降了 2.22%。如果未来每五年长三角经济增长率的变化都按照 2.22% 的速度递减，那么就可以得到一个关于长三角规划经济增长率的每隔五年的时间序列。由此，与之前得到的迁移弹性 0.5，就可以基本得出每五年的年平均新增常住人口增长率，从而可以得到关于新增常住人口的时间序列。

低情景：根据新增常住人口惯性，2001~2009 年的九年期间年新增常住人口增长率为 8.61%，假设该增长率维持不变，即可得到一个每隔九年增长 8.61% 的新增常住人口序列。

在高、低两种情景下，长三角地区年新增常住人口基本呈递增趋势（见图1-9）。事实上，按照国家人口与计划生育委员会的《中国流动人口发展报告

2010》预测，中国未来每年新增流动人口会从 600 万下降到 2050 年的 300 万左右。这里所指的"长三角地区新增常住人口"并不同于"全国新增流动人口"，这是因为在全国"流动人口队列"中的非新增常住人口也可能成为长三角地区的新增常住人口。因此，本章设置的长三角地区在 2050 年新增常住人口从 2005 年的 130 万上升到 180.92 万的低情景和 474.13 万的高情景与《中国流动人口发展报告 2010》并无矛盾，而全国新增 300 万左右的常住人口恰恰为长三角地区常住人口增加提供了更大的动力。

图1-9　长三角地区2005~2050年每年新增常住人口参数设置的高、低情景

（7）迁移人口性别年龄结构。由于数据来源限制，取上海市常住外来人口分年龄性别结构作为对长三角年新增常住人口的性别年龄结构的近似，并假设在预测期均保持此种性别年龄结构。2005 年上海常住外来人口性别比为 109.6，男性多于女性。常住外来人口中劳动年龄人口占 88.4%，60 岁以上老年人口占 2.22%，0~14 岁少年儿童比例为 9.37%，外来人口以劳动年龄人口为主，弥补了上海地区严重的老龄化态势造成的社会抚养问题和经济负担问题，可以预见这种情况将成为长三角地区的普遍现象，而事实上这一现象已经通过外来人口经济型迁移原因为主得到佐证。

2. 人口预测的模型准备和检验

（1）多情景下的模型。在参数设计部分已经对总和生育率和迁移规模两个参数分别设置了高、低两种情景，两个参数、两种情景的不同组合可以得到四种情境下的模型。其中，对高生育水平高迁移水平模型、高生育水平低迁移水平模型、低生育水平高迁移水平和低生育水平低迁移水平分别称为宽松开放模型、宽松封闭模型、收紧开放模型和收紧封闭模型。宽松和收紧，开放和封闭都是两两相对而言的（见表1-4）。

表1-4 多情景预测模型设置

情景		迁移水平	
		高情景	低情景
生育水平	高情景	宽松开放	宽松封闭
	低情景	收紧开放	收紧封闭

（2）模型检验。对预测进行简单的误差检验，以常住人口规模为对象。由于预测基期为2005年，通过2006~2009年四个年份的真实观察值和预测值的对比可以看出四种情景的相对误差都在0.39%~0.81%，模拟值和真实值的拟合程度较好（见表1-5）。

表1-5 多情景预测下的长三角地区常住人口预测相对误差

年份	模型相对误差（%）			
	宽松开放	收紧开放	宽松封闭	收紧封闭
2006	-0.389	-0.389	-0.389	-0.391
2007	-0.747	-0.754	-0.802	-0.794
2008	-0.667	-0.688	-0.824	-0.810
2009	-0.525	-0.559	-0.828	-0.808

根据线性回归原理，可以评价预测值对真实值的模拟情况。设置检验模型 $Y=b\hat{Y}+e$，其中 Y 为观测值，$\hat{Y}$ 为预测值。

通过上述模型可以有以下两种方式判定预测结果的好坏：第一，模型中回归系数 b 越接近1，表明预测值对真实值的模拟程度越高；第二，检验模型的拟合优度，即预测值对观测值的解释程度越高、显著水平越低，表明预测值对真实值的模拟程度越高。

由表1-6可以看出四个情景模型对真实值的回归系数接近1，拟合优度接近100%，再次证明情景模拟结果较为可靠。

表1-6　多情景预测下的长三角地区常住人口预测对真实值的拟合情况

模型	宽松开放	收紧开放	宽松封闭	收紧封闭
回归系数	1.005	1.005	1.006	1.006
拟合优度	100%	100%	100%	100%
显著水平	<0.0001	<0.0001	<0.0001	<0.0001

四、长三角地区人口预测的主要结果

1. 长三角地区常住人口总量持续增长

长三角常住人口2005年为1.42亿人，根据预测，在四种情景预测下，2010年长三角常住人口将在区间［148.41，149.17］百万内，2015年将在区间［155.37，159.06］百万内，2020年在区间［162.45，171.26］百万内，2030年在区间［176.35，204.25］百万内，2040年在区间［186.94，258.33］百万内，到预测期末2050年在区间［201.66，349.65］百万内（见图1-10）。其中，在宽松开放的情景下长三角地区常住人口年平均增长率为2.03%，在收紧开放的情景下常住人口年平均增长率为1.95%，在宽松封闭和收紧封闭的情景下这一增长率分别为0.88%和0.79%，即，对于宽松开放、收紧开放、宽松封闭和收紧封闭四种情景，人口倍增时间分别约为35年、36年、80年和89年。即在预测期内，宽松开放情景和收紧开放情景下人口分别于2044年和2045年实现倍增。

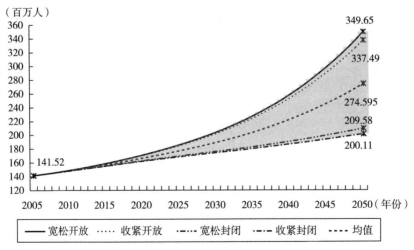

图1-10　多情景预测下2005~2050年长三角常住人口总量①

———————————
① 其中"均值"是四种情景下的平均值。

在常住人口趋势中，四种情景模型分异程度随着时间延续而迅速增大。宽松开放模型代表着常住人口高生育水平和高净迁移水平，因而是预测水平最高的情景。收紧封闭模型意味着常住人口低生育水平和低净迁移水平，是预测情景中预测水平最低的。四种情景的分异程度可以通过极差来表示（图 1-10 中的阴影部分），到 2016 年四种情景的极差不到 500 万人，而到 2021 年极差超过 1000 万人，到 2050 年极差接近 1.48 亿。可见，区域对人口发展的政策效应会随时间而不断放大；另外，尽管四个情景预测模型在 2006~2009 年期间的拟合效果几乎一样好，但是由于在短期难以看到分异程度，而不能断定长期预测哪个更为有效。

在四种情景下，通过两两对比可以发现，常住人口规模对生育模式比对迁移模式更为敏感，即生育模式对常住人口规模的影响更大。一个比较有效的指标就是分别构造生育和迁移的常住人口弹性。即：

$$\frac{\Delta\,常住人口_{t=2050}}{常住人口_{t=2050}} \Big/ \frac{\Delta Y^i_{t=2050}}{Y^i_{t=2050}}$$

其中，Y^i（$i=1$）表示总和生育率到 2050 年的变动，Y^i（$i=2$）表示迁移规模到 2050 年的变动（见表 1-7）。

对比表 1-7 上下两行指标，可以看出生育的常住人口弹性在 0.236 左右，而迁移的常住人口弹性在 0.175 左右，因此常住人口规模对总和生育率的变动表现得更加敏感。另外，相对迁移水平较高的情况，在迁移水平较低时，总和生育率对常住人口规模的影响更大；相对生育水平较高的情况，在生育水平较低时，迁移水平对常住人口规模的影响更大。

表 1-7　生育和迁移的常住人口弹性

开放情况下常住人口变化对生育模式变化之比	封闭情况下常住人口变化对生育模式变化之比
0.2162	0.2356
宽松情况下常住人口变化对迁移模式变化之比	收紧情况下常住人口变化对迁移模式变化之比
0.1740	0.1754

2. 长三角地区常住人口占全国人口比重持续上升

根据国家人口计生委 2003 年的预测结果，在总和生育率维持 1.7 的水平下，中国人口将在 2010 年达到 13.6 亿，到 2020 年达到 14.34 亿，在 2032 年前后达到人口高峰 14.51 亿，之后逐渐下降，到 2050 年下降至 13.76 亿。另外，根据本章对长三角常住人口的预测，长三角地区人口逐渐上升，并在预测期内没有下降的趋势，因此长三角地区占全国人口的比重将更加显著地上升，尤其是在

2032年前后中国人口在高峰后逐步回落后，长三角地区人口将经历一个人口比重明显上升期。从1990年的10.79%上升到2005年的10.82%，长三角地区占全国人口比重在15年之内基本稳定，年均增长率仅为0.019%；而到2008年长三角占全国人口比重的实际值达到11.06%，2005~2008年年均增长率为0.539%；此后进入预测期（预测期比重取四种情景均值），到2032年前后年均增长速度为3.02%，2032~2050年期间长三角常住人口占全国人口比重增长速度上升为4.10%，2005~2050年预期长三角常住人口比重的年均增长速度为3.45%。

在四种情景预测下，与常住人口规模在各种情景下的排序一致，长三角2050年占全国人口比重由高到低分别为25.41%、24.53%、15.23%、14.66%。未来的40年将是长三角成为中国主要人口集聚区的关键时期（见图1-11）。

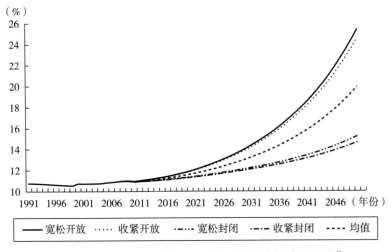

图1-11　1990~2050年长三角常住人口占全国人口比重①

3. 长三角地区常住人口增长率变动

根据人口数量公式，人口增长率等于人口自然增长率与人口迁移增长率之和。不同的迁移和生育模式决定了人口增长率曲线的形状和态势，因此长三角地区的常住人口增长率曲线在四种情景下变动情况较大。在四种情景下，人口迁移增长更多地影响了人口增长曲线的基本位置和增长态势，而人口自然增长则影响了人口增长曲线的变动（见图1-12）。

在宽松开放和收紧开放情景下，常住人口增长率在人口迁移规模持续上升的影响下不断上升；同时由于人口自然增长率到2030年之前基本接近于0，之后分别在2029年和2033年出现急剧上升，因此常住人口增长率也基本从与人口

---

① 1990~2005年为观测值，数据来源于历年统计年鉴；2006~2050年为多情景下的预测值。

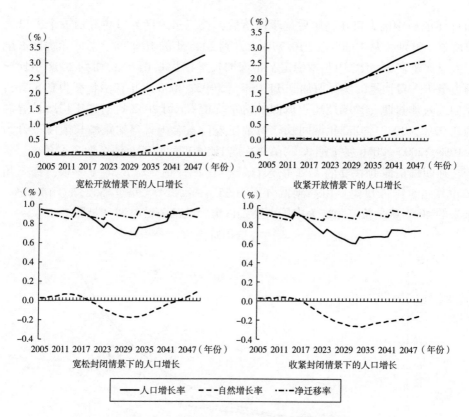

图 1-12 多情景下的长三角人口增长率曲线

迁移增长率曲线重合的态势下，分别在 2030 年和 2035 年前后超过人口迁移增长率曲线，上升更加急速。即在区域相对开放的环境下，人口增长率将呈现出持续增长的态势，区域内部生育政策的变动对人口增长率曲线的趋势影响在 2030 年之前相对较小，之后人口自然增长对人口增长将发挥更大的作用。

在宽松封闭和收紧封闭情景下，常住人口增长率在人口迁移增长率阶段性变化的影响下呈现出相应的变化，人口自然增长率的变动使人口增长率曲线偏离人口迁移增长率曲线。在宽松封闭情景下，人口自然增长率在 2020～2044 年下降至负水平，到 2045 年以后呈现出上升趋势，相应的人口增长率曲线先低于人口迁移增长率曲线，到 2031 年达到 6.87‰的最低水平，之后超过人口迁移增长率并持续上升。在收紧封闭情景下，人口自然增长率在 2018 年到预测期结束一直持续负水平，因此人口增长率在达到 2018 年前后 8.9‰之后到 2050 年，持续低于这一水平、低于人口迁移增长率水平，并维持在 6‰～8‰区间内，在 2032 年前后达到最低值 6.05‰。

4. 人口年龄结构变动不容乐观

从绝对数量上看，在四种情景预测下长三角地区常住人口劳动力数量和60岁以上老年人口数量均呈现出逐年递增的态势。0~14岁少年儿童人口数量在四种情景下，在2005~2010年间均处于下降期，其中，收紧开放模型、宽松开放模型、收紧封闭模型和宽松封闭模型分别降至1946万、1954万、1936万和1943万；2010年之后四个模型中，少年儿童绝对数量也开始逐年上升。

就人口年龄结构来说，长三角未来劳动力比重并不乐观（见图1-13）。尽管长三角未来成为重要的人口集聚区，吸引着全国的劳动力经济型的迁入，但是在四种情景预测下，长三角常住人口劳动力比重均在2008年达到高峰，其中收紧开放模型劳动人口比重最高为70.69%，其次是宽松开放模型为70.68%，收紧封闭模型为70.66%，宽松封闭模型相对而言劳动力比重达到高峰时的比重最低为70.66%。2008年之后四种情景下的劳动力比重均开始下降，到2050年均下降至预测期最低，收紧开放模型、宽松开放模型、收紧封闭模型和宽松封闭模型分别降至60.46%、59.25%、53.66%和52.84%，预测期间比重年平均下降率为0.33%、0.37%、0.59%和0.63%。与常住人口规模在四种情景下不同，相同的迁移模式下（同为开放或封闭），总和生育率较低的人口结构中劳动力比重相对较高，同时下降速度也较慢；相同的生育模式下（同为宽松或收紧），迁移强度较大的情景中劳动力比重相对较高，下降也较慢。

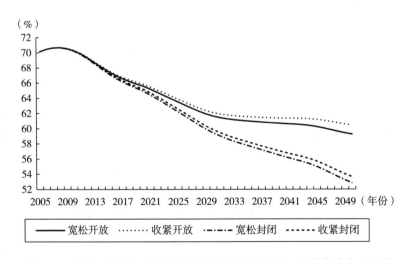

图1-13　2005~2050年多情景预测下长三角地区15~59岁劳动人口比重

少年儿童比重四种情景下在2005~2050年期间一直处于上升趋势（见图1-14），到2005年收紧开放、宽松开放、收紧封闭和宽松封闭四个模型分别

上升至 17.27%、19.26%、15.19%和 17.18%，年平均上升速度分别为 0.34%、
0.37%、0.05%和 0.33%。因此对长三角地区来说，相同的迁移模式下（同为开放或封闭），总和生育率越高少年儿童比重越大，年平均增长速度也越快，同时总和生育率高会带来更快的少年儿童比重增长速度这一规律，会在更加开放的迁移环境下被放大；相同的生育模式下（同为宽松或收紧），迁移强度较大的情况下，少年儿童人口比重相对较高，年平均增长速度也越快，同时更大的迁移规模会带来更快的少年儿童比重增长速度这一规律，会在更加宽松的生育政策下被放大。

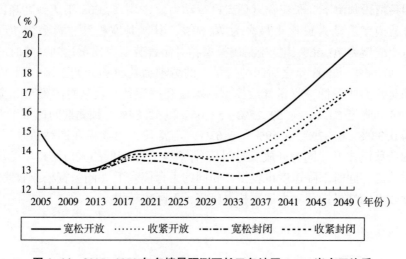

图 1-14　2005~2050 年多情景预测下长三角地区 0~14 岁人口比重

60 岁及以上老年人口比重在 2005~2050 年期间在收紧封闭模型和宽松封闭模型两个情景模型中一直处于上升趋势（见图 1-15），到 2050 年分别上升至 31.15%和 29.98%，年平均增长速度分别为 1.63%和 1.55%，这一上升速度远远快于少年儿童的上升速度。

这也就是说，在相对封闭的环境中，老年人口比重会持续地上升，而这一情况会因为更加严格的生育控制而被强化。在 2005~2050 年期间在收紧开放、宽松开放两个模型中，60 岁以上老年人口比重均在 2033 年达到峰值，分别为 24.50%和 24.21%，之后进入持续下降时期，到 2050 年分别降至 22.26%和 21.48%，即在较为开放的环境中，老年人口比重会实现下降，同时较为宽松的生育政策也会强化这一现象。这就是说，只要保持长三角人口流动的畅通性、降低城市进入的门槛，老年人口比重较高这一情况能够得到缓解，甚至解决。

在劳动力负担状况方面（见图 1-16），四种情景模型收紧开放模型、宽松开放模型、收紧封闭模型和宽松封闭模型中，2005~2008 年负担系数，即抚养比，

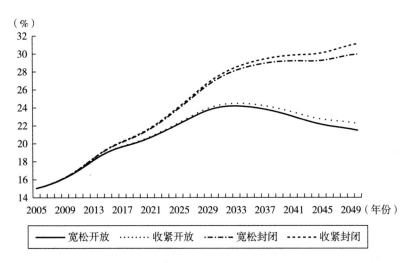

图 1-15 2005~2050 年多情景预测下长三角地区 60 岁及以上人口比重

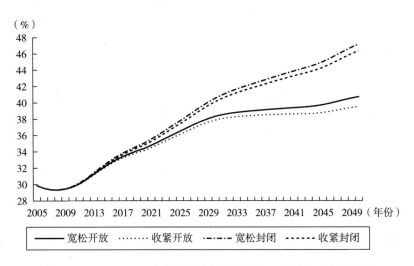

图 1-16 2005~2010 年多情景预测下长三角地区劳动力负担系数

处于下降趋势,并均在 2008 年达到最低值,分别为 29.31%、29.32%、29.33% 和 29.34%,即负担系数在下降阶段时,在相同的迁移模式下(同为开放或封闭),总和生育率越高负担系数越高;相同的生育模式下(同为宽松或收紧),迁移强度越低负担系数越高。2008 年之后,四种情景中劳动力负担系数分别进入上升阶段,到 2050 年分别上升至 39.54%、40.75%、46.34% 和 47.16%,2008~2050 年上升速度分别为 0.72%、0.79%、1.1% 和 1.14%,即负担系数进入上升阶段后,在相同迁移模式下(同为开放或封闭),总和生育率越高负担系数越高，同时这一规律会在更开放迁移的环境下放大；相同生育模式下（同为宽松或收紧），迁移强度较低负担系数越高，并且这一规律会在宽松的生育政策下放大。

总之，从人口金字塔结构来看（见图1-17），在四种情景预测下未来长三角

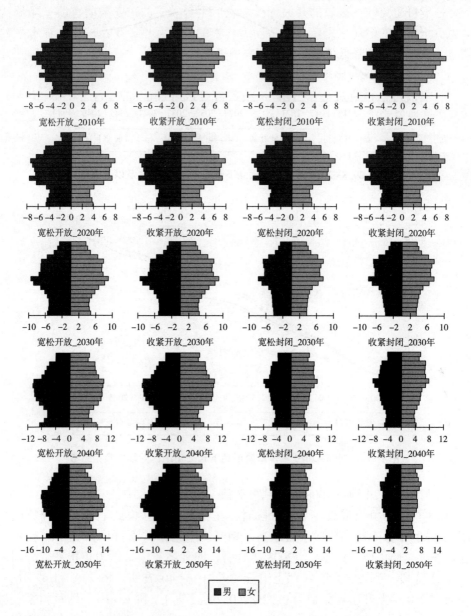

图1-17　多情景下的长三角地区每十年期人口金字塔

地区劳动力比重下降、劳动力负担上升、少年儿童比重上升将是持续的、不可避免的。老年人口比重在迁移强度更大的情景中可以实现下降，即常住人口的替代性迁移对人口老龄化起重要的缓解作用，这对未来的养老安排、社会经济等状况有十分重要的参考意义。另外，即使劳动力负担系数上升、劳动力比重下降是不可避免的，区域的开放程度加大、生育水平的适度控制有助于降低劳动力负担系数的绝对水平、缓解劳动力比重的下降程度，而在控制生育水平的同时，区域开放对降低负担系数作用表现更强。

5. 常住人口性别比逐渐升高

与出生人口性别比过高不同，长三角地区常住人口性别比在 2005 年为 99.2，低于正常区间 ［103，107］。在 2005~2008 年期间在四种情景下，常住人口性别比几乎都没有差别，均从 99.2 增长到 99.5 左右。从 2009 年起，四种情景下的常住人口性别比开始出现差距，并且差距越来越大，到 2050 年宽松开放、收紧开放、宽松封闭、收紧封闭四种情景下的人口性别比分别为 104.88、104.69、102.17 和 101.85（见图 1-18）。即在较为开放的情景下，常住人口性别比明显偏高；在较为宽松的情景下，常住人口性别比略高。因此，未来较长时期内迁移大军男性依然占较高比重，对总和生育率控制的逐步放松在一定程度上可能会促成常住人口性别比的上升。

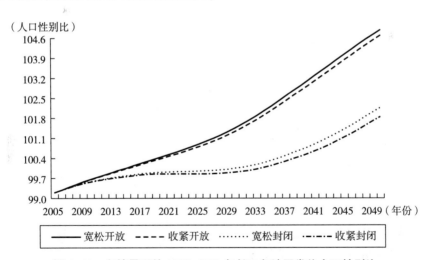

图 1-18　多情景下的 2005~2050 年长三角地区常住人口性别比

就常住人口性别比构成来说，主要包括历史常住人口性别比和年新迁入人口性别比两方面。其中年新迁入人口性别比根据假设为 109.6，出生人口性别比从 2005 年的 120.65 下降到 2050 年的 107，而常住人口性别比持续上升，这就说明，随着男性死亡率的下降和男性在迁移中依然保持优势将带动长三角地区性别比的逐渐上升，在快速城市化和工业化过程中，性别比对社会经济发展产生重要的影响，同时也影响着社会和谐进程。

五、本节小结

在上述多情景人口预测中，我们基本可以得到如下结论：

第一，在各种情景下，长三角地区人口在未来都将保持集聚状态，这种集聚的持续甚至在中国人口出现高峰开始下降之后会依然保持，也就是说，长三角地区占全国人口比重不断上升，将成为未来中国人口重要的导入区。

第二，按照预测，对常住人口规模而言，特别是对于中长期的人口变化，生育率的变动相对迁移率的变动对常住人口规模的影响更大。这给我们不同于以往的判断。以往研究常提出外来人口造成了人口规模的上升，这一般是相对于户籍人口较低的出生率来说的，并且预测时间较短。对于长三角地区常住人口来说，其生育状况的变动将对区域人口总量产生较大的正向影响，也就是说，提升1%的生育水平对常住人口规模长期发展的影响相对较大。

就人口结构来说，生育政策较紧也会抵消迁移政策对人口结构的优化作用，而较为宽松的生育政策也会更加促进迁移政策对于人口结构的优化作用。本章指出，老龄化程度会在一定的迁移政策安排下由于更紧的生育政策而加剧，而更为宽松的生育政策将进一步缓解人口老龄化的压力。

这给我们以这样的人口调控启示：在改革成本有限的约束下，为保障长三角地区人口的持续发展，避免少子老龄化带来的人口结构性的生产性降低从而影响社会经济发展和区域活力，尽早放开生育限制甚至比户籍制度放开更加重要，考虑到生育行为可能产生不可逆的刚性，即人口低生育行为无法挽回，调整生育政策就更显得迫在眉睫。当然我们也要看到，生育率提高可能提高人口抚养比，这一方面要求政策调控的适度性，另一方面也是生育率提高产生人口抚养比升高将意味着未来更多的劳动力，与老龄化产生的人口抚养比提高是不同的。

第三，就人口结构层面，常住人口不可避免地将经历少子老龄化、劳动年龄人口比重下降和性别比升高的不可持续状态。对于人口的这种不可持续的状态，有许多学者指出鼓励人口迁移，利用人口的空间分布调整根据人口置换理论有利于优化人口结构。彭希哲、任远（2002）指出"增强城市竞争力，需要大力促进人口结构调整"，并提出"强调人口绝对数量而忽视人口结构"对未来的长期可持续发展是不利的，而包括少子老龄化在内的现有人口存量结构的问题短期内难以改变，因此需要发挥移民的"人口置换"功能，即通过人口空间结构的调整实现人口存量结构的改善，减轻人口基数的压力。这与本书的发现极为契合，本章研究中指出：在相同的生育模式下，促进迁移在短期来看有利于劳动力比重的上升；而长远来看，尽管劳动力比重下降和社会负担水平上升无论是生育政策还是迁移替代都不可避免的，而促进迁移可以降低劳动力比重下降的速度并维持在相对较高的水平。另外，只要保持长三角人口流动的畅通性、降低城市进入的门槛，老年人口比重较高这一情况能够得到缓解，甚至解决，即老龄化问题可以通过迁移得到解决。尽管在当前社会抚养水平较高是老年人口比重较高造成的，但在未来对于社会的抚养水平较高，根据分析老年人口比重上升会得到缓解，可以判断将是由于少年儿童比重持续增高和老年人口比重较高共同造成的。

通过对人口迁移和人口生育的分析，我们可以看到对于总量控制和人口结构优化，这两个人口政策往往是相辅相成、互相影响的，更加开放和畅通的人口流动环境和更为宽松的生育政策环境将是我们未来政策变革中需要不断努力的方向。

最后，关于人口预测，我们可以看到在不同的预测情景下，人口总量的预测状况差异较大，并且这种差异会随着时间的递增不断扩大。这就提醒我们，对于长期人口预测的点预测需要保持非常谨慎的判断、注意其使用范围和科学性，而在长期人口预测中我们应该更多关注趋势和结构的变化，并且采取区间预测相对较为可靠。

第三节　长三角地区所面临的环境压力

对于人口功能区的人口聚集区而言，一方面，承担着国家总体生态优化和经济优化的责任；另一方面，却因为人口集聚和经济集聚将面临双重的环境压力。长三角地区的环境压力不言而喻，但正如文中多次提到，环境压力并不仅仅是由于人口造成的，而人口因素对于环境问题也不是唯一的解决办法，本节所谓的人口—环境关系，仅是以人口集聚为背景，简述长三角地区在发展中遇到的一些具有代表性的环境问题。

一、长三角地区的主要环境问题

长三角地区作为中国经济最发达、人口集聚程度最高、城市化水平最高的地区之一，其环境压力也相对有其主要的人口—环境冲突方面，如土地资源瓶颈、大气污染严重、碳排放增加、水资源短缺等。

根据美国环保协会等 2004 年长三角环境研究报告和多项研究显示①②③④，长三角地区面临日益严重的环境威胁。

1. 土地资源短缺与地质灾害

长三角地区土地资源受到严重的重金属污染，同时长三角地区诸多城市面临着地面沉降的威胁，这些沉降主要发生在上海和苏锡常地区，并且表现出"分布广泛、发展迅速、差异性沉降明显"等特点。尤其是上海 50 年来市区地面已经沉降了一米，温室效应的加剧可能使得上海变成"下海"。长三角地区在建设用地大量增加的情况下，耕地流失严重，人均占有耕地面积低于联合国粮农组织的最低警戒线标准。

2. 水资源污染和短缺并存

水资源的跨界污染严重，太湖流域各种污水排放量达到全国的 10%，七成水体处于富营养化阶段，许多农村河道和城市内河均达不到基本的水质要求，存在严重的水质性缺水现象。汪珊等（2005）对长三角地区两省一市进行了地下水环境质量评价，该研究指出长三角地区地下水位持续下降，水资源面临着逐年衰竭。

3. 其他环境污染

江苏南部、上海和浙江省面临着酸雨的严重威胁。长三角城市群 15 个城市的工业废水排放达标率、每平方公里二氧化硫排放量、环境噪声达标面积三项指标恶化的城市占 60% 以上。

4. 生态足迹上升

作为可持续性相关问题的研究，生态足迹是人口—环境关系的重要研究方法和模型，由 William Rees（1992）和 Wackernagel（1996）提出并完善，其内涵是将一定的人口和经济向生态环境消费和排放的状况转化为一定的生物生产面积，从而将人口—环境关系形象地表示为人类社会踩在地球上的足迹面积。牛高华（2006）对长三角城市群 16 个城市进行了生物资源消费用地和能源消费用地的生态足迹需求分析，主要数据如图 1-19 所示，可以看出长三角城市群在人口集聚和城市经济发展的过程中，不但生态足迹总量以年平均增长 5.02% 的速度从 1996 年的 13412 万公顷上升到 2004 年的 19853 万公顷，人均生态足迹也

① 刘勇. 土地短缺迫使长三角经济转型 [J]. 中国改革，2006（7）：57-59.
② 宋言奇. 长三角生态安全一体化研究 [J]. 南通大学学报（社会科学版），2005（4）：61-66.
③ 王志宪. 长江三角洲地区可持续发展的态势与对策 [J]. 地理学报，2005（3）：381-391.
④ 汪珊. 长江三角洲地区地下水环境质量评价 [J]. 水文地质工程地质，2005（6）：30-33, 37.

从 1996 年的 1.68 公顷/人上升至 2004 年的 2.42 公顷/人，年平均增长速度略低于生态足迹总量增速，约为 4.58%。

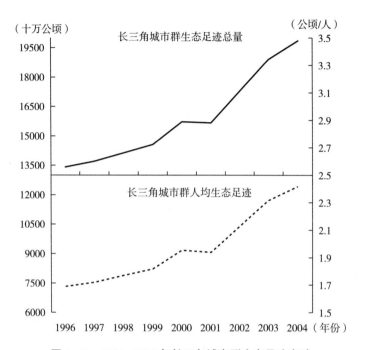

图 1-19　1996~2004 年长三角城市群生态足迹变动

资料来源：牛高华. 长江三角洲地区土地利用变化与耕地非农化分析 [D]. 南京农业大学硕士学位论文，2006.

上述内容简述了文献中环境压力的基本状况，暂不论人口—环境在长三角地区的关系，仅看长三角地区的环境状态，无论是其内部的两省一市又或是长三角城市群都见证了越来越恶化的环境状况。这些环境状况不仅向我们呈现着长三角地区的环境特征，事实上它们在某些方面已经成为长三角地区发展的瓶颈，影响着长三角地区的区域整体竞争力。

二、长三角地区的环境约束

加速恶化的环境也越来越成为区域发展的限制。王志宪等（2005）指出，40 年来，由于长三角地区地面沉降所造成的经济损失达 4000 亿元。王舒曼等（2001）以水和大气资源的核算为例，分别对江苏省 GDP 进行了修正，指出 1994~1997 年水和大气资源的折旧使江苏省的绿色 GDP（EDP）平均下降了 8 个百分点，现行的 GDP 过高地估计了江苏省的经济增长水平，"江苏省的经济发展是以一定的资源环境退化为代价的",另一方面资源环境价值损失占 GDP 比重有下降的趋势,也就是说,在经济增长的同时,环境质量出现了向好的迹象。刘勇(2006)对长三角城市群 15 个城市的发展与土地资源的关系进行分析,指出:长三角城市群面临着用地产出率低的威胁,工业用地的平均产出率仅"相当于国际工业用地平均产出率的 1/80",加之城市粗放的土地利用,土地资源短缺已经成为"制约长三角地区经济发展的关键要素",并影响到长三角城市群的环境质量。

总之,经济高速膨胀和人口规模已经对环境系统造成较大的损害,并持续威胁着长三角地区的可持续性。目前,由于较高程度的治理和修复,在某种程度上表现为环境损害得到缓解,某方面的可持续性也有增强的倾向。

本章小结

通过简单的文献考察,我们已经发现长三角地区面临着众多环境问题,而这些问题很大程度上产生于人口快速增长和经济高速发展,尽管技术因素开始发挥重要作用,若干研究也表明技术减缓了环境快速恶化的趋势,但并没有改变环境恶化的本质。

正如前文所述,本书关注的是在人口集聚的背景下,缓解环境恶化,甚至改善环境的某些有力措施。因此,下文研究的目的和缘起将关注以下两方面的内容:第一,在就业机会拉动的人口流动和人口城市化下,充分发挥人口规模效应、规避人口集聚对发展的负效应;第二,通过人口、经济和环境这三大系统的调节和适应共同增强区域的可持续性。

总之,内生于人口导入区的人口—环境关系受到经济、人口等诸多方面的影响,在长三角地区这样的人口导入区,承担着国家生态优化和经济发展的双重任务、又面临着人口集聚和经济规模扩展对环境的双重压力,探索实现良好的人口—环境关系是长三角地区未来相当长一段时间内伴随着经济增长和城市化的重要任务,即将长三角导入区和经济集聚区打造成可持续的人口集聚区。在人口集聚的背景下,环境可持续性增强这样一个构想能否实现,取决于长三角人口—环境关系的理论视角和所采取的政策措施,这正是本书将要重点探讨和解决的问题。

第二章

人口集聚与区域发展的
可持续性文献综述

如果将区域看成由一个个模块或子系统构成的复杂巨系统的话，那么其中的经济子系统和人口子系统属于生产和消费型系统，而环境子系统便属于支撑系统。区域可持续发展包含着两方面的内容：一是区域内部所有子系统之间相互协调，讲求区域整体性的发展，而非某方面的发展，尤其不是那些以破坏其他子系统为代价的发展；二是在维持区域整体发展的基础上，子系统内部实现良性循环。

传统的发展观将经济发展作为衡量发展的核心，李嘉图的地租理论等证实经济学已经意识到资源的稀缺性，恩格斯[1]指出，"劳动和自然界一起才是一切财富的源泉，自然界为劳动提供材料，劳动把材料变为财富"。然而，随着人类社会与自然环境作用力度和耦合方式的转变，人类社会和经济扩张运行到生态阈值附近，自然环境越来越凸显为经济增长、人类生存的制约，例如水资源短缺已成为社会发展的瓶颈、威胁人类的生存，联合国 2003 年发布的《世界水资源开发报告》第一期指出"缺少足够的供水和卫生设施构成了贫困与疾病的恶性循环的根本原因和结果"[2]。另外，环境保护和治理亦需要代价，如 1970 年后日本大举实施的节能措施将日本转变为环境优美的国家，然而却以此后长期的低速经济增长和产业空洞化为代价[3]。环境的重要性已不言而喻，然而这其中着实需要谨慎判断和小心权衡，但更为重要的是如何认识人口、环境和经济的关系。

---

[1]　[德] 恩格斯. 自然辩证法 [M]. 于光远等译. 北京：人民出版社，1984：521.

[2]　The 1st UN World Water Development Report: Water for People, Water for Life [R/OL]. Kyoto, Japan: The 3rd World Water Forum, http://www.unesco.org/water/wwap/wwdr/wwdr1/pdf. 2003.

[3]　李瑞英. 2011 年《中国低碳经济发展报告》发布 [EB/OL]. 中国环境经济智库，http://www.cs-fee.org.cn/ReadNews.asp? NewsID = 821. 2007-07-09.

　　显然，仅仅将自然资源和生态环境作为经济子系统和人口子系统增长的约束条件无法解决资源环境的外部性和增长的负效应。传统经济学解决类似问题的办法是内生化，主要手段是补贴、税收等。该手段依然未能缓解日益恶化的资源环境问题。随着可持续发展观的形成和成熟，人口、经济和环境关系越来越被认为是镶嵌在一个区域系统中的各个子系统，它们相互影响、互为条件，在制衡耦合中达到动态稳定。事实也证明，牺牲其他子系统的稳定性，绝对不可能使得某个子系统能产生持久的优化结果，而人类片面追求经济增长而导致环境恶化、又进一步制约经济增长的恶性循环的历史就是最好的例证。因此，对区域可持续性的研究进行考察和分析，是在现代发展观尤其是科学发展观指导下，所有发展问题的基础。

　　本章将从区域发展的可持续性理论和研究、人口集聚的概念和影响因素、人口集聚和区域可持续发展的联系三方面进行文献梳理，并作为研究的主要理论支撑。

第一节　区域发展的可持续性相关理论和研究

一、区域可持续发展界定及定义

　　自 20 世纪提出可持续发展（Sustainable Development）以来，地球在城市化蔓延、经济迅速大规模展开、人口迅速膨胀中，资源承载力不断下降、可以预见的环境容量负荷过重，即在人地关系极为紧张的背景下产生的。"持续性"在 20 世纪 70 年代由联合国教科文组织提出，1972 年在斯德哥尔摩联合国人类环境研讨会上形成可持续发展的思想，1987 年挪威首相布伦特兰夫人在《我们共同的未来》中，第一次明确定义可持续发展，是指既满足现代人的需求以不损害后代人满足需求的能力，该定义成为关于可持续发展最常用的经典定义。联合国人口活动基金会（UNFPA）在发布的《1992 年世界人口状况报告》中提出了可持续发展的四个必要条件：第一，至少在生活水平超过基本需要的最低限度并具有长期可持续性；第二，对下一代人的遗产（物质生产力、资源存储量和生态环境）至少和当代人所授的遗产相当；第三，经济发展的成果分配更加公平，为后代保障地区和全球的生态环境；第四，在地球承载力的范围内，改进人类的生活质量，并通过知识、组织、技术和智力要素促进地球环境的维持和改善①。事实上，早在悲观主义和乐观主义关于地球是否存在极限、世界末日是否就要来临的争论伊始，就孕生了可持续发展的理论。例如，"增长极限理论"、土地有限承载力理论、现代人口控制理论、乐观主义技术论等，都对可持续发展理论的发展和完善做出了重要贡献。

学术界关于区域可持续发展的定义主要有以下四种。

1. 可持续发展的经典定义在区域上的体现

区域可持续发展是"可持续的区域发展或区域的可持续发展"，是可持续发展中包含了区域公平、区域禀赋和区域机会（潘玉君等，2002；刘艳清，2000；蔡林等，2009；张爱胜等，2005）。"既要研究整体功能与结构，也要研究背景和与其同级相同的其他区域之间的关系"，注意区域"经济或社会总量的增加、结构特别是区域结构的优化和相关区域和区域背景的影响"②。具体来讲，就是"区域的经济增长、社会发展要建立在有效控制人口增长、合理利用自然资源、逐渐改善环境质量并保持良性发展的基础上③"，提高区域系统的凝聚力、对外部要素的吸引力。

2. 按照区域与国家可持续发展的关系

随着全球化和信息化的深入，区域开始成为国际分工和全球竞争的主要发生地，党兴华等（2008）将区域特定在城市群中，指出城市群正是这个基本地域单元，区域整体竞争力和整体优化对国家持续稳定发展有重大意义。谷国锋（2003）将区域经济系统定义为国家经济系统的子系统。"区域可持续发展既是国家乃至全球可持续发展的基础，又是比区域更小的地域生产系统可持续发展的综合"（何莉萍，2006）。区域可持续发展的任务在于整合区域内更小的区域范围；也要在更广的层次上符合更大区域发展的规则和要求，"区域可持续发展目标必须与全国可持续发展的大目标保持一致，保证全国总体目标顺利实现的区域可持续发展才有现实意义"，区域可持续发展需要在"国家政策的框架内积极推行体制改革和机制转换、转变增长方式、走新型工业化道路，建设节约型社会等方面"④。

---

① 李竞能. 现代西方人口理论 [M]. 上海：复旦大学出版社，2004：358.

② 潘玉君等. "区域可持续发展"概念的试定义 [J]. 中国人口·资源与环境，2002（4）：127-129.

③ 张爱胜，李锋瑞，康玲芬. 系统动力学及其在区域可持续发展研究中的应用 [J]. 干旱气象，2005（2）：70-74.

④ 宁淼等. 区域可持续发展战略规划的理论与方法研究 [J]. 中国人口·资源与环境，2006（3）：38-42.

3. 强调系统内涵和人地关系

区域可持续发展是区域系统可持续性变化的路径，将区域划分为诸个子系统，使整个生态经济系统内部的两大子系统生态环境系统和社会经济系统相互协调、维持稳态，即使原有稳态打破也能"通过内部的自我组织和反馈机制"得到修复（李崇勇等，2007），"其过程就是区域系统在动态演化过程中不断形成耗散结构，且不断地高级化的过程"①。李志强等（2006）也认为，区域可持续发展是一个复合系统，"是以发展经济为前提，人口控制为核心，资源和环境为基础的人口、资源、环境与经济发展协调下的可持续发展模式"。

按照系统论的观点简言之就是"区域可持续发展是区域系统从无序到有序、由低级到高级，最终实现复合资源系统的优化配置的复杂演变过程"……，包括了"资源的配置"和"资源的优化配置"，其"终极目标是实现区域经济、环境和社会综合效益的最大化"②。

4. 强调环境的效益和多元目标

区域包含资源、环境、经济和社会等诸多要素，其发展具有动态的时空特征和多目标性，它既追求经济效益、人类生存和需求的满足，又承认资源、环境要素在区域系统中有重要的价值和基础意义，其有效利用可以产生区域社会效益（王好芳等，2003），"区域可持续发展以保护区域自然生态环境为基础，以激励区域经济增长为条件，以改善区域内部人类生活质量为目的"③，"经济发展和社会需要不能以牺牲生态环境为代价，当生态、经济和社会子系统处于良性匹配状态时，能量流动、价值流动和物质循环表现相互促进和相互发展的态势，实现生态环境良好能促进经济增长和社会进步"④。白永亮（2004）指出区域可持续发展的本质是"现代生态经济发展模式"。

二、区域可持续发展的内涵

1. 区域可持续发展的差异性和多样性

区域具有自身特有的区位特征、自然禀赋和历史发展路径，可持续发展的能力不同，不能一概而论，因而区域可持续发展并不是单一的模式，它随着区域的不同而带有不同的发展路径。同时，对于一个特定区域，其可持续发展模

---

① 程叶青等. SD 模型在区域可持续发展规划中的应用 [J]. 系统工程理论与实践，2004（12）：13-18.
② 张象枢等. 人口、资源与环境经济学 [M]. 北京：化学工业出版社，2004：248.
③ 程中玲等. 人地关系与区域可持续发展 [J]. 安徽农业科学，2006（15）：3830-3831.
④ 杨世琦等. 不同协调函数对生态·经济·社会复合系统协调度影响分析：以湖南省益阳市资阳区为例 [J]. 中国生态农业学报，2007（3）：151-154.

式也具有多样性，区域系统包含多个子系统，在子系统之间关系、组合稳定的情况下，子系统的优化方式不同、发展程度的不同会导致区域可持续发展模式的不同。库向阳等（2000）在实证分析的基础上指出，可持续发展在不同的区域中具有不同的发展模式，"在区域发展条件的约束下，寻求整个区域系统协调度的最大化，适用于发达国家或地区；在区域发展条件的约束下，寻求区域经济子系统静态协调度的最大化，适用于发展中国家或地区；在区域发展条件的约束下，寻求区域环境生态子系统静态协调度的最大化，适用于生态环境脆弱或已遭破坏的国家或地区"。刘玉等在2003年的一项区域可持续性评价的研究中，通过研究区域发展的基础系统、协调系统和潜力系统，指出目前我国京津沪三市的区域可持续性处于全国领先的良好状态，而我国区域可持续发展具有"很强的地区差异性，与经济发展水平的分布趋势有诸多相似"。

2. 区域可持续发展的规范性和可变性

由于区域可持续发展带有差异性，曹利军等（2000）认为，区域可持续发展带有主观色彩，根据不同的社会发展水平和环境条件，人们对区域发展的理解是不同的；这种认识是不断深化的。也就是说区域可持续发展观含有价值观和价值导向，本身是价值规范的产物。另外，区域可持续发展规范着区域健康状态，"区域可持续发展是诊断区域开发的合理程度及其是否健康发展的标准"[1]，区域可持续发展是"对传统经济增长模式的反思，不能将三次产业建立在无限向自然索取的基础上，有必要重新审视与调整传统的产业结构"[2]。

需要指出的是，按照区域的狭义定义，区域可持续发展尽管在地域层次上高于省市区域，然而区域可持续发展，尤其是都市群区域的发展，在控制层面上更带有自觉性和需要合作性。由于省市区域是行政区，管理主体——政府职责明确，决定了省市可持续发展推动具有主动性和相对独立性；同样，对于一个主权国家也是如此，国家的可持续发展决定于国家政府的安排。区域可持续发展往往需要建立在国家层面的可持续发展路径和相关规划、法规的基础上，同时还要克服区域内部省市维持较不合理发展模式的现状、突破内部省市发展和管理的惯性，如果没有明确的国家法规，省市之间的合作将具有相当程度的不稳定性。

3. 区域内部子系统之间有限的补偿性

区域内部资源、环境、人口、经济是一个有机的组合体，各子系统之间相互制约、相互促进，任何一个子系统状态的改变必然要影响其他系统维持其现状的能力。这是因为"一个子系统产生或恶化或改善的情况都需要其他子系统

---

[1] 刘晓辉等. 区域可持续发展指标体系研究述评 [J]. 资源环境与发展，2008（3）: 17-20.

[2] 王奇等. 可持续发展与产业结构创新 [J]. 中国人口·资源与环境，2002（1）: 9-12.

的输入"①，例如人口系统通过消费产品和服务，扩大经济系统规模；通过技术创新、结构优化和资金投资，优化经济系统；而环境破坏、土地资源的制约，也可以限制经济规模，制约经济系统的优化。但是这种补偿是有限的，例如经济发展不可能以无限制破坏环境为代价来换得持续的发展。

4. 其他子系统的持续性是某一子系统持续优化的保障

按照上一条"子系统补偿的有限性"来看，在短期单纯追求某一个子系统的优化和改善也许是可能的，但是在长期，由于子系统之间的相互制约作用，某一个子系统的恶化都会成为整个区域系统的短板，从而阻碍系统内部其他子系统的发展；需要指出的是，这种长短期也是相对的，取决于某个子系统优化过程中对其他子系统的掠夺和索取程度。这里就体现出了技术的作用，一种技术可以通过改善系统内部的结构，缓解子系统之间的矛盾，减缓正在恶化的子系统的速度；而也有一种技术是加速正在掠夺其他子系统的系统的发展速度，如果不能有效地控制，这样的技术将加速系统崩溃。例如，对于资源开发勘探技术在经济发展初期有效地提高了区域发展的能力，而随着资源的加速耗竭和经济规模的无限扩大，资源系统开始成为经济规模的制约，经济发展可能就此被迫停滞。蒋萍等（2008）指出，可持续性的最低标准是需要各个子系统均"维持在一个最低生存状态之上"；而强调发展度的可持续性则除了生存原则，更要求子系统的发展规模和持续的发展态势；强调制约作用的可持续性则强调系统间的制约。

也就是说，正因为区域内部子系统发展具有相互替代性、互为条件，决定了区域可持续发展在实际操作层面上要坚持协调发展。所谓协调发展，就是区域人口、资源、环境与经济发展系统中诸要素和谐的、合理的、使总效益最佳的发展（刘艳清，2000）。区域协调发展正是强调特定的地域范围，"具有空间结构和功能特征的区域系统"，其内部各子系统具有"职能互补、相互促进、克服冲突、协调矛盾"的能力（吴超等，2003），"从而形成良性循环发展的态势和关系"（齐晓娟等，2008），以促进区域整体效益优化的发展。

5. 区域可持续发展的开放性和可控性

区域系统是一个开放系统，与外界进行着人流、物流、信息流、资金流的交换。因此，改善区域发展状态根本源于通过区域系统结构改善提升区域功能，而同时区域外部环境对于区域可持续发展也有着重要的影响作用。在与外界交流频繁的子系统中，其他系统的制约和该系统对其他系统的制约都能在恶化的时候得到一定程度的缓解。例如，FDI 或 OFDI 一方面能改善区域经济子系统的

---

① 蔡林等. 区域可持续发展系统动力学综合协调模型研究 [J]. 圆桌论坛，2009（4）：67-70.

运行状态,同样也能提升经济产业结构,从而缓解经济系统对资源系统的压力,聂飞、刘海云(2016)采用2003~2012年省级面板数据研究发现,处于中高城镇化阶段的地区通过对外直接投资降低城镇碳排放水平的效果较之于处于低城镇化阶段的地区更为显著。

正是由于区域系统是一个开放系统,控制作用才能实现。区域开放性体现了外部因素和作用力在该区域的有效性,因此,政策作用和机制体制便能在区域系统中发挥作用。厍向阳等(2000)指出,通过"制定相关的法律、制度,通过一定的组织、社会结构和教育宣传手段",实施可持续发展战略。在《增长的极限》中也表达了这样的思想:通过政策手段对人类生产、生活相关内容的限定和重塑,是实现可持续发展的最有效和最根本途径。李崇勇等(2007)也指出改变人自身的行为是系统发展路径的直接导向,于是通过"舆论引导、道德感召、政府规范等措施",实现人与人之间、人与自然之间的公正和和谐,是极为有意义的。

三、区域可持续发展中的人口子系统

以人为本的社会建设要求发展符合人类生存、生活和繁衍的需要。在关系深入复杂和联系广泛错综的社会大系统中,人被赋予了新的角色。人是发展的动力更是发展的目的,一方面,人作为生产者创造物质财富,作为消费者耗用产品和资源,作为改造者重新塑造着自然生态环境的面貌;另一方面,作为发展的根本目标衡量着社会的进阶,因而人口的数量和质量影响着发展的质量和内涵。人的发展与经济物质生产、环境容纳程度和资源承载力相互协调、制约,保证了社会系统正常、合理的持续性和延续性。因此,人口数量和质量的布局是可持续发展的根基、根本和目的,人口本身作为一种特殊形态的资源,与资源、环境、经济、社会的可持续发展构成了协同、制约的关系,人口变量是实现可持续发展的基本要素之一(穆光宗,2008)。

从系统的观点来看,区域可持续发展系统一般以人口—资源—环境—经济四个子系统的协调发展为目标,也有研究将环境和资源子系统统称为环境子系统。其中,经济子系统的目标是追求经济总量的增长,不断优化的经济结构和布局;资源子系统的目标是保证不可再生资源不被过度开发,可再生资源的有效利用,通过技术和替代资源的挖掘实现资源的永续利用,为子孙后代留下至少相当于当前的资源;环境子系统的目标是维持自身的良性运转,提供合理的自然生态空间和社会发展空间,提高自身稳定性和吸纳废物能力,并使社会经济的发展尽可能在环境子系统的自净能力范围之内;人口子系统的目标是保障人口生活水平、就业、生活保障等生活条件。

人口子系统是最具能动性和最具活力的系统，一方面，人的主观感觉影响着其他系统的目标和定位；另一方面，人的客观条件和劳动力影响着经济系统的运行、资源系统的消费状态、环境系统的改善程度或者破坏程度、社会系统的完善和目标。经济系统是区域系统的动力和物质、资金保障。人口和经济系统都是消费和生产系统，需要资源和环境系统的支撑。可以看到作为不同发展主体的子系统各自运行，但并不独立，它们之间存在相互影响和相互制约的关系，资源和环境子系统目标的实现需要人口子系统和经济子系统的支持和改造，经济子系统目标的实现需要资源和环境子系统的支撑和人口子系统的动力；而人口子系统目标的实现需要经济子系统和资源子系统的物质基础和环境子系统的空间接纳。因此区域可持续发展是一种权衡的、调和的、复杂的多目标决策系统，其"协调发展有别于各个子系统内部的协调发展"（申玉明等，1999），其整体协调以各子系统内部的协调为基础，又不同于单个子系统的协调的总和，即单个子系统的协调并不一定导致系统整体的协调，同时系统整体的协调并不代表单个子系统都实现了最优目标，可能在区域系统优化的过程中，个别子系统只能实现次优目标。

消费性的系统有如下一些表征：人口规模的扩大、人类自身的发展、人类需求通过经济发展得到满足等，这些都极有可能导致资源耗竭、环境恶化。然而这些相互消长的矛盾并不是不可调和的，区域可持续发展模式的多样化和路径手段的多样性，允许我们在人口集聚的情况下改善人口—经济关系和人口—环境关系等。

四、区域可持续发展的有关概念模型

随着系统科学和信息科学的发展，区域的可持续发展进入了系统研究领域，主要通过建立不同的子系统，子系统之间构成错综复杂的系统关系，根据这些子系统建立概念模型进行高度的抽象和仿真。常见的概念模型有，PERD 模型（人口—资源—环境发展模型），是指在一定空间和一段时期内，人口、资源、环境与社会经济系统发展的总的方式（国家计生委人事司，1995）；SPREDT 系统（社会—人口—资源—环境生态—经济发展—科技教育）（厍向阳等，2000）；REES 系统（资源—环境—经济—社会）（王好芳等，2003）；3E 模型（能源—经济—环境复合系统），魏一鸣等（2005）总结了该模型的建模进展，杜慧滨等（2005）构建了该模型，并着重研究了系统与外界环境不断进行资源、资金、人员和技术等要素的交换；PRESE 系统（人口、资源、环境、经济与社会协调发展系统）（蔡林等，2009），等等。这些概念模型的意义都在于通过突出区域系统的某些子系统，抓住影响区域可持续性的重要子系统，通过选定子系统内部可持续运行和子系统之间协调共生，推动区域系统可持续发展的实现。

五、提高区域发展可持续性的研究

实现区域的可持续发展作为一个饱含人类命运和前途的发展愿景，有着丰富的内涵和人天合一的美好境界，是人类共同的目标，因此通向这个憧憬的道路也存在着多样性和统一性，而其实现的基本手段在于提高区域的可持续性。实现可持续发展与提高区域可持续性是不同的，正如作为发展愿景的区域可持续发展是综合全面的发展观，并不是一朝一夕或是某些环境方面改善就可以实现的，而增强区域的可持续性正如帕累托改进的内涵一样，在维持其他环境方面至少不被破坏的情况下，增强或改进区域某一个方面的环境要素，即可视为一种"可持续性的增强"。简言之，如果不考虑其实现的效果和程度，提高区域可持续性的手段和实现区域可持续发展的手段往往是相同的。按照这一理念，本章对有利于提高区域可持续性和实现区域可持续发展的手段进行简要的文献梳理。

1. 增强区域可持续性的目标

在人口集聚的过程中，我们不只有选择可持续或不可持续的责任，我们更有选择如何实现可持续的决定权。在《增长的极限》中，罗马俱乐部将可持续的最终结果定义为全球均衡状态，即人口和资本的基本稳定，而为可持续性的努力就是控制倾向于增加或减少它们的力量。在这众多的均衡中存在着高水平的均衡和低水平的均衡，对于这些均衡的选择标准又是什么。罗马俱乐部认为首要标准就是时间，即均衡状态可以维持的时间。尽可能地为人类历史延长这种可持续的全球均衡的手段在于使人口出生率等于死亡率，资本的投资率等于折旧率，通过技术进步和文明发展调整人口、资本的投入、产出水平。具体的实施手段包括降低工业品的资源消耗、经济结构向服务业倾斜、降低工业物质产品、增加教育等服务产品和粮食、降低工农产品污染、将资本转向粮食生产而非工业生产、主要工业资本用于减少资源耗尽和污染等（丹尼斯·米都斯等，1974）。

2. 增强可持续性的主要理论

增强区域可持续性，实现良好的人口—环境关系，包含着经济手段、技术手段、制度、观念形成等。按照经济学的看法，从总量上直接减少资源消耗，降低环境污染，就是为环境和资源制定价格，这是在任何发展模式下都必须首先坚持的（刘全刚，2003）。事实上，经济学本身也指出了市场力量的有限性。并且对于环境问题和可持续性问题，仅仅依靠经济来解决，本质上就是脱离了系统和联系的观念去解决人口—环境问题，结果将依然以经济发展为基本目的，而无助于可持续性的提高。因此，下文将从若干方面总结改善人口—环境关系的一些有力措施。

（1）从 I＝PAT 及相关研究中的启示。根据我国较早时期较低的发展水平和基本人口国策等，实现可持续发展战略基本上按照 I＝PAT 逻辑，当时我国实现可持续发展的主要手段就是要严格控制人口数量，当然也包括了至今依然在探讨的节约利用资源、转换能源结构、保护生态环境，并采取加强教育、法制建设、政府管理等手段[1]。然而，在当今复杂的国际国内关系、快速的城市化、经济加速发展的情况下，人口—环境关系变得更为繁复，而许多原先可持续发展的战略措施并不能很好地应用于当前的发展。其中技术对环境的影响是有争议的，在增强可持续性的措施中，科学技术通常被认为存在着两面性，许多环境污染、资源耗竭、物种灭绝大多与人类不适当使用某种或某类科学技术有关。而解决这些"科技病"的重要手段依然在于科技创新[2]。根据第一章论述，我们也知道，曾经有力的人口控制已经无法解决我国的人口—环境问题。

经济对环境的压力，在 I＝PAT 中主要是人均消费对环境的压力，加拿大学者瓦克内格尔·马赛斯（Wackernagel Mathis）等在其关于生态足迹的研究中提出了三种措施：一是增加单位面积自然系统的生产率；二是高效利用现有资源存量；三是控制人口数量、鼓励可持续消费方式。对此我国也有不少学者指出消费模式的变化在经济社会可持续发展中起着重要的作用，合理的消费模式有利于经济的持续增长，影响着生产结构，更加能够减缓人口增长或集聚带来的种种环境压力[3]。

（2）土地与可持续性。关于城市形态的选择，国外学者将可持续发展的城市形态归结为四类：一是新传统发展模式，以"新城市主义"为代表；二是城市遏制发展模式，包括采用绿色隔离带和城市增长边界等；三是紧凑城市；四是生态城市。其中，国内学者认为"紧凑"是资源节约型、环境友好型发展的最重要路径[4]。城市和区域的可持续发展的主要矛盾首先体现在土地的有限性上，城市的快速发展和粮食安全要求的冲突集中在土地上，对可持续发展有着重要的影响。区域维持粮食安全是区域安全乃至区域可持续发展的基本要求，

---

① 王新前等. 可持续发展战略的内涵、实现途径及措施 [J]. 天府新论, 1996 (5): 3-7, 18.
② 樊翠香. 科学技术对可持续发展的影响 [J]. 江西金融职工大学学报, 2008 (21): 34-35.
③ 翁开源. 实现可持续发展的几个关键因素 [J]. 大庆社会科学, 2001 (4): 31-32.
④ 方创琳. 紧凑城市理念与测度研究进展及思考 [J]. 城市规划学刊. 2007 (4): 65-73.

由于人均食物消费降低到一定程度后下降程度将非常有限，对于任何手段人均食物消费的下降都表现出一定的刚性，因此提高土地生产率是解决问题的根本①。在城市发展方面，实现紧凑的城市化发展有利于污染的治理，而空间分散发展模式给生态环境造成了巨大的压力和破坏，相较而言，聚集发展模式是减轻和改善生态环境的理想形式②。宋春华（2005）提出减少资源占用，主要是节约用地、合理用地，节约用水用能，有助于实现可持续发展。除了有利于污染治理和资源占用，良好的空间集约和紧凑发展也意味着区域或城市密度增加的过程中，保持了某种"经济的"空间密度分布，即紧凑存在适宜性问题③。仇保兴（2006）指出城镇土地利用模式的选择对能源、资源消耗量的影响非常巨大，并且刚性很高，一旦形成就难以改变④。周宏春等（2010）也提出城市合理布局本身是污染治理的手段。

（3）技术、创新和制度的作用。将技术、创新和制度放在一起讨论主要是因为制度和技术是创新的重要方面，都是实现可持续发展的重要控制手段，并且其安排某种程度上也具有有利于环境和有损环境的两面性。制度和技术两者之间又是相辅相成的，特定的制度安排下催生特定的技术手段，而技术手段往往是制度目标实现的重要手段。例如不少学者指出，制度常常与其他增强可持续性的手段相联系，通过制度创新改善资源开发利用的随意性，也能指导和引导产业结构调整并鼓励技术进步⑤。

在技术和创新层面，高体玉（1996）就指出，实现人口—环境的可持续发展关键在于发展环境科学技术，特别是大力发展既能产生经济效益又能改善环境质量的高新技术。郎宝金（2001）从创新的角度提出实现可持续发展的路径，包括：一是知识创新；二是制度创新，例如实施环境许可证制度，有资料证明1979年荷兰该法规的推出得到了众多企业的支持，再如通过环境补贴和排污收费等经济手段对环境资源进行保护；三是产业创新，实施环保农业，提倡环保产业，开发利用清洁能源；四是消费创新，提倡绿色产品和绿色消费等⑥。

在制度方面，目前我国环境与资源法规存在的主要问题是：对资源和环境的定位缺陷，并呈现出与经济体制转换的不适应性，单项资源法规之间存在着

① 蔡运龙等．提高土地生产率是根本——耕地保护再认识［J］．中国土地，2002（10）：11-13.

② 刘全刚．对影响可持续发展若干因素的分析［J］．前沿，2003（8）：32-33.

③ 韦亚平等．紧凑城市发展与土地利用绩效的测度——屠能-阿索隆模型的扩展与应用［J］．城市规划学刊，2008（3）：32-40.

④ 仇保兴．紧凑度和多样性——我国城市可持续发展的核心理念［J］．城市规划，2006（11）：18-24.

⑤ 王晓娟．可持续发展与制度创新［J］．理论界，2006（10）：26-27.

⑥ 郎宝金．可持续发展的缘由及实现途径（下）［J］．北方经济，2001（11）：19-21.

冲突并缺乏操作性等，因此需要就资源产权制度、资源价格制度、产业政策、资源综合利用政策和环境保护政策等分别进行调整和完善①。在此基础上，有学者谈到对于我国实现可持续发展的政府因素，强调需要强化政府的经济性公共服务职能，减少市场干预和垄断现象②，尤其是在我国大型垄断企业往往占据着大量的资源，从而为了经济利益对资源过度开发利用。

　　另外，国家也出台了若干政策推动低碳经济发展，国家发改委 2010 年发布《关于开展低碳省区和低碳城市试点工作的通知》，确定天津、重庆、深圳、厦门、杭州、南昌、贵阳、保定八市为首批低碳试点城市，并于 2012 年确定北京、上海等 29 个城市为第二批国家低碳试点城市。邓荣荣、詹晶（2017）利用 DID 模型分析了低碳试点对碳排放绩效的影响，结果发现：低碳试点对试点城市的碳排放强度存在显著抑制作用，且政策影响效应随试点年限的增加逐步增强，故现阶段加强城市低碳政策的引导和控制是推动城市低碳建设进程的有效途径。

　　（4）环境要素之间的关系。就环境要素之间的影响，学者指出水资源状况和土地资源的持续利用是直接相互作用的，水资源状况好，土地的利用率和生产率就高，而土地利用得当也有利于对水资源的保护③。对于改善水污染和水资源的短缺，仇保兴（2006）提出应该推广低冲击式的城市开发模式，促进水资源循环利用。另外，整个地球作为碳元素循环的载体，而人类社会对于碳排放的影响主要来源于两个途径："化石能源使用和水泥生产"和"土地利用方式"④，因此对于人口—碳排放的分析将涉及人口子系统、能源、土地等各个子系统，是研究范围相对较广的一对关系。

　　（5）观念问题。对于形成可持续的发展观，在米都斯等著作中多次提出，改变人们生活和生产的消费观，实现生活观念的可持续性是实现全球可持续发展的最终途径之一，其他任何手段包括技术、经济等对于全球可持续发展的作用都是有限的。仇保兴（2006）指出我们的基本观念是"将城市看成是一个具有完整生态功能的系统""城市应该融进当地生态环境之中"。也有学者从人类自身的能力和观念方面总结了实现可持续发展的基本条件：一是人类有能力对自己的行为后果和延迟效应做出预见性的估计；二是人类面对危机时，能在现实发生不可逆转的灾难性结局之前达成某种一致的全球性意识；三是人类能够

　　① 郎一环等. 实现可持续发展的资源与环境政策 [J]. 中国人口·资源与环境，2003（6）：35–39.
　　② 迟福林. 我国实现可持续发展的政府因素 [J]. 中国老区建设，2007（7）：21–22.
　　③ 王韶楠. 土地资源可持续利用的影响因素及对策 [J]. 中国人口·资源与环境，2000（S2）：18–19.
　　④ 陈家瑛. 家庭模式变化对碳排放的影响研究 [D]. 复旦大学博士学位论文，2010.

切实地将自身利益矛盾冲突搁置，求同存异，寻求有利于人类整体利益的共同行动；四是这些行为能将发展的代价控制在生态系统能够容纳的范围之内①。

（6）经济层面的措施。即使市场对于人口—环境问题不再是万能的，其对于环境问题的解决也起着非常重要的作用。就经济层面的措施，英国经济学家阿瑟·庇古（Arthur Cecil Pigou，1950）认为，由于人更加倾向于满足当前较小的满足而放弃未来较大的满足，结果就是为满足当前需求而投入更多的资源，因此，政府必须采取一定措施，使未来人们的利益得到保护，这些手段包括立法、税收和补贴。美国经济学家加尔布雷斯（Galbraith John Kenneth，1973）作为新制度学派的主要代表，提出环境问题的解决根本上仰赖充足的公共资金的投入，除此还有其他的措施：通过税收将破坏环境的行为外部性内部化，对发展进行限制或者对发展的程度和界限做出限制，政府需要通过法律手段执行上述内容。科斯（Ronald Coase，1960）则认为，依靠税收和补贴等方法并不奏效，根据其产权理论，主要明确污染或其他环境问题的产权，污染者和受污染者就可以通过谈判达到社会最优污染水平。

我国也有学者指出，在传统经济学中实现可持续发展，解决生态环境问题往往被视为外部性问题，因此可持续发展也就意味着治理外部性，然而在实践中效果却常常不显著。这是因为可持续发展面临着两类问题，其中环境问题可以等同于外部性，而生态问题则不完全是外部性。生态问题主要是由于经济活动的分散性而引起的生态成本的代际转移。因此，对于环境问题可以通过科斯手段或庇古手段加以解决。另外，生态环境问题的形成与制度的演进相伴随，从正式制度来看，与产权制度、政治制度、生产力水平相关，从非正式制度来看，与自然观、生态伦理观和发展观有关系。因此，在制度层面，需要建立自然资源的产权制度、市场交易制度、资源定价制度、法律制度、资源补偿制度和环境税收制度等②。同时任保平（2005）也指出"生态环境问题形成的直接原因来自人类经济活动的负效应，而深层次的原因则是制度安排的负面影响"，因此制度成为与经济手段相互互补的解决生态环境问题的重要手段。

（7）FDI 对环境的影响。随着全球化进程的加剧，对外直接投资（Foreign Direct Investment，FDI）也对区域的可持续发展有着重要影响。联合国贸易和发展会议等于 2004 年发布了一份名为"让 FDI 服务于可持续发展"的报告，报告指出随着国际投资的增长，一个国家的可持续发展受到跨国公司的影响也就不断增加，而一个厂商活动的国际化程度越高，它关注环境领域和社会问题就越高。然而对于环境的实际影响却充满着争议，因为 FDI 也可能成为"污染避难

① 李钢. 实现可持续发展的基本条件 [J]. 北京化工大学学报，2001（1）：13-16.
② 任保平. 可持续发展实现途径的制度分析 [J]. 求是学刊，2005（3）：53-59.

所"。就我国而言，环境政策在相关贸易和投资领域并没有起到实质作用，中国为了经济发展在鼓励 FDI 入驻的同时，环境要求被打了折扣。[①]

3. 定量研究的启示性建议

进入 21 世纪，对于增强区域的可持续性研究更加关注定量分析，通过定量的实证分析提出对于特定区域提高可持续性的建议，也对其他地区和研究起着重要的借鉴和启示意义。郭存芝（2010）通过对中国 30 个城市的面板数据的回归模型，证明了产业结构对于资源和环境效率有显著的影响，当采矿业、制造业从业人员比重增加会降低资源环境的可持续程度；外向型经济发展，加大对外开放程度将提高环境的可持续性；提高人口素质对于促进环境的可持续发展有正向作用。

就城市化与可持续发展的关系。杨东峰等（2011）分别以土地使用、水资源和环境保护为指标，衡量了 2008 年我国各个省份的截面数据，得出结论：我国城市化发展目前与可持续性之间存在着较为可靠的库兹涅茨曲线，也就是说长远来看，城市化水平的提高将有利于环境的改善。该模型的界面数据也提出，在国家层面应顺应当前非均衡的城市化进程，即人口和经济生产向国内某些区域不断集聚的过程符合世界经济发展的规律，应当顺应这一人口经济流动进程。另外，钟茂初（2005）指出环境库兹涅茨曲线暗含着"先污染后治理"的理念，是不可作为政策依据的，因此，他主张摒弃经济与生态双赢的奢望，着眼于经济与生态的权衡。谭忠富等（2008）就北京市的可持续发展提出：优化能源生产结构，建立以电为主，以煤、气、油为辅，新能源和再生能源为补充的结构，有助于保护环境；推进相关能源开发、节约和环保领域的技术，包括企业节能技术更新改造、新型节能建筑材料、建筑节能技术等，能够缓解能源短缺和环境污染；优化产业结构能有效地提高能源利用效率。

第二节　人口集聚的概念和影响因素

人口集聚在传统可持续发展观中是对可持续性最具威胁的人口方式，人口集聚往往和不可持续直接挂钩，但越来越多的实证研究发现在影响二氧化碳排放因素中，经济规模的增长对二氧化碳排放的影响远远强于人口规模的增长。

---

① 陈继杰. 外商直接投资对可持续发展影响的研究综述 [J]. 经济社会体制比较（双月刊），2006（6）：72-77.

一、人口集聚的类型

人口集聚包含两种类型，即人口自然增长和人口流动频率增强。[①] 这两者既有区别，又有联系。前者受到人口惯性和人口生育行为的影响，因此变动较为缓慢，对人口集聚程度的影响也保持一定的稳定性。后者的变动相对较快，受经济、社会发展的影响较大，因此对人口集聚程度的影响相对较大。

中国目前正处在快速城市化，人口向东南沿海、向城市集聚程度增强的情况，人口迁移与社会经济发展关系更为密切，尤其是对于上海来说，人口流动带来的人口集聚在一定程度上缓解了人口老龄化压力和社会生产力下降，并带动了城市发展的活力，当然也有学者认为人口移动给区域经济相对发达地区带来沉重的资源和环境方面的压力，直接影响区域均衡发展（白永亮，2004）。

正因为人口集聚包含上述两种类型，因此，人口对于经济、环境变化更具有能动性，人口调控也更为灵活。穆光宗（1997）指出，人口增长具有自我调适的自平衡机制和自觉与外部环境协调的自组织机制，例如，"二战"结束后的"婴儿热"就属于前者，而我国大规模的人口向东南沿海迁移则是后者的体现。

二、人口集聚与其他人口特征的关系

人口集聚不仅意味着人口规模的增长，也可能包含着人口增长速度、人口结构和人口质量的变化。赫曼·凯恩（Herman Kahn）通过模型计算出人口增长对劳动人数增加具有正效应，即人口增长改善了人口结构，带来了更具生产力的人口。对于人口增长与人口质量的关系，我国经济学家蔡昉（1996）指出，人口增长伴随着人力资本的积累，人口质量的提高。西奥多·舒尔茨（Theodore Schultz）更是将人口迁移和集聚的成本作为像教育一样的人口投资，最终能够获得对人力资本投资的收益。

人口要素包含着人口的数量、质量和结构，三者是相互联系的。我国学者陈友华（2005）指出，人口数量增长对资源环境构成压力是绝对的，尽管认为人口数量需要控制，但是人口群体是一个整体概念，包含了人口结构、数量和素质，控制人口数量的时候势必影响到人口的其他方面。

同时，不同的人口增长可能形成不同的人口结构、规模和质量，从而对社会系统产生影响。例如，对于我国来说，尽管人口基数较大，但目前相对不利

---

① 穆光宗. 人口增长效应理论：一个新的假说 [J]. 经济研究, 1997 (6)：49-56.

的老龄化人口可能造成劳动力的短缺，从而降低社会生产能力，提高劳动力成本，导致我国过早地丧失人口红利源泉和低劳动力成本的国际竞争力，不利于外资的引进（蔡昉，2005）。对于日本，人口增长速度快、年龄结构年轻、未成年人负担重是战后日本面临的主要人口问题，但20世纪90年代中期以来日本的老龄化、人口减少已经成为经济发展的严重制约（李通屏，2002）。

三、主体功能区划与人口功能区

1. 主体功能区划

正是因为人口及其相关要素内涵作为一个整体对经济、社会和环境产生着重要的影响，因此随着以区域规划为主要目的的主体功能区划①的展开，学者们在主体功能区范围内展开了对主体功能区人口分布和规划的研究。张明东、陆玉麒（2009）深入探讨了我国主体功能区的理论基础，与其他规划的联系以及方法论问题。柴剑峰、邓玲（2008）系统地总结了关于表述主体功能区建设的人口再分布特征的理论，包括有阶段论、梯度论、动态均衡论、基本布局论、协同论和动力论。董力三、熊鹰（2009）将主体功能区与区域发展相结合，深刻地揭示了人的富裕与地域的富裕的矛盾，人口迁移要保证资源环境系统的适宜和可持续。李江苏、骆华松等（2008）在主体功能区基础上运用人口—资源—环境（P-R-E）模型，探讨了以促进主体功能区主体功能的发挥为目标的适度人口容量的可行性。柴剑峰（2009）从人口流动性入手，对主体功能区中人口再分布的动因进行了分析，指出人口合理的再分布需要政府和市场有效整合，高效配置，并在其中发挥人口主体迁移能力。牛雄②将主体功能区中人口布局落到实处，提出了不同区域的包括迁移、社会配套、教育等人口政策和产业政策。主体功能区规划及其相关研究的开展意味着我国已经走在落实科学发展观和坚持可持续发展的道路上，是缓解我国区域发展不均衡和区域发展目标不突出的办法，也是我国由经济、人口大国到负责任的强国的转捩点。

---

　　①　主体功能区是指，为了保证国土资源的合理开发和利用、产业的有序布局、生态资源的高效利用，基于不同区域的自然生态状况、水土资源承载能力、区位特征、环境容量、现有开发密度、经济结构特征、人口集聚状况、参与国际分工的程度和发展潜力等，以国土空间整体功能最大化和各空间单元协调发展为导向，以规范空间开发秩序（柴剑峰、邓玲，2008）为目的，将特定区域确定为特定主体功能定位类型，这样确定的一些空间单元就是主体功能区。2005年10月我国首次在《中共中央关于制定国民经济和社会发展第十一个五年规划的建议》中明确提出关于编制全国主体功能区规划的总体要求，"根据资源环境承载能力、现有开发密度和发展潜力，统筹考虑未来我国人口分布、经济布局、国土利用和城镇化格局，将国土空间划分为优化开发、重点开发、限制开发和禁止开发四类主体功能区"。2007年7月国务院再次颁布了《关于编制全国主体功能区规划的意见》（国发〔2007〕21号）。

　　②　牛雄. 主体功能区构建的人口政策研究［J］. 改革与战略，2009（4）：42-47.

2. 人口发展功能区划

人口要素对区域发展和区域规划的重要作用逐渐上升至国家层面。作为主体功能区的重要参考，并在符合主体功能区规划原则和要求下，人口发展功能区规划出现并成为空间人口布局的重要指导，其主要标志是由国家人口计生委成立的"生态屏障、功能区划与人口发展"课题组，于 2007 年发布的《界定》的研究报告①中正式提出并切实研究了我国的人口发展功能区划。《界定》指出，在接近 21 世纪中叶，我国人口将由 13.1 亿增加到 15 亿左右，城市人口也将由 5.6 亿增加到 10 亿左右。在这一过程中，将产生一系列问题，比如，人口规模和人口迁移将对治理提出新的严峻挑战，目前的发展模式难以支撑快速的人口城镇化，人口集聚滞后于产业集聚制约区域协调发展，生态屏障地区人口严重超载。面对这一系列的人口布局考验，需要将区域统筹化解为"以人为本"，坚持将投资优先于人的战略，通过实施人口发展功能区促进人口与资源和生态环境的协调。

《界定》借助 5 个主要指标②、24 个辅助指标③和 120 多个基础指标，按照不同的人居环境自然适宜性、水土资源承载力、物质积累基础、人类发展水平和地区开发密度，将全国分为人口限制区，人口疏散（收缩）区，人口稳定区和人口集聚区，从内涵上看，前两者属于生态建设服务功能区，后两者属于生产功能区。其中，对于人口稳定区，《界定》指出该区人居环境适宜，物质积累基础和人文发展水平处于中等以上，人口与资源环境经济社会基本协调，但发展潜力不大，对区外人口引力不足。这类地区的战略重点是提高人口城镇化质量，实现经济持续增长，因此该区应实施稳定人口、强化聚集、调整产业的政策。

对于人口集聚区人居环境比较适宜或高度适宜，资源环境承载力平衡有余或盈余，物质积累基础和人类发展水平处于中等以上，人口与资源环境协调状态良好，人口吸纳能力强，是我国未来人口和产业的主要集聚区。该区属于生产与生活地区，提高人口密度和城市化水平，适应产业集聚，在可持续的资源环境循环系统内实现又快又好的增长，因此未来应实施吸纳人口、产业集聚、加速城市化的政策。例如，长江中下游平原的长三角都市化区、东南沿海的珠三角都市化区、华北平原的京津冀都市化区等都属于人口集聚区。

---

① 以下简称《界定》。
② 即人居环境指数、土地资源承载指数、水资源承载指数、物质积累指数、人类发展指数。
③ 即地形起伏度、地被指数、气候适宜度、水文指数；土地资源承载力、土地超载率、粮食盈余率、现实生产力、潜在生产力、人均粮食占有量；水资源承载力、水资源超载率、水量盈余率、水资源负载指数、人均综合用水量；基础设施水平、交通通达水平、经济发展水平；人口预期寿命、教育指数、生活水平；人口密度、经济密度、城镇化水平。

人口发展功能区的提出将"以人为本"的可持续发展理念进一步落实，在国家层面上，通过人口的合理布局和有序迁移，一方面缓解迁出地的资源、生态环境压力，另一方面，满足生产发展功能区的劳动力需求，更重要的是在迁移过程和迁移后的融合中，提高人口收入，增进人口的生活水平。从以区为本过渡到以人为本，符合可持续发展理念和科学发展观，对于社会系统的持久有效的优化有着重要的意义。也有学者强调，在人口迁移的过程中，也需要全程关注人口布局的合理和有效性。拒绝人口对资源环境压力的简单平移，将控制人口数量和提高人口素质有效结合，最终实现迁出区生态环境有所改善、资源压力有所减轻、人口的合理布局和迁入区生态压力没有明显恶化、经济与人口有机结合。否则可能进一步加剧经济空间不均衡下的人口发展差距扩大，而可能进一步加剧人口的"中心"与"边缘"化发展的倾向①，阻碍可持续发展。

3. 人口发展功能区与可持续发展

人口发展功能区以人为本，通过一个区域人的数量和质量以及人与自然、人与经济的关系，将我国划分为不同的功能区类型，它注重人口在区域内的适宜生活，也侧重关注了区域的环境承载力和经济发展的优化可能性。从这个意义上来看，人口发展功能区的划分符合可持续发展的要求。可持续发展的核心是发展，但其要求是在严格控制人口、提高人口素质和保护环境、资源永续利用的前提下进行经济和社会的发展。人口发展功能区的核心也是发展，是人的发展，其中属于生产发展功能区的人口稳定区和人口聚集区都需要稳定现有人口，提高广义上的环境容量以吸纳更多人口。这么看来，人口功能区与可持续发展貌似有冲突。实则不然，可持续发展控制的是人口自然增长的边界，而人口发展功能区主张的是人口迁移和布局。一方面，人口的自然增长和人口机械增长的本质是不同的，人口自然增长高的地区，往往经济水平低、社会发展比较落后，高出生率导致了人口自然增长率比较高；而人口机械增长高的地区，根据人口迁移的推拉原理，往往具有更大的经济和社会文化吸引力，是属于比较发达的地区。另一方面，两者结果也是不同的，人口自然增长中人口需要经历 0~14 年的被抚养期，这个时候劳动力的负担是加重的；而机械迁移的主题常是身强体壮的劳动适龄人口，因此增加了社会劳动力资源，减小了社会抚养比。从这两点上来看，可持续发展和人口发展功能区中的生产功能区在国家可持续发展层面上并不矛盾，一个区域有人口导入型的可持续发展，同时也可以是控制人口自然增长的人口集聚区。

如果说可持续发展是意识到人的行为对自然环境和经济系统影响的重要性，

---

① 武继磊. 国家人口发展功能区规划和人口与环境发展关系的协调 [J]. 人口与发展，2008（5）：43-45.

那么人口发展功能区就是在承认这种重要性的前提下，更加强调人的主观能动性、人的合理布局和有序流动对于区域发展的重要性。

可持续发展作为一国的最终目标，其发展路径是多样的。可持续发展就是在资源、环境作为约束条件下，在可行域内经济的发展和人的发展的长期优化。人口发展功能区在国家层面考虑整体国家利益和优化发展战略上对区域的人口总量的趋向属性做出了明确的规定，也就是在可持续发展的可行域内多加上了一条人口变动方向的约束。

在人口导入区内部也有不同的区域性质，因此也存在着不同的人口导入安排。王磊等（2009）以长三角为例，验证了人口集聚和经济集聚的相关性。先后构建了两个指数：人口地理集中度和经济地理集中度，得出从空间来看，上海市人口集中度最高，江苏人口集中度普遍高于浙江省各城市人口集中度，经济地理集中度也呈现出类似的特点。也就是对于长三角这样一个都市群而言，不同的城市对于人口集聚的程度和人口质量的要求不同，应该实行区域内差别的人口导入工具。

可见，为实现经济发展和国家层面的人口—环境和谐，人口集聚区和人口稳定区作为生产功能区，将承担着经济发展和人口导入的国家重任，也是国家实现可持续发展的重要部分。因此，该区域未来的人口和经济发展与环境的冲突将表现得较为明显，尽管人口功能区域对于国家实现可持续发展是有意义的，而对这些地区如何有效地提高人口—环境—经济发展的可持续性，《界定》却并没有涉及，而这将是本书研究的重要任务之一。

第三节　人口集聚和区域可持续发展的联系

将区域可持续性研究放在区域系统中，可以看到人口状况如人口集聚对于区域可持续性的影响主要体现在两个方面：人口—环境关系和人口—经济关系，这两方面的作用方式和结果关系着可持续性的提高，因此，下文将就这两方面关系进行文献梳理。

一、人口—环境关系的相关理论和研究

人口与环境关系的思考从韩非子的"民众财寡"思想、柏拉图"适度国家人口规模"思想伊始，并随着人类文明的发展、学科知识体系的建立和技术的

创新,针对这一关系的研究也更为深入、科学和严谨。综合来看,在人口—环境关系中,对于人口集聚基本上存在以下几种看法:第一,人口—环境关系存在着天然的并且不可调和的矛盾,即人口增长的同时必然伴随着环境的破坏;第二,人口—环境关系并非不可调和;第三,人口—环境关系带有多样性和复杂性,保持人口—环境关系的协调需要根据特定背景分别展开讨论。

1. 人口—环境关系存在天然矛盾

持这一观点的主要代表是马尔萨斯主义、新马尔萨斯主义和现代马尔萨斯主义等,代表理论是人口过剩理论、人口爆炸理论、增长极限论等,他们绝对化了人口—环境的不可调和的矛盾,认为人口对环境的不利影响主要来源于人口的消费属性,而这种消费属性正是通过人口规模的膨胀而大大增强的,他们单纯强调人口增长对资源环境的消耗和破坏作用,而认为技术对缓解人口—环境矛盾的作用微乎其微,即发展最终的结果是人口增长的速度和消耗破坏环境的速度远远超过了环境修复速度,人口增长必须严格控制才能保证人口—环境的和谐关系。

1798年,马尔萨斯(Thomas Malthus)在其著作《人口原理》中通过论述"两个公理"(食物为人类生活所必需,两性之间的情欲是必然的,且几乎会保持现状),"两种级数"(人在无妨碍时以几何级数增加,生活资料只以算术级数增加),"两个抑制"(积极抑制:战争、饥荒、瘟疫;道德抑制:无力赡养子女的人不要结婚),阐释了人口规模与粮食生产、土地的关系:虽然人口压力可以通过一定的技术促进生产,但是产品增加会更加促进人口生育和增长,最终由于人口增长将远远快于粮食增加,导致人类社会通过两种手段抑制自身增长,减少人口压力,促进生产,再迎来人口增长,如此循环形成"人口陷阱"[1]。新马尔萨斯主义只是在抑制手段上放弃了"道德抑制",依然坚持通过人口控制,缓解人口对环境、资源的压力。第二次世界大战以后,工业化迅速发展,生态环境不断恶化,现代马尔萨斯主义以人口论为理论基础,通过建立人口—资源—环境等模型宣扬"人口过剩""人口危机""人口爆炸"等理念。其中,福格特(W. Vogt)提出人类由于过度生育导致人口规模巨大超过了资源供给,加上滥用土地促使土地生产能力下降,使自身陷入生态陷阱,人口剧增使"地球上人口过剩成为普遍现象","尤其是第三世界严重的人口过剩",导致全世界面临严峻生存问题,并认为中国无力供养更多的人口[2]。赫茨勒(J. H. Hertzler)在《世界人口的危机》(1956)中首次提出"人口爆炸"理论,认为人口危机必将导致

---

① [英] 托马斯·罗伯特·马尔萨斯. 人口原理 [M]. 王惠惠译. 西安:陕西师范大学出版社,2008:268.

② [美] 威廉·福格特. 生存之路 [M]. 张子美译. 北京:商务印书馆,1981:280.

资源、粮食、生态、能源等方面产生危机，进而威胁世界的和平与稳定，而巨大的人口压力主要来源于第三世界，不是发达国家。在艾里奇夫妇（P. R. and A. H. Ehrlich）的《人口爆炸》（1968）中，通过对不同国家地区人口增长率分析，指明人口正在直线上升，一定会导致环境危机，甚至人类社会崩溃，而人口爆炸主要来自第三世界。

在这些专著中，比较著名的理论是保罗·艾里奇（P. Ehrlich）和约翰·霍德伦（John Holdren）的冲击公式 I＝PAT，其中 I（Impact）是环境影响程度，P（Population）为人口数量，A（Affluence）为富裕程度，相关指标可以是人均消费水平或收入水平，T（Technology）为技术水平。由此推出公式，某一区域的资源、环境状况与人口数量、人均消费水平呈严格的正比关系；而技术进步存在两种类型，可能是提高资源利用率、改善生态环境、发现替代资源的技术，也可能提高资源的开采能力，加速生态系统的破坏。人口对环境的沉重压力直接来自人口规模和人类的消费水平。

在现代人口控制论中，影响力最大的是米都斯（D. L. Meadows）等为代表的罗马俱乐部学派的《增长的极限：罗马俱乐部关于人类困境的报告》，他们运用系统动力学的方法构造了著名的"世界模型"，提出了"零增长理论"和"增长极限论"，认为人口增长、粮食供给、资本投资、环境污染和资源耗竭都按照指数形式增长，这些要素相互制约、相互影响，地球达到极限、"世界末日"的来临只是或早或晚的问题，最终技术也将无能为力，而这些矛盾的根源在于人口过度增长与地球承载力的有限性的矛盾不可调和①。不过，尽管仍然坚持人口绝对数量控制，罗马俱乐部（2001）在其著作《超越极限》中也提出，人口控制是可持续发展的主要原因，但是在人口适度增长的情况下，可持续性也不是没有可能实现。

此外，冲突地理学派也带有如此悲观主义情结，他们将人口—环境关系认为是"零和的"②，迈克尔·克莱尔（Michael Klare）认为随着人口增长，世界自然资源的供应无法满足需求的增长，导致自然资源禀赋较为富裕的地区成为国家之间的冲突地带，如中东地区；霍默-狄克森（Thomas F. Homer-Dixon）认为国家内部比国家之间更容易发生资源争端，人口流动无法控制，环境压力将导致国家分裂③。他们都延续了马尔萨斯"积极抑制"手段中依靠战争冲突消除

---

① ［美］丹尼斯·米都斯等. 增长的极限：罗马俱乐部关于人类困境的报告［M］. 李宝恒译. 长春：吉林人民出版社，1997：166.

② 王海滨，李彬. 静态资源关系观及其批判［J］. 当代亚太，2009（1）：147-160.

③ Thomas F. Homer-Dixon. Environmental Scarcities and Violent Conflict：Evidence from Cases［J］. International Security，1994，19（1）：5-40.

人口压力理念。

尽管马尔萨斯及其后人在评价人口—环境的关系受到不少批判，但也存在积极的警世意义，他们使人们开始关注自己的生存环境，认识到自然资源的稀缺性，以及发展并不等于经济增长，同时他们的分析对于我们从增强可持续性的角度改善人口—环境关系也有着重要的借鉴意义。尤其是罗马俱乐部系统的分析，并以系统动力学为主要方法，将人口—环境关系的研究更加细致化、动态化、综合全面化和长期化，为研究可持续发展提供了重要的方法论借鉴。需要特别指出的是，相当一部分的马尔萨斯主义者在"人口爆炸"的基础上提出了世界危机论（艾里奇，1968；罗马俱乐部，1972)，尽管这些理论强调了全球尤其是第三世界进行人口规模控制，而他们更强调了实现全球的可持续发展最根本的在于转变人类消费和生产模式，也就是说降低经济增长标准的主要行动者应该是西方发达国家而不是发展中国家，发达国家应该为发展中国家腾出有限的发展空间。

国内 1980 年初开始实施计划生育政策，也存在着不少持人口控制论的学者，将人口—环境关系的冲突归结于人口集聚、人口规模和人口增长。李建民（1996）认为人口与环境的相互作用是一个非常复杂的系统，但是世界范围说，人口对环境的威胁和对自然资源的压力来自人口的迅速增长和人口向城市的迅速集中。田雪原（1996）指出中国人口增长的势能虽然减弱，但是余下的惯性会持续半个世纪之久，人口增长直接对资源产生了巨大压力，同时人口的消费方式也直接加剧了环境恶化。在 20 世纪末学术界大量学者强调人口规模加剧环境消耗并降低人均资源占有量[①]，因此应该继续坚持人口控制理论。周毅（2003）在坚持人口增长对资源压力的观点同时，也认为人口与环境构成了一个相互制约的巨大系统，人口发展对环境的无限需求，与环境和资源的供给和自我更新能力的有限性之间的矛盾，是"人口—环境系统的基本矛盾"，同时指出人口压力与地球环境系统之间存在着"隐形的狼"，也就是环境破坏的滞后性。童玉芬（2007）则深入分析了人口、人类对于环境的不同意义。首先，人口—环境关系不等于人或人类对环境的作用，更不是将眼前所有的环境变化不加区分地归咎于人类，前者是指人口要素及其变动对资源环境的作用，或者更加直接的，就是"人口变动对环境的影响"［the Impact of Population Change（or Dynamics）on Environment］。其次，人口对环境的作用不是简单的比例关系，分为人口规模增加的直接的倍乘作用和间接通过社会经济等人类活动构成的激发影响，根据人口环境关系方程式 I = PAT 得出：发达国家目前人口进入低增长阶段，人口变动较小，因而对资源环境的倍乘作用和激发作用都相对较小，而发

---

① 张维庆. 人口问题是中国可持续发展的首要问题 [J]. 人口研究，2000 (1)：1-6.

展中国家人均消耗和排放虽然较小，但是人口变动较大，因此人口的倍乘作用和激发影响都相对较大[①]。在城市化加速的情况下，迁移人口成为人口—环境关系中重要的主角。人口移动成为区域经济相对发达地区面临资源和环境方面沉重的压力，直接影响区域均衡发展（白永亮，2004）。部分实证研究也直接或间接地验证了这一观点，例如，杜运伟、黄涛珍（2013）将人口结构因素纳入STIRPAT模型，研究发现人口城市化进程和人均消费的增加直接加剧了碳排放；此外，人口年龄结构对碳排放的影响逐渐显现，特别是老龄人口比重已经超过人口规模，成为促进碳排放的第一驱动因素；家庭规模具有显著的负效应。付云鹏等（2015）利用 Moran's Ⅰ 空间自相关模型研究发现人口结构、能源强度、能源结构和产业结构是中国碳排放强度的主要影响因素。

2. 人口—环境关系不存在不可调和的矛盾

关于人口集聚和人口增长对环境的影响，也存在着部分乐观的学者，持这种观点的学者本质上是出于对人类的能动性、市场和技术的进步程度持乐观态度，认为尽管短期的环境容量是有限的，但随着人类社会的发展和技术的进步，资源环境对人类社会的发展不存在极限，或者资源、环境不会对人口和发展构成制约。此外也有部分学者强调了经济对环境的压力作用大于人口的作用（肖周燕，2012；张翠菊、张宗益，2016），甚至人口集聚和人口密度的增加有利于降低人均生活碳排放（郑金铃，2016；刘丙泉等，2016）。张腾飞等（2016）基于 2000~2012 年中国省际面板数据研究指出，城镇化可以通过对人力资本积累和清洁生产等渠道来抑制地区碳排放。王少剑等（2018）通过 1992~2013 年中国城市遥感模拟反演碳排放数据发现，人口的集聚效应、技术水平的提升、对外开放度和公路运输强度的增加则共同抑制城市碳排放水平的提高。

从理论脉络来看，较早期代表是博塞拉普（Ester Boserup）在《农业增长的条件：人口压力下农业演变的经济学》中指出，人口增长并非消极的适应农业增长和土地环境，而相反决定了农业的增长，她举例认为由于存在人口压力，人类采用减少休耕期、灌溉、轮作等技术改变耕作方式，从而提高了土地产出力。这些土地利用技术本身需要更多的劳动力投入，人口—环境关系是在相互促进和推动发展的[②]。

工业革命后，新古典经济学家产生了类似的"人口与环境的技术论"[③]，由于技术进步和创新使他们对人口增长和资源环境的承载能力过分相信，对市场过

---

① 童玉芬. 关于人口对环境作用机制的理论思考 [J]. 人口与经济，2007（1）：1-4.

② ［丹］博塞拉普. 农业增长的条件：人口压力下农业演变的经济学 [M]. 罗煜译. 北京：法律出版社，2015：122.

③ 童玉芬. 论人口与环境关系研究的主要思想流派与观点 [J]. 人口学刊，2003（5）：10-14.

分依赖。从亚当·斯密（Adam Smith）开始就认为不存在自然禀赋和资源的限制，人类通过货物交换就能得到更多，因而忽视了人口—资源环境的关系。另外，他们认为即使存在人口—环境问题也可以通过市场安排、价格手段和技术的进步，得到完全化解。例如，人口增长导致土地资源短缺，土地价格上升，迫使人口通过技术发现替代资源或改进土地开发方式，以提高土地利用率和增加土地产量，从而促进人口增长。但可以看出，本质上优化资源环境只是为了服务于经济增长。朱利安·L. 西蒙（Julian L. Simon）认为人口增长实际是一种实惠，人类将无限制地利用取之不尽的资源，这样会产生更健康的环境和人类[1]，他在《终极的资源》（1981）中针对罗马俱乐部《增长的极限》的观点，提出人口增长虽然短期带来一些问题，但环境污染和灾难只是"危言耸听"，所有问题都可以通过市场和价格解决，由于经济规模效应、专业化生产的作用，不可再生资源的真正成本在市场调节中下降，但长期来看，人口增长通过生产技术、开放的市场环境等将无限拓展地球及其上的资源环境的承载力，地球的终极资源就是增加的人口、智力资源和知识。舒尔茨（Theodore Schultz, 1990）也指出，人口质量和知识投资决定了人类未来的前景，而正因为如此，地球物质资源不存在耗尽之说。同样，美国人口增长与经济发展课题组人口委员会等在《人口增长与经济发展：对若干政策问题的思考》一书中，认为人口增长对不可再生资源的影响有限，同时对可再生资源的影响也可以得到控制；人口增长可能直接或间接影响环境资源，但环境破坏更关键的是人们对资源环境缺乏经营管理和自觉意识[2]。

在中国，随着出生水平不断下降，人口—环境关系随着社会发展的表现不同于以往，大部分学者也开始转变绝对人口控制论的思路，当然这部分学者并不是认为人口—环境关系绝对不存在冲突，只是认为不断恶化的环境问题之下，人口数量与环境的关系并不是主要矛盾。杨云彦（1999）认为人口增长并非资源环境恶化的唯一原因，消费和生产方式使资源环境的消耗速度远远大于人类增长的速度。类似的，郭志刚（2000）在考察人口—环境关系后，认为有必要引入经济过程，并且强调经济过程是联结人口—环境关系的中心，尽管强调人口控制的必要性，但他认为生产方式、消费方式才是影响人口—环境关系的主要方面。类似的，肖周燕（2012），通过 VAR 模型发现经济增长对二氧化碳排放的影响和技术进步的推动作用，远远大于人口增长本身所造成的环境压力。原华荣（2000）通过构造人口—环境适宜度指标，得到中国相对地广的西部人

---

① 翟振武. 关于地球的打赌：世界是一个拥挤的生态系统还是一个灵活的市场环境 [N]. 大众科技报，2002-03-12.

② [美] 人口增长与经济发展课题组人口委员会，美国行为与社会科学和教育委员会国家研究理事会. 人口增长与经济发展：对若干政策问题的思考 [M]. 于学军译. 北京：商务印书馆，1995：171.

口压力更大，也就是说受到复杂的多种因素影响的人口规模并不是与环境的生产能力呈反比。李通屏（2004）构造了人口压力指标对中国各个省市进行研究，发现东部人口集聚区的人口对社会环境压力比起西部较小，证实了重新认识人口—环境关系的必要性。

3. 人口—环境关系存在不确定性、需要适度协调

在承认一定时期、范围内资源环境承载力存在的前提下，一些学者认为，为保持和谐的人地关系、一定的生活质量，人口在资源环境承载力范围内可以保持有限度的增长，强调人口—环境关系的有序协调发展。也就是说人口规模相对于环境而言没有所谓的越高越好或者越低越好、又或者不需要考虑人口—环境关系，人口对于环境的影响是重要的，并且存在人口对于环境的"适度性"。

从实证的角度来看，首先，人口—环境关系存在不确定性。李国志、李宗植（2010）利用省级动态面板数据模型，分析发现人口对二氧化碳排放的影响呈现明显的双向性，经济增长对碳排放具有较强的促进作用，而技术进步则在一定程度上缓解了二氧化碳排放。另外，人口—环境关系存在适度性，这点往往能通过城市规模和效率得到印证。刘华军（2012）利用静态面板数据的经验估计表明，城市化与二氧化碳排放之间存在 U 形的非线性关系。王钦池（2015）基于 161 个国家 1960~2009 年的面板数据研究发现，理论上存在对环境最有利的城市规模和城市化率；从减少碳排放的角度，城镇化发展不能简单地说优先发展中小城镇，或者优先发展大城市，基于碳排放约束的城市化路径应该实现城市规模和城市化率的平衡。

从理论角度出发，现有研究对人口—环境关系的适度协调主要集中在以下三方面理论。

（1）马克思主义人口理论。马克思主义的人口理论从阶级关系出发，认为悲观主义强调过剩人口是环境危机爆发的原因，实际上是资本家为了掩盖阶级实质而错置了原因，社会生产关系才是最重要的决定因素，使人口实际上是"相对过剩"了。根据其两种生产理论[①]，即物质生活资料生产、再生产和人类自身繁衍需要的再生产，随着物质资料生产水平的提高，物质生产占主导地位，人类自身生产对社会、环境产生的影响逐步弱化。

随着环境保护观念的深入，我国学者将马克思主义的两种生产理论拓展为三种生产理论[②]，即物质资料的再生产、人口再生产和生态环境的再生产，这三

---

① ［德］恩格斯. 家庭、私有制和国家的起源［M］. 中共中央马恩列斯著作编译局译. 北京：人民出版社，2003：233.

② 叶文虎，陈国谦. 三种生产论：可持续发展的基本理论［J］. 中国人口·资源与环境，1997（2）：14-18.

者是有机的统一体，相互作用、影响，"任何一种生产不畅都会危害直接系统的持续和发展"，他们认为人口数和消费水平的过度增长是"世界系统失控的根本原因"，因为环境具有一定的人口承载力，而人口素质能够提高环境的生产能力。并提出在这一系统协调的过程中存在三个主体行为，政府行为、市场行为和公众行为，其中政府行为占主导地位。

除此以外，有学者根据经济发展和文明程度的提高，将"三种生产理论"进一步拓展到"四种生产理论"①，即物质资料的再生产、精神产品的再生产、人口再生产和生态环境的再生产，通过精神产品生产将人力资本投资和知识因素引入，四者相互影响制约，共同决定着发展的可持续性，其中，人类只有自觉地控制自己的行动，协调自己的经济活动与资源环境建设的关系，才能保障"生态环境和资源这一终极因素的持续利用"。更有学者认为人口和环境组成了一个复杂的世界生产巨系统，进一步提出了"多种生产理论"②，即包括了物质资料的再生产、文化的再生产、制度的生产、人口再生产和生态环境的再生产。其中，人的再生产需要消费环境生产所提供的生活资料，并产生人力资源和对环境生产进行投入，也将向环境排放废弃物；文化生产和制度的生产附属于人的再生产，通过人作用于资源环境，可能对环境生产产生一定的积极作用。

从两种生产理论拓展出的"三种生产理论""四种生产理论"和"多种生产理论"内涵了适度人口理论和人地关系协调理论，并为可持续发展提供了理论基础。也可以看出，这些拓展了的生产理论尽管形式上借鉴了马克思主义关于两种生产的理论，但实际上以阶级观念为基础、从社会制度和社会关系理解人口—环境关系的意味已经减弱不少。

（2）一定环境内的适度人口规模。适度人口规模对可持续发展理论的推动和人口—环境关系的理解有着重要意义，它是与资源环境的人口承载力联系在一起的。J. G. K. 威克塞尔（J. G. K. Wicksell）在《论适度人口》（1910）中首先将边际分析引入适度人口理论，他认为人口规模受到自然资源水平的制约，随后索维等学者进一步拓展了适度人口理论。凯费兹（Nathan Keyfitz）在《人口增长、发展和环境》中认为，不应该追求过分的控制人口、无限制的人口减少，因为根据土地规模报酬递减规律，即使在只有一个人的条件下，也会产生报酬递减和增长极限问题，而如果从劳动分工的角度来看，适度的人口规模是必要的③。随后发展起来的可持续发展理论在适度人口理论基础上，更强调了系

---

① 周丽萍. "四种生产"论与可持续发展 [J]. 中国人口科学，1998（5）：47-50, 64.
② 贾志科等. 从"三种生产理论"到"多种生产理论"：科学发展观的一种新启示 [J]. 西北人口，2006（5）：36-40.
③ 张广裕. 人口与环境问题研究文献综述 [J]. 开发研究，2008（4）：50-54.

统协调的关系。

我国关于适度人口规模的实证研究，一个特点就是结果区间跨度比较大，造成了我们对于人口—环境关系中的"人口规模适度性"需要保持谨慎的判断。宋健等根据食品资源、淡水资源计算中国的资源适度人口规模，认为如果中国人民饮食水平接近法国目前的水平，则总人口总数应保持在七亿或以下，而按发达国家用水标准，人口总数应在 6.3 亿~6.5 亿人；胡鞍钢根据就业、收入、粮食、生态平衡等得到中国的适度人口范围，2000 年［12.5，12.7］亿人，2050 年［13.1，15.1］亿人，2100 年［10.2，14.4］亿人；朱国宏根据粮食承载力，计算最大承载人口是 13.8 亿~16.6 亿人；袁建华等通过水资源承载力估算，中国适度人口为 11.45 亿人[①]。这一方面与历史背景和发展状态的变化有关，另一方面也显示了这类研究问题的困难性。

（3）可持续发展理论下的人口—环境关系。可持续的人口—环境关系是以可持续发展理论为基础，将社会认为是一个复杂的系统，人口—环境关系置于其中，人口—环境关系本身存在多重的反馈关系、直接和间接的联系，必须保持各子系统及其关系的和谐才能维持可持续的发展。

不少学者认为，可持续发展实质上就是将发展更多转向生态文明的角度进行思考，因此，也产生不基于人口—环境关系定义下的可持续发展。由世界自然保护同盟（IUCN）、联合国环境规划署（UNEP）和世界野生生物基金（WWF）共同发表的《保护地球：可持续生存战略》（1991），提出，在地球自然限度内，可持续发展是"提高人类生活质量，同时不超出维持生态系统负荷能力"。赫尔曼.E. 戴里（H. E. Daly）在《超越增长：可持续发展的经济学》（1996）中将可持续性定义为：资源的使用水平既满足人口过好生活的需要，又处在环境负载能力限度之内，主张通过平稳状态经济取代零增长经济。J. G. 斯培士（J. G. Spath，1989）认为，面向环境治理的科技进步是可持续发展的前提，可持续发展就是"转向更加清洁、有效的技术"。D. W. Pearce 和 J. Warford 在《世界无末日》（1992）中认为，可持续发展是寻找最优的发展模式，首先是要保持人均实际收入的提高，并实现代内和代际公平，还应当把环境损害计入国民经济核算。

随着可持续理念的展开，越来越多的中国学者将人口—环境关系置于可持续发展的框架中，与适度人口规模理论相结合分析，他们在认为，目前我国可持续发展的路径主要是：人口规模应该控制在不至于过度庞大的情况下，实现人口与环境的协调发展。童玉芬（2007）认为，研究人口对环境的作用不能忽

[①] 张广裕. 人口与环境问题研究文献综述［J］. 开发研究，2008（4）：50-54.

略经济、社会、文化等中介变量要素。乔晓春（1997）认为即使控制人口，减少人口对环境的压力，但是这并不是可持续的人口—环境关系。人口与资源环境、经济之间是相互作用和协调的，不是一方完全适应和服从另一方，也就是说可持续的发展，不是人口无条件地去适应。任宪友（2003）从合理利用和开发资源的角度上，认为需要一定的人口规模，但是这一人口规模要保持适度规模和增长率。穆光宗（2000）认为要防止人口过密或过疏，"可持续发展的人口条件和人口环境"就是"适度人口规模、优化的国民素质和合理的人口结构"，合理的人口结构不只是包含人口性别年龄结构，还包括人口的地理分布，而人口总量在中国对环境的影响更多是间接的，"生育率的迅速下降不会从根本上消除可持续发展的人口障碍"，健康的人口系统本身是可持续发展的要求。知识经济时代，知识作为一种无形资产，产生于人，有助于提高单个劳动力的劳动效率，从而突破传统经济学关于劳动力边际生产力递减的规律。同时，"引导人们以合理的行为方式从事经济、社会活动"（申玉明等，1999），并通过一定宣传教育、社会舆论、媒体措施，将"经济人"转变为具有可持续发展观理性的"生态人"，就能达到在人口增长的同时，转变消费模式对资源环境的压力。陈友华（2005）认为，人口数量增长对资源环境构成压力是绝对的，而"可持续发展的人口条件"是多个方面互动影响的，同时指出上海等地区人口的生育率过低，未来将会产生许多负效应，也就是说他认为人口数量规模和条件应该保证在地球承载力之内，"则可持续发展是可以实现的"。

研究可持续系统的性质方面，地理学者认为人地关系理论是"衡量区域可持续性的关键"[1]，吴传钧认为，人地关系地域系统是以地球表层地域为基础的，人类活动与地理环境两个子系统交错构成的、动态的、复杂的、开放的巨系统，"具有调控、生产、生活、转化、供给、接纳和还原功能"（申玉明等，1999）。人地关系视角强调区域系统中人与环境的和谐关系、共存、共同发展。人地关系理论对于可持续发展理论的丰富在某种程度上体现着人口—环境关系的系统观成为可持续发展研究中重要的方面。

4. 影响人口—环境关系的要素

在前文对于人口—环境关系基本态势的梳理上，可以看出有若干关键要素影响着对人口—环境关系的判断。

（1）技术要素。实际上，无论是持哪种人口—环境关系思想的学者都承认存在两种技术：开发技术和环境保护技术，其中，开发技术对人口—环境关系有恶化作用，而环境保护技术对人口—环境关系有改善作用。不同学派的坚持

---

[1] 乔家君. 区域可持续发展定量研究：基于人地关系视角 [J]. 合肥教育学院学报，2003（4）：1-5.

仅仅在于不同的技术性质和技术的影响程度没有形成共识。

悲观主义者以罗马俱乐部为代表，认为技术的力量只能推迟但是不能消除资源极限的到来。我国学者朱宝树也指出超大的人口规模压力在一定程度上抵消了技术经济因素对资源承载能力的正效应①。乐观主义者，以赫曼·凯恩（Herman Kahn，1976）为代表，他认为技术进步可取之处就在于，可以推迟资源限制时间的到来，并且能够永久地消除一些资源的限制。

（2）人口规模与人均消费。根据 I＝PAT 公式，人均消费对环境有直接影响。事实上，人口规模与人均消费之间的相互作用同样会改变人均消费的形态和程度，也就是存在统计学意义上的协同效应。马尔萨斯及其支持者的人口控制理论过度强调人的生理消耗本质，认为"人口越多倾向于物质和能量的流通量越多，超过环境沉淀的承载能力的可能性越大；人口增长率的提高将导致实际人均收入的下降，加剧了环境的压力"②。

对人口规模和人均消费的关系，有学者"集中于家庭日常生活消费模式研究"③，从微观角度提供佐证。蒋耒文、考斯顿（2001）通过微观主体的分析提出了较为客观的评价，认为不同区域人口群体的生产和消费行为存在差异，而选择适当的人口分析单位取决于"人口中这种差别的显著程度及所研究的环境影响的种类"。"家庭户的变化比人口个体的变化对环境的影响更加重要，而当研究家庭户变化的影响时，需要考虑家庭户的数量和家庭户构成的变化。"通过建立 I=PAT 模型，他们认为：人口年龄结构可能影响人口—环境关系，人均水资源消耗在青年人和老年人中消耗较多；大家庭规模的人均耗水量小于核心规模家庭人均耗水量；由于集体户的生活水平低于家庭户，资源消耗水平较低；家庭户的变化比人口的增长对未来居民住房用地影响更大，城市化提高了土地利用水平，能够在一定程度上缓解住房对土地的需求④。这些原因都与人口规模、数量、增长率和增长方式有直接关系，这也就是说在人口—环境关系的探讨中，单纯考察人口集聚程度也是不全面的，需要全面观察一个集聚型人口的规模、结构、质量等方面。

（3）人口增长方式和环境变化的方式。悲观主义的基本人口—环境理念是建立在人口按照指数（几何级数）增长的基础上，导致资源环境的破坏以指数形式变化、环境维护成本也呈"边际递增"的态势，而环境修复却是以线性函

---

① 朱宝树.超大人口峰值与资源承载极限［J］.西北人口，1990（3）：40-42.

② ［英］罗杰·珀曼，马越，詹姆斯·麦吉利夫雷，迈克尔·科蒙等.自然资源与环境经济学（第二版）［M］.张涛，李智勇，张真等译.北京：中国经济出版社，2002：700.

③ 周纪昌.论消费—环境研究与人口—环境研究的融合［J］.人口与经济，2006（2）：1-6.

④ 蒋耒文，考斯顿.人口—家庭户对环境的影响：理论模型与实证研究［J］.人口研究，2001（1）：47-55.

数变化的。赫曼·凯恩（Herman Kahn，1976）提出，人口是按照逻辑斯蒂克曲线增长的，在一定的环境条件下人口增长到一定程度可以达到稳定；而人口集聚形成的规模效应使环境（土地）利用产生了规模效应（博斯拉普，1976）。

（4）地球承载力是否存在极限。悲观主义者认为地球存在一定的极限能力，尤其是环境恢复能力在微弱的技术安排下以线性方式改善，而环境消费破坏程度却以指数曲线恶化，长期保持人口过度增长，地球极限最终将被突破（罗马俱乐部，1997）。乐观主义者赫曼·凯恩（Herman Kahn，1976）认为，粮食并不受限于土地，可以通过最终无土栽培等技术取消土地限制，清洁能源缓解资源短缺和环境污染问题。同样，朱利安·L.西蒙（Julian L. Simon）和舒尔茨（Theodore Schultz）认为，长期看来地球资源是取之不尽的，尤其是终极资源：人口增长和人类智慧。对此，世界自然保护同盟（IUCN）、联合国环境规划署（UNEP）和世界野生生物基金（WWF）在《保护地球：可持续生存战略》（1991）中提出尽管地球承载力可以通过技术增大，但却是以减少生物多样性或其他功能为代价。

我国学者对于环境资源承载力的研究中，土地承载力是一个重要方面。他们认为，在某段时间和范围内，资源环境存在一定的承载力限度，而一旦突破发展的瓶颈也就扩大了当前静态的资源环境的承载力。原华荣等（2007）认为，在有限的资源配置条件下，即使人类可以通过技术提高土地的承载力，但是往往以破坏和消耗其他生物功能为代价。也就是说人口与环境的平衡是一种低稳定性的危机平衡，是一种为局域平衡而破坏更大区域的平衡为代价的平衡。通过更长期的历史分析，他们认为，"土地的休养生息是农业文明衰败后文明复兴和延续的关键要素和必要条件"，"生态稳定性和土地退化程度与人类对自然利用的规模和强度反向关联"，也就解释了当代发达国家多产生于环境利用历史较短的近代文明区域①。

（5）人的地位。新古典经济学派形成初期，针对人口控制的问题就指出限制人口规模不道德、也不理智。国内学者从理论上探讨了人口—环境系统中强调了人的重要地位。在著名的人地关系理论中，人口处于人地关系的重要的具有能动性的一方，库向阳等（2000）认为区域可持续发展就是系统各构成要素间、各地理单元间、"人"要素（人口、经济、社会）与"地"要素（资源、环境）间的协调。人口集聚的消费本质是不利于环境发展的，然而随着我国出生率的不断下降，早已低于更替水平的人口，单纯地控制人口数量已经不再是人地关系的主要命题。更有学者将人口置于人口—环境关系的核心，钟逢干

---

① 原华荣等. 土地承载力的规定和人口与环境的间断平衡 [J]. 浙江大学学报（人文社会科学版），2007（5）：114-123.

（2000）在马克思两种生产理论上，阐述了"两方向决策"，即：一是外向决策，将经济、社会和人自身的发展以及资源环境的保护等看作人利用资源环境的决策和行动过程；二是内向决策，人口对自身的调控、组织、教育、引导而采取行动。根据这一理论，这两类人口特征的变化就成为"整个社会经济发展的缩影"，在人的内外向决策反馈中，对资源、环境系统改造和利用，因此这一理论实际上是将人口与环境相互内生化，使资源可持续的利用本身有利于人类社会的可持续发展，而协调人口—环境关系只要人类在"两种决策"中做出正确的行动，简单地评价人口某一方面的特征对环境的影响是不合理的①。

（6）发展的陷阱。尽管李建民（1996）指出人口规模对环境造成绝对的破坏影响，而世界人口的增长集中在发展中国家，特别是贫困地区，因此这部分地区的人口对生态系统的压力十分巨大。同时根据这种看法，或许我们可以推论出，在当今随着世界贸易的展开，发达国家通过贸易经济对发展中国家展开资源掠夺、污染产业转移，并利用发展中国家低廉充裕的劳动力发展自身经济，而发展中国家为了生存接受这种贸易形态，而实际上会陷入不断贫困、环境持续恶化的状态，即人口压力和人均消费的双重环境威胁都会最先发生在发展中国家。

对此，蔡昉（1996）提出，应该仔细思考为什么世界没有进入"马尔萨斯陷阱"，通过对比发达国家的人均消耗资源与中国为了发展和养活庞大人口的资源消耗，他认为前者远大于后者，在否定"中国威胁/危机论"的同时，他也认为，对于发展中国家发展是首位，资源环境的耗竭问题可以通过更为灵活开放的市场加以解决，而"长期的人口增长可以持续的实现对人力资本的投资，提高人口素质"，从而增加技术发明和创新的可能性，缓解人口—环境矛盾。事实上中国用自己的发展历史证明了"人口数量对发明和发展的正面效果"，尽管人口短期的过快增长确实会对社会资源、经济等造成一定的负面冲击。

二、人口—经济关系的相关理论和研究

人口—经济关系如同人口—环境关系一样存在着丰富的、有争议的观点，其基本观点也包含着正向关系、负向关系或者没有明显相关关系等判断。由于人口—经济关系并非本书研究重点和考察内容，而人口和经济相关要素的关系是建构系统动力学的重要基础，因此此处简要综述人口—经济关系、人口和经济相关要素的关系。

---

① 钟逢干．"两方向决策"论与可持续发展［J］．市场与人口分析，2000（2）：41-49．

1. 人口—经济关系的基本表现

（1）人口阻碍经济增长。重农经济学派弗朗斯瓦·魁奈（Francois Quesnay）就认为，人口过多或增长过快，导致生产数量少于消费数量，不利于经济增长。马尔萨斯在其《人口原理》中明确提出人口增长直接导致经济贫困，经济增长尽管能填饱更多人的肚子却不能使他们摆脱贫困。随后一些悲观经济学家，也指出人口集聚恶化了经济状态，降低了人均生活水平，其研究的对象主要是农业社会或发展中国家（Harvey Leibenstein，1957；Ragnar Nurkse，1966），其中比较著名的论述是 R. 纳尔科斯的"一国穷是因为它们穷"。人口学家安斯利·科尔（Ansley J. Coale）和埃德加·马隆·胡佛（Edgar Malone Hoover）以发展中国家印度的经济发展为例，通过不同人口规模对资本存量的影响和不同的生育率水平对人均收入的影响，得出结论：人口增长从人口规模、人口增长速度和人口年龄构成三个方面对人均收入产生影响，高出生率、人口迅速增长对经济发展产生严重副作用[①]。

（2）积极的思考。新经济增长学派认为人口是重要的生产要素，因此，人口集聚有利于经济发展；在人口、技术与经济的关系上，未来学家 A. 托夫勒（Alvin Toffler，1996）指出，人类历史上出现的三次人口浪潮都伴随有经济发展、技术革新和文化繁荣，并由此得出了人口—经济同步增长理论。持类似观点的还有我国经济学家蔡昉（1996），纵观人类发展史，他认为人口增长伴随着人力资本的积累，从而维持了科技进步的可持续性，尽管从短期来看，不能将人口增长归结为经济发展的推动因素，甚至可能造成家庭、经济对短期人口过快的冲击，但没有任何证据表明：高人口增长率会降低人均收入的速度。

在针对我国人口与经济发展关系的论述中，著名学者蔡昉（2005）认为，中国过去经济快速增长很大一部分成果归因于劳动力的充分供给，蔡昉（1999）通过 1978~1998 年中国经济增长的因素分解，认为劳动力数量增长的贡献达到23.7%，对比世界银行（1998）认为这个数据是 17%。中国的劳动力短缺是由相对不利的人口结构造成的，这种人口结构意味着整体人口的生产性下降。另外，劳动力短缺将提高劳动力成本，最终可能导致中国过早地丧失人口红利源泉、比较优势和低劳动力成本的国际竞争力，不利于外资的引进，事实上中国制造业的工资尽管绝对数值较小，但增长速度却快于其他国家。

人口增长对经济的促进作用，还表现在人口迁移与经济的关系。西奥多·舒尔茨（Theodore Schultz）更是将人口迁移的成本作为像教育一样的人口投资，认为迁移能够获得投资效益。段平忠等（2005）通过 1978~2003 年中国区域经

---

① 李仲生. 经济发展与人口增长的理论分析 [J]. 首都经济贸易大学学报，2008（2）：70-76.

济发展差距和人口迁移的相关数据，得到如下结论：改革开放以来中国地区差距先缩小后扩大的趋势受人口流动的地区分布差异影响，更多的人口流向东部，在加快东部经济增长的同时，降低了中西部的经济增长水平，扩大了地区经济差距；人口净流动数量差距越大，地区发展的差距也越大，人口流动对于增长地区收敛有显著作用；人口流入对不同地区有不同影响，对东部来说人口流动促进了本地区经济增长，而对中西部地区人口流入缓慢阻碍了本地经济增长，这是由于素质较高的劳动者更倾向于流入东部地区造成的；并进一步指出是人口流动性的增强而不是地区自然增长率的提高促进了经济增长，这很大程度源于迁移的知识外溢作用①。

在实证研究方面，我国有许多学者针对人口集聚对城市发展的影响，提出在现阶段人口在沿海地区集聚能有效地促进城市发展，并消除城市内部严重的老龄化对经济发展造成的劳动力不足的人口风险。王世军等②肯定了上海作为典型的"移民城市"，对城市发展的积极作用，从 20 世纪 90 年代起上海人口的增长已经从自然增长为主转变为迁移增长为主，而移民的迁入加速了上海的资本积累、扩大了市场的消费、促进了劳动力密集型制造业的发展。王桂新等③认为，劳动力的减少甚至不足可能导致上海 GDP 到 2015 年减少近 500 亿元，2030 年减少近 14000 亿元。面对人口老龄化加剧，社会负担日益加剧，城市发展活力渐趋弱化，为维持上海经济的可持续发展和全球化城市的角色，需要适度引进外来人口、避免人口不足的风险。在就控制人口是否可行上，张卫等（2008）认为，对城市人口规模采取"削足适履"的控制或是"揠苗助长"的扩张都是不可取的，他们对比江苏近几年来劳动力供应量与经济发展的关系，认为劳动力供给能够实现持续增长，但是经济增长吸纳劳动力的能力弱化，全省就业弹性系数在不断下降，产生了劳动力供过于求的"奥肯现象"。

（3）人口与经济相关性不大。我国学者贺俊等（2006）利用内生增长模型和卢卡斯的人力资本内生化思想，得出结论为人口数量与经济增长无关，至少不是"关键因素"，人均意义上的经济增长主要取决于人力资本的生产率。李通屏（2002）认为，尽管人口增长并不是经济增长的决定因素，但在"低生育水平下，刺激经济增长必须容忍人口增长，包括自然增长和迁移增长"。经济本身是诸多要素交错的，也确实很难抽离某种要素。因此，研究人口—经济关系有必要放在一定的社会经济条件内进行研究。

———————————

① 段平忠，刘传江. 人口流动对经济增长地区差距的影响 [J]. 中国软科学，2005（12）：99-110.

② 王世军，周佳懿. 人口迁移与上海国际大都市建设 [J]. 同济大学学报（社会科学版），2009（2）：37-43.

③ 王桂新，魏星. 上海老龄化高峰期预测及对策研究 [J]. 科学发展，2009（10）：38-57.

对此，蔡昉解释说，"人口因素不啻一个经济增长条件"是因为：人口增长对经济的影响方向带有很大不确定性；它的影响也不是独立的，往往与其他条件结合在一起，产生或正或负的效果。即使统计意义上显示出不强的相关性，但"一个国家的人口规模，不论是大是小，在经济上都具有重大意义。生产因素在很大程度上有赖于劳动力的有效利用率和质量，而劳动力来源本身又与人口的数量、年龄构成和受教育程度有密切的关系"。[①]

2. 人口与经济增长相关要素的关系

李通屏（2002）对特定的经济扩张阶段，人口与经济及其要素的关系作了总结，认为人口从供给和需求两方面对经济发挥作用，但同时它也通过对经济增长的诸要素的影响起间接作用。在供给方面，从劳动力、资本形成、技术进步、人力资本方面促进经济发展；在需求方面，通过投资需求、消费需求和净出口需求促进经济发展。通过 1974~2000 年日本人口增长与经济关系的模拟，认为正是人口增长率的持续下降，加剧了经济形势的恶化，人口减少和老龄化导致有效需求减少、投资减少，并抵消了劳动生产率对经济增长的效果，影响着整个社会的活力。因此，按照其论述，简要总结人口和经济增长要素的关系。

（1）人口与资本的关系。资本积累是经济增长的首要因素，从资本的广义定义上看，人口规模增长至少能加速人力资本和生产经验的积累。安斯利·科尔（Ansley J. Coale）和埃德加·马隆·胡佛（Edgar Malone Hoover）（1958）认为较快的人口增长阻碍了大量资本投资，在资本供给缺乏弹性时，人口资本增长下降；同时高人口出生率加重了劳动力的抚养负担，导致资本供给和积累减少，经济发展缓慢。哈维·莱宾斯坦（Harvey Leibenstein）提出"人口障碍理论"，认为人口增长速度快，导致高投资，这个投资的性质，按照索维的观点正是为了武装新增劳动人口而配备的生产资料，如果人口增长快于投资增长，导致用于经济发展的投资减少，又陷入马尔萨斯的恶性经济循环陷阱。但是需要指出的是，对新增人口的教育、医疗卫生等投资，短期看来会降低储蓄，不利于生产的扩大再投资，但长远看来，这本身就是一种"生产性"的人力资本投资，直接关系到一国未来的发展。蔡昉（1996）指出，人口增长可以持续地实现对人力资本的投资，从而提高劳动者素质，长期来看促进经济的持续发展。

人口压力。人口增长对资本积累的影响，朱利安·L. 西蒙（Julian L. Simon）、赫曼·凯恩（Herman Kahn）等都认为，人口增长较快，劳动力平均产量较高，能够提高人均收入和储蓄率，促进资本投资，从而扩大再生产，促进经济发展。另外，在《人口增长与经济发展：对若干政策问题的思考》（1995）一书中则认为人

---

① ［英］H. 鲁滨逊. 人口与资源［M］. 陈锦堂等译. 北京：高等教育出版社，1988：254.

口增长速度实际上不会影响储蓄率和投资率。

人口对资本边际报酬的影响，蔡昉认为，充足的劳动力能避免资本报酬递减的规律作用。通过人口结构分析，他证实不平稳的人口结构导致劳动力短缺在不久的未来将成为现实。劳动力供给不足的一个恶果就是资本需要替代劳动，导致资本规模报酬递减现象出现，从而减缓经济增长。他指出，对一个特定发展阶段的经济体，年轻的人口结构抚养负担轻，可以通过充足的劳动供给和高储蓄率为经济增长提供"额外的源泉"，并在国际竞争优势中获得经济增长的人口红利[①]。

（2）人口与消费、市场。消费的增长直接刺激了一国或地区的经济发展。对悲观主义强调人口增加扩大对粮食的消费，古典经济学派的大卫·李嘉图（David Ricardo）认为，人口增长可能加大粮食消耗，但是人具有生产性，通过积累资本和增加生产资料能够减少过剩人口。认为人口增长促进了经济发展的学者往往认为人口增长刺激了有效需求，并降低了企业家的投资风险。

另外，就人口与市场的关系，不少学者认为，人口规模扩张了市场容量，通过促进有效需求，从经济增长的需求方面促进了经济发展；同时，人口增长还能通过扩大政府的支出和投资、促进企业投资间接促进经济增长。朱利安·L. 西蒙（Julian L. Simon）就指出，人口增长促进了市场的形成和政府对基础设施的投资。张纯元和曾毅也指出，人口增长对人们生活必需品市场有重要意义；人口的分布、迁移和城乡构成的变化，影响着生产决策和市场位置；人口迁移强度和频率，影响着交通、旅游、服务和房地产市场需求[②]。

（3）人口增长、人口集聚与就业。"一个国家劳动力资源能否得到最大化利用取决于经济中是否实现了充分就业。"[③] 失业最直接的影响是降低劳动者素质，阻碍了劳动生产率的提高，从而不利于经济持久的稳定和增长。关于就业与人口集聚，从微观来看，人口能产生有序的集聚和流动，收入差异是第一动因，托达罗等认为，人口集聚是根据城乡预期的而不是实际的收入差距产生的，包括了城乡间不同职业的实际收入差别；一个新到城市的迁移者获得城市职业的概率。这时往往即使城市存在着较高的失业率，潜在迁移者还是会选择迁移[④]，从而可能更加加剧了城市失业问题。李仲生（2001）认为，人口迅速增长降低了雇用水平，导致大量完全失业、潜在失业和不完全就业，直接降低了劳动力

① 蔡昉. 劳动力短缺：我们是否应该未雨绸缪 [J]. 中国人口科学，2005（6）：11-16，95.

② 张纯元，曾毅. 市场人口学 [M]. 北京：北京大学出版社，1996：462.

③ 蔡昉. 人口转变—人口红利与经济增长可持续性——兼论充分就业如何促进经济增长 [J]. 人口研究，2004（2）：2-9.

④ 李竞能. 现代西方人口理论 [M]. 上海：复旦大学出版社，2004：358.

的生产性。

另外，有学者在研究美国的大量国际移民的情况下（库兹涅茨，1952）认为，人口增长能提供更多受教育较好的劳动者，从而在人口压力下促进发明和技术发展，使劳动力更好地融入经济。也有学者在研究产业集聚的同时指出，某产业虽然对人口吸纳的能力有限，但是能够通过上下游企业，拓展对人口的需求。

事实上，中国用自身的发展做了最好的例证，从世界的经济发展历史来看，美国和日本经济起飞时都占世界人口的 3% 左右，而中国从 1978 年改革开放经济起飞时占世界人口的 22%，并在这一过程中，中国的非农业劳动力占世界劳动力总量从 1980 年的 6.5% 上升到 2002 年的 12% 多，中国用自身的发展证明了保持较高人力资本投资的情况下，保持较低的劳动力价格，并促进劳动力就业[1]。

（4）经济效率与公平。《人口增长与经济发展：对若干政策问题的思考》（1995）中指出，降低人口增长有助于劳动力的相对收益，缓解要素间的不平等分配，但由于往往是高收入阶层最可能降低生育，则可能加剧不平等程度。

如果说贫困地区的人口—环境关系冲突更为严重，而人口规模与经济水平也更为不匹配，那么迁移、促进人口集聚将不仅是提高城市效率、缓解迁出地的贫困、生态恶化等，同时也是承认了人口公平地分享整个国家的自然资源和物质资源的权利，是以人为本理念的实现。

3. 人口集聚和城市效率

人口集聚所产生的规模效应，是人口增长与经济关系中一个研究的重点，而城市化在大部分情况下就是人口向城市集聚的过程。在城市经济学中，人口集聚被认为是一个城市或区域的发展和经济增长的源泉。从历史来看，城市产生于规模效应与区位比较优势。人口集聚既是集聚经济的结果，同时又反过来促进了经济集聚的规模效应。

（1）人口集聚与规模效应的关系。尽管《人口增长与经济发展：对若干政策问题的思考》（1995）中指出，人口规模扩大会降低农业劳动生产率，但人口密度会带来规模经济；理论上讲，制造业中人口规模不存在规模经济，但实际上由于家庭、厂商和政府对人口增长快慢的反应和预期是不同的，导致人口增长可能影响企业投资决策。可见，人口集聚确实能从某些方面影响企业生产和经济发展。事实上，经过文献梳理和理论总结，人口密度的增长对规模效应存在以下作用。

---

[1]　胡鞍钢 . 中国的规模效应与"绿色崛起"［EB/OL］. 新华网，http：//news. xinhuanet. com/theory/2008-06/03/content_8303802. htm. 2008-6-3.

1）人口集聚有利于形成产业集聚，人口集聚提供了充裕、多样化的劳动力供给。人口集聚有助于形成一个有效的熟练的劳动力市场，降低企业寻找合适劳动力和人口就业的搜寻成本，同时企业可以根据产品淡旺季的安排灵活用工[①]；劳动力作为生产要素，劳动力供给的增加有助于促进产业规模的扩大，进一步说，城市劳动力市场的供给结构变化直接影响到这个城市内的工业未来持续发展的能力，也就是说高素质的、有能力的劳动力更为重要；而早在《国富论》中，亚当·斯密就指出，人口集聚的结果为产业分工创造了可能性，进而提高了劳动生产率。

2）通过提高劳动生产率促进规模经济形成，人口集聚有利于加深分工和专业化生产。阿尔弗雷德·马歇尔（Alfred Marshall）在其《经济学原理》中认为，人口增长能带来比人口增长率更高的生产率提高，这是因为发明、组织效率提高等。贺俊等（2006）解释了中国过去不发达的市场经济制约了人口规模扩大带来的专业化分工，同时重工业化发展又使我们丧失比较优势；随着市场经济的发展，在信息技术革命为代表的新经济下，规模收益递减的假设不再成立，由此可见，人口增长形成的规模效应可能对经济增长起到积极的助推作用。李通屏（2002）认为，人口增长会通过专业化优势提高劳动生产率，促进规模经济形成，也会造成大量集中的使用自然资源不经济的问题，例如，人口增长在农业和采矿业中表现出来的规模不经济。

3）人口集聚在产品消费上容易形成需求市场，促进企业规模经济、降低企业成本。新经济地理学派主要创始人藤田昌久和克鲁格曼，20世纪90年代将区域空间发展引入经济学，其基本的观点就认为不同区域根据其历史发展沿革、自然禀赋进行专业化生产，并根据比较优势进行贸易，其根本在于大规模生产带来的规模经济效益，增加了企业的收益，降低了成本。进一步，规模生产降低了产品价格，提高了当地消费者（劳动者）的实际收入，从而吸引更多的劳动力向该地区转移，进一步扩大工业品的需求和厂商的集聚。

也就是说根据克鲁格曼的中心—外围理论，人口集聚意味着更大的市场潜力，从而吸引更多的厂商集聚起来，加速工业化和城市化过程一方面能提高具有非排他性产品的利用率，另一方面产生了多样化的需求，促进城市产业的发展。当然，人口集聚除了规模效应，也会产生规模不经济状态。比如，人口集聚区房价的升高、交通拥挤、失业等。

4）人口集聚能够促进资本集聚，从而促进规模经济效应，带来经济发展。根据盖里、秋山和藤原（1978）建立的新古典城市经济增长模型，他们认为尽

---

① 周伟林，严冀等．城市经济学［M］．上海：复旦大学出版社，2004：377.

管较高的工资有助于吸引外地的劳动力迁移。但劳动资本比例较高的地区，工资相对水平低于资本，即在要素之间，资本有相对流入而劳动力有相对流出的倾向，如果资本对要素市场价格比较敏感的话，工资相对较低的城市也能产生较慢的劳动流出和较快的资本流入，进而获得更加充裕的生产要素，从而提高经济增长速度，进一步提高城市的经济水平和收入水平，并吸引劳动力迁移。这给我们以启示，在较低的工资水平下，保持资本市场的开放，提高资本的灵活程度，吸引资本流入，有助于缓解低工资造成的对劳动力集聚的分散力[①]。

针对发展中国家的情况，Myrdal（1975）构建了累积因果模型进一步论述了人口集聚与资本流动、经济增长的关系。对于发展中国家经济中存在的二元经济，即经济发达地区和经济不发达地区并存的现象，由于地区间存在着人口收入水平和工资差异，而城市经济中普遍存在规模报酬递增的现象，就会导致资本和劳动力同时流入发达地区，而不同于新古典模型中劳动力和资本流动的反向关系，并且这种流向会由此固定下来。也就是说，发达地区将会借助规模报酬递增的优势，从不发达地区获得持续的劳动力供给，导致发达地区获得长期持续的超过不发达地区的发展，同时发达地区也将会比不发达地区吸引更多的高技术水平的劳动力，从而更加强化了经济的快速发展[②]。

5）人口集聚影响着城市的贸易状况和性质。根据经济基础模型，城市经济分为两大类部分，基础部门和非基础部门。可以推导出城市的基础部门，也就是主导产业的产出变化，会影响基础部门就业人口，并影响非基础部门的投入，进而间接影响非基础部门就业。另外一个重要结论是，城市规模的扩大，会带来地区经济增长对基础部门规模变动敏感性的进一步增加。也就是说，城市之间贸易的增长，伴随着城市人口的集聚，会更大幅度地促进城市经济的增长。

6）根据对社会资源、公共物品的影响，人口集聚能够缩短通勤距离和成本，减少库存和物流成本，提高基础设施和土地的利用率，通过借鉴中国香港、新加坡的经验，最终可以形成高度紧凑、资源利用率高、土地集约化使用、环境较为适宜的城市。

7）人口规模能够通过社会信息的高度集中提高组织效率，促进科技进步，我国未来能够通过产权制度的完善、专利保护等激励，发挥人口扩大对科技进步潜在的促进作用。知识经济学和信息经济理论认为，人口集聚有助于信息交流和共享，进而促进人力资本的积累。人口集聚要通过知识和教育提升其内涵，转变为高技术和高素质劳动力的集聚，转变为人才聚集，这是因为随着城市发展、人口集聚，空间资源、自然资源等投入逐渐稀缺，由于生产要素的边际替

---

①② 城市经济学精品课程建设小组. 城市经济学 ［EB/OL］. 东北财经大学公共管理学院网，http：//classroom. dufe. edu. cn/spsk/c260/wlkj/index. html.

代率递减这一经济规律是普遍存在的，需要其他可替代的要素成倍地投入以产生相当的服务水平，例如，通过资本、知识和人力资本的投入，因此人口集聚的质量需要不断深化。人才集聚不同于人口集聚的一个重要特点就是，后者主要是以一个群体出现，具有一定规模，多属于简单劳动力，单个劳动力之间差异不大，而前者单个存在显著的创造财富的能力，但是通过集聚会产生高于各自独立创造财富的效应，主要是通过知识的传播和普及、创新、相互激励和学习等方式[①]。最后，人口生产模式和生活模式的不可持续尽管可以通过法律和制度实现快速转变，但从长远和可持续来看，需要教育和社会道德加以维护。

当然，人口集中虽然有利于生产和交往的发展，也有学者指出在人口集聚过程中，同时存在着人口的分散力，这些分散力直接源于人口集聚的负效应，主要在于加大了区域的基础设施压力，加剧了社会资源的竞争，加重了政府公共服务和财政支出的负担，以及增加了人类对于环境的压力。如谢玲丽（2009）指出，人口集聚已经成为上海自身发展的需求，除了经济社会持续发展对人口的集聚作用外，人口集聚的主体主要是相对劳动能力较高的适龄人口，从而有助于改善城市人口的年龄结构，提升整体人口的素质。另外，人口集聚会进一步加剧对资源和基础设施的压力、加大社会管理难度，尤其是对能源供应、住宅供给、生态环境等建设提出挑战。

因而，人口集聚产生的规模效应存在一定的适度范围和协调关系，这个适度范围决定了城市规模与城市效率的关系。马延吉[②]认为，产业集聚发展是人地关系的集中体现，当产业集聚与区域人口、资源和环境关系相协调时有利于产业集聚的形成。大都市区比小城市更具有集聚经济，经济发达地区甚至最大的城市也可能没有达到最佳规模，追求经济效益的分散方针对区域发展产生不利影响[③]。

（2）城市规模与城市效率的关系分析。随着经济发展和城市化的加深，人口集聚和产业集聚在一定程度上决定着大都市空间集聚经济体的可持续发展[④]，因此实现人口集聚的可持续成为都市区可持续发展的重要内容。发展经济学的创始人 W. 刘易斯（W. A. Lewis, 1954）在其二元经济模型中，就暗含着城市是人口集聚的主要地区，而人口从农业部门转出并不会减少农业生产，转入现代工业部门，由于生产的规模和增长速度快于人口增长，则有利于产业和城市效

①　王飞鹏，欧阳联灿. 产业集群的人才集聚效应与人才管理制度创新 [J]. 山东工商学院学报，2008（4）：43-96.

②　马延吉. 区域产业集聚理论初步研究 [J]. 地理科学，2007，27（6）.

③　朱英明. 产业集聚论 [M]. 北京：经济科学出版社，2003：236.

④　王红霞. 就业人口与非农生产分布不均衡问题实证研究——上海大都市经济发展的时空及功能特征 [J]. 财经研究，2005（1）：5-14.

率上升。

另外，比较有代表性的是城市效率的环境倒 U 形曲线，由美国环境经济学家 Grossman 等（1992）提出，也称之为环境库兹涅茨曲线（Environmental Kuznets Curve）。如果将环境质量等状况认为是城市效率，城市规模代表人口集聚程度，那么城市效率与城市人口集聚程度存在着一种倒 U 形曲线。其理论内涵是：在城市规模比较小的时候，边际劳动投入所带来的动态城市化经济的增加会大于其对城市交通和污染的影响，即对城市而言，劳动投入的边际收益大于边际成本；而到某一峰值后，随着成本递增而城市效率开始下降。同时随着城市规模的扩大，人口集聚和经济的发展，较大规模的城市倾向于发展促进就业和为周边小城镇提供服务的第三产业，从而该城市内部制造就业人口转向第三产业，外来人口也倾向于向第三产业迁入。该模型的意义在于，人口集聚存在一个动态平衡，当人口集聚达到一定程度的时候，经济本身要求人口处于相对稳定状态；继续吸纳人口需要转变城市的产业结构和经济模式。也就是说，对城市效率本身存在一个适度人口规模①。梁星等（2004）等通过对环境指标：耕地资源、绿地资源和废弃排放等研究指出，长三角地区存在着城市增长和城市环境退化的倒 U 形曲线。

第四节　碳排放的相关研究

随着 1997 年《联合国气候变化框架公约》第三次缔约方大会的召开，开始了在发达国家限制包括二氧化碳在内的六种温室气体（二氧化碳、甲烷、氧化亚氮、氢氟碳化物、全氟碳化、六氟化碳）排放量以缓解全球变暖趋势的行动。2007 年联合国气候变化大会所制定的 "巴厘路线图" 将抑制温室气体排放的行为变为法规形式，从而将缓解温室效应这一行动深入经济发展层面和生活层面，并影响和改变了我们的发展观。碳排放问题的严重性不只囿于环境层面，在《斯特恩回顾：气候变化经济学》的评估报告中就指出，气候变暖带来的经济危机和社会危机一旦爆发，将使全球每年损失 5%~20% 的 GDP。

一、要素分析研究

在碳排放问题的评价和分析方面，要素分解是研究碳排放影响因素的重要

---

① 张伊娜 . 上海城市空间结构系统减载的经济学研究［D］. 复旦大学博士学位论文，2008.

模型，其基本途径是通过能源消费分解碳的影响要素（Johan et al.，2002）。碳排放影响因素分析应用较多的是 IPAT 模型[①]及其相关扩展模型，如 STIRPAT[②]模型及其应用（Fan Ying et al.，2006；陈兰，2010；尹向飞，2011），孙敬水等（2011）构建了扩展的 STIRPAT 模型，将人口总量、人均 GDP，能源强度，单位能耗碳排放，产业结构、能源消费结构、城市化和国际贸易分工要素纳入分析。徐国泉等（2006）将影响人均碳排放的要素分解为能源结构、能源效率和经济发展，并指出中国的过去十年的人均碳排放上升的抑制作用主要来自能源效率的提高而非能源结构的调整，而近年来能源效率对于抑制碳排放的作用在不断减弱。关于人均 GDP 和碳排放的关系，指出辽宁省人均 GDP 与碳排放呈现了反 N 形特征。就效率和评价层面，魏梅等（2010）提出了碳排放效率变化指数和相关的计量经济模型，对我国各地区 1986~2008 年期间进行研究指出，我国地区间碳排放效率平均增长为正，但差异较大，具有发散性特征；R&D 投入、能源价格、公共投资、对外开放、工业化的产业结构以及技术溢出对碳排放效率存在长期均衡的关系，其中前三者为正向相关，后三者为负向相关，另外研究指出，模仿不利于碳排放效率的提高，内生创新才是源泉。赵欣等（2010）在碳排放的影响要素中纳入了全要素生产率，通过计量经济模型证明了经济增长和能源消费对碳排放有显著的正向影响，而环境规制对我国碳排放的作用目前还没有明显体现，对于全要素生产率的各个影响要素，其研究认为科技投入可以明显抑制碳排放的增加，而软技术（制度创新、人力资本等）相对硬技术（直接科技创新）更利于碳排放的降低，非国有经济比重的上升有利于碳减排，国际贸易的增加和城市化进程的加剧促进碳排放，而最终消费率与碳排放成倒 U 形相关。游和远等（2010）运用投入导向型数据包络（DEA）模型，指出江浙沪三地碳排放总效率相对较低，即这些地区的土地利用相对不是低碳利用，而是以碳排放相对无效换来的地均土地的相对高效，碳排放总效率无效的原因是技术无效，而江浙沪三地控制土地利用中碳排放的增长甚至缩小碳排放规模有利于碳排放规模效率的提高，另外，其研究也指出当扩张第二产业用地时可造成能源粗放投入和土地粗放利用。邹秀梅等（2009）通过构建三次多项式和 Hausman-Test 方法检验得出碳排放量与人均 GDP 呈倒 U 形曲线关系，其拐点为 38868.3 万元/人，碳排放量与单位能源消耗强度呈倒 U 形曲线关系，拐点为 5193.8 吨/万元，碳排放量与第二产业比重呈 N 形曲线关系，两个拐点分别为 26.2% 和 36.8%。

在人均碳排放层面，陈彦玲等（2009）等将影响因素分解为能源结构因素、

---

① Ehrlich, Paul R., Ann, H.E.. *The Population Explosion* [M]. New York：Simon and Schuster：1990.

② Richard York, Eugene A. Rosa, Thomas Dietz. STIRPAT, IPAT and ImPACT：Analytic Tools For Unpacking The Driving Forces of Environmental Impacts [J]. *Ecological Economics*，2003（46）：351-365.

能源碳排放强度、能源效率因素（单位 GDP 能耗）、人均 GDP 四个要素，得出我国人均碳排放量大幅度提高，并从 2002 年增幅迅速上升，而我国人均碳排放量增长的主要拉动因素是经济增长，能源效率降低也成为近几年中国人均碳排放上升的主要原因，我国以煤炭为主的能源结构一直没有发生根本性改变，导致能源结构和能源效率都没有产生实质性的碳排放抑制作用。王倩倩等（2009）在空间层面研究人均碳排放的重心转移，中国人均碳排放重心位于中国几何中心的东部，并出现了向西南移动的趋势，目前重心位于河南省焦作市；在重心变化线段的中垂线上发现位于中垂线西南方向的省份人均碳排放水平占全国水平比重加大，不同区域人均碳排放增长幅度有显著差异而影响因素也各异，其中经济发展对人均碳排放增长的拉动力在增强，而由于能源结构演化迟缓造成能源效率对人均碳排放增长的抑制作用减弱。

二、我国碳减排的压力与潜力

作为发展中国家和负责任的大国，我国发展面临着经济增长和碳排放增长的权衡。根据杨子晖（2011）利用有向无环图技术方法的分析，现阶段，我国存在经济增长带来能源消费，进而带来二氧化碳排放的关系链。在基本现状和空间分布层面，周丽等（2012）基于能源平衡表统一核算了我国及各省碳排放情况，我国不同区域之间碳排放总量和强度差异较大，其中排放最多的省份是山东，最少的省份是海南，碳强度最高的省份是宁夏，最低的是北京。王桂新、武俊奎（2012）等利用 2005 年市级数据分析发现，人口规模在 300 万~1000 万的城市规模相对其他规模等级的城市更适合中国的低碳城市化进程。刘博文等（2018）运用 LMDI 分解法和 Tapio 脱钩指标发现，各地区都做出了碳排放脱钩努力，其中，北京做出的脱钩努力最大，青海和宁夏做出的脱钩努力最小。

就国际层面，由于不同国别碳消费状况的巨大差异，碳排放的空间分配方案成为重要议题，祁悦等（2009）指出，历史累积人均碳排放指标对于中国是较为有利的分配方式，包含人口要素在内人均碳排放标准也有利于中国。从能源消费来看，由于化石燃料对于全球碳排放是最重要的因素，占所有大气碳排放量的 70%[①]，因此能源消费往往和碳排放一同研究。冯之浚（2010）指出，目前我国能源消费正处于"高碳消耗状态"，伴随着未来加速的工业化、城市化和现代化以及 13 亿人口生活质量的提高，低碳经济将面临重大压力。杜官印（2010）指出，中国经济发展的"重型化"是碳减排的压力所在，单位 GDP 的

[①] J. T. Houghton et al. *Climate Change 1995. The Science of Climate Chang* [M]. Cambridge, U. K: Cambridge University Press, 1996.

碳排放增长与经济结构调整不到位有密切的关系，随着中国城市化程度的加剧，人均碳排放将不断上升，土地利用结构的不合理是推动碳排放增长的重要因素。李启平（2010）研究了低碳发展对我国就业的影响，并提出了从技术和制度创新、促进低碳农业发展等多方面促进就业的低碳化。区域差异性也是未来我国发展低碳经济的重要挑战，齐敏（2011）研究指出，就总量来看山东累积碳排放量是海南的 35 倍左右。我国东部地区受经济发展和一次能源消费水平的影响，在碳排放方面始终占据全国主导，高卫东等（2009）使用产业能源关联模型和能源碳排放关联模型，分析得出产业结构演进速率对于与一次能源消费保持长期密切的关系，地区的产业结构多元化程度高，相对的一次能源消费增长速率较低，而各地碳排放能源关联系数均较小，当地区能源消费结构变化程度较快时，碳排放总量增长速率则较低。

据此，也有不少针对我国未来碳排放趋势的研究以佐证庞大的减排压力，岳超等（2010）沿用 IPAT 模型预测我国未来碳强度在 2006~2020 年期间每五年降低 15%，2020~2035 年每五年降低 20%，2030~2050 年每五年降低 25%。姜克隽等（2009）根据能源需求将在未来持续上升，设计了我国不同情景下的碳排放趋势。马晓哲（2010）建构了 GIS 模型估算我国分省碳排放。

就我国实现低碳发展的潜力，有学者指出，事实上伴随着未来较高的经济增长速度，我国能源消耗的增长速度比起发达国家经济起飞阶段的能源消耗是相当低的，而优化经济结构和能源结构、建立完善能源市场和技术进步、并实现 50 年年均节能 2.95% 的目标[①]是我国实现低碳发展的重要手段，而最为关键的是中国需要推行一揽子节能政策，如筹建碳排放交易体系、为新能源开发和使用提供政策支持、将温室气体减排目标纳入五年规划中（黄国徽等，2011），也就是说政策对于碳排放是十分有力的（冯之浚，2010），潘晓东（2010）更是提出了低碳城市发展路线图。就低碳城市的建设，潘海啸（2010）提出城市空间具有"锁定作用"，一旦不采取有效规划策略，碳排放将由于城市面积的扩张、经济增长和交通距离增加、交通工具增加而加速上升，因此从城市交通规划、土地开发利用等角度进行控制和调节对于低碳发展是有意义的，在土地使用上强调土地功能混用以减少出行距离、控制交通工具的使用等[②]，这本质上与建设紧凑城市是相通的。

---

① 姜克隽等. 中国发展低碳经济的成本优势：2050 年能源和碳排放情景分析 [J]. 绿叶，2009（5）：11–19.

② 潘海啸. 面向低碳的城市空间结构：城市交通与土地使用的新模式 [J]. 城市发展研究，2010（1）：40–45.

三、低碳发展的主体

关于政策的重要性还体现在对企业行为的影响。企业作为生产的主体，是清洁生产、低碳生产的主要行动者。刘志雄等（2011）在政策和制度层面指出，我国应采取"政府投资、企业运作"的有效模式展开低碳经济，并着重于提高能源转化率，以国际标准来指导节能减排。陈默等（2010）研究认为，企业的低碳生产意愿是低碳生产的关键因素，而企业低碳生产受到技术、企业组织结构、市场特点和行业特征的影响，并受到政府管制、社会压力的制约，研究通过计量方法证明 R&D 投入、销售规模、企业管理者年龄与企业低碳生产意愿正相关，民营企业与股份合作企业的低碳生产意愿较低，政府强制性的制度安排、合理规范的政策体系是企业低碳生产的最重要驱动力，事实上，企业对于低碳技术的研发也直接受到政府补贴和支持的影响。季曦等（2010）利用"体现能源"这一概念对北京市低碳产业进行评估，几乎所有部门体现碳排放强度都大于直接碳排放强度，因此考察产业的环境友好程度应该综合考虑其直接和间接碳排放，并指出城市低碳发展还应本着资源优化配置带动产业结构调整的原则，城市的集聚效应和规模经济效应提高了产业的能源效率，有减少碳排放的作用。

除了企业行为之外，人口及其相关人口学要素和生活方式也是碳排放研究的重点。在居民消费方面，智静（2009）特别研究了城乡居民食品消费碳排放，冯玲等（2011）通过考察居民生活的直接碳排放和间接碳排放的动态特征，指出居民生活碳排放越来越成为未来碳排放不可忽视的方面，目前我国居民的间接碳排放大于直接碳排放，而就直接能耗来说电力和煤炭是最主要的碳排放来源，优化能源结构和节能计划也需要在家庭部门执行，就间接能源消耗来说，从源头降低产品的能耗是根本，而也要注重引导合理消费，另外在居民消费因素分解中，其研究指出，人均住宅建筑面积是增加碳排放的最重要原因。毕凌云（2011）在其博士论文中建立了我国居民低碳化能源消费行为综合模型，指出居民低碳行为主要受到个体意愿和能力的共同作用，并在行为指导方面指出培育低碳化的社会规范是引导居民低碳生活的有效工具，而低碳节能产品和低碳能源技术决定了居民能否将意愿落实为行为；另外，其论述也研究了碳消费的居民家庭特征，主要表现在家庭收入并没有像国外一样显著地提高居民生活碳排放，随着家庭人口增多，居民越倾向于低碳消费，有儿童和有自主产权房的家庭更倾向于低碳消费；在人口学特征方面，研究指出，年纪在 50 岁以上的居民最具有低碳生活的积极性，已婚居民低碳生活积极性更高，而教育程度较高对碳排放并未产生显著的影响；在区域空间上看，东部居民比其他地区居民更注重生活的低碳化。在人口学层面，也有非常多的研究。在家庭层面，Shorrock（2000）对英国家庭碳排放的变动进行测算并确定了相关影响因素和贡献度。陈佳瑛等（2009）以扩展的 STIRPAT 模型对中国家庭户环境压力进行了分析，将要素分解为总户数、平均家庭规模、人均居民消费量和能源强度，通过岭回归分析发现的家庭户数与家庭平均规模对碳排放有显著的影响，指出缩小平均家庭规模 1% 对碳排放产生的影响相当于家庭总户数增长 1% 的 2.06 倍，家庭规模小型化等变化是我国碳排放增长的重要因素，通过情景分析指出"在家庭规模相同的条件下采用缩小人口规模产生的碳排放效果"弱于"在人口总量相同条件下增大家庭规模的碳减排效果"，并提出以家庭户而非人口规模来衡量碳排放的建议。

四、土地与低碳

土地利用模式是碳排放研究的另一个重点领域（朱道林等，2010；李国敏等，2010）。赵荣钦等（2010）指出，土地利用是影响陆地生态系统碳循环的主要原因，也是仅次于化石燃料燃烧而导致碳排放增加的主要原因。土地利用对于碳排放的主要影响体现在两方面，一是由于土地面积上附加的经济活动和建筑等造成的间接碳排放；二是由于地类转换产生的碳排放，如林地转化为城市用地等，从而提出了发展低碳循环型农业、建设紧凑型城市和生态工业园是重要的低碳土地发展模式。在土地利用模式方面，多项研究表明，建设用地和耕地是最主要的碳源，而林地和草地是主要碳汇（赖力，2010；王效科等，2001；李颖等，2008；杨庆媛，2010；苏亚丽等，2011），只是在各项研究中碳源、碳汇对碳排放的能力程度差异较大，彭欢（2010）在其论文中更是提出了培育城市土地碳汇。与土地利用对碳排放的影响内容相关性较大的一个概念是紧凑型发展，张琴（2010）指出城市的低密度蔓延导致交通占地比率增加，同时导致形成以汽车为主导的交通格局，从而产生碳排放增加，而功能单一的城市分区导致城市能耗加剧，严格的功能分区、单一的核心型城市结构、较大的街道尺度、低绿化格局是高碳城市的典型特征（杨荣军，2010），实际也是不紧凑的直接体现。钟宜根等（2010）指出碳排放总量在城市建设达到稳定阶段之前会保持增长，而城市紧凑型发展、增强区域开发的密度对碳排放有抑制作用。另外一个相关概念是交通，陈俊武等（2011）研究了石油在交通中的应用，指出目前中国的公路货运周转量过高造成碳排放增加，而由于交通领域的碳排放难以回收处理，因此需要在交通领域最大限度地实现碳减排甚至零碳排放，控制个人私有车数量，而政策引导和技术推动是碳减排的最终手段。

另外，也不乏一些专业性的技术研究，如范英等（2010）指出，碳捕获和封存技术（CCS）是大规模减少温室气体排放的关键技术，就该项技术，殷砚等（2010）通过贸易扩散计量模型指出，引进外国直接投资有助于我国 CCS 技术的使用，而国内研发也已成为次国外研发扩散效应对 CCS 技术推动的主要力量。

五、关于长三角地区的碳排放研究

关于以长三角地区为例的研究，栾贵勤等（2010）主要从能源消费的角度对长三角地区可能碳排放问题做出了分析，指出长三角地区在经济领先的同时，在能耗方面也是中国的"领头羊"，能源消费总量持续增长，尽管该地区能耗增长速度不断下降，但仍然高于国家的能耗速度，目前就长三角地区来说主要问题在于经济发展对能源的依赖度强，产业结构没有发生根本的转变而生活领域的能耗成为其增长的新原因。对此，提出加强长三角一体化发展，避免产业趋同和无序竞争，促进各类资源有效配置和城市功能互补是推动低碳经济发展的重要手段。孙敬水等（2011）通过扩展的 STIRPAT 模型，指出浙江省碳排放总量水平显著受到经济水平、能源强度、人口规模、单位能耗碳排放和能源消费结构的正向影响，而人均碳排放水平主要受到经济水平、能源强度、单位能耗碳排放、产业结构和能源结构的正向影响，人均 GDP 和人口规模的持续增长是浙江省碳排放总量持续增长的主要原因，人均 GDP 和产业结构变动则是人均碳排放增长的主要原因。张秀梅等（2010）对江苏省的研究指出，江苏省近 12 年来碳源比碳汇值逐年增大，碳排放总量急剧上升，地均碳排放强度与经济发展水平正相关，碳排放强度与人均 GDP 呈现倒 U 形曲线。王佳丽等（2010）采用脆弱性评估法指出，在江苏省环太湖地区农田、林地面积显著减少和建设用地集聚增加，是生态系统碳储量脆弱性增加的关键诱因。王秀文（2010）研究了上海市城乡居民能源商品消费、非能源商品消费和服务消费的情况，并指出上海市居民的能源商品消费的碳排放量主要由城镇居民产生，煤炭和电力消费产生的碳排放是居民能源商品消费的碳排放的主要来源，随着生活水平的提高，农村居民对食物消费产生的碳排放逐年下降。谌伟等（2010）通过构建碳生产率指标和相关计量分析，指出上海市碳生产不断提升，目前碳排放增量在减缓并且排放的经济效率在提高，表明上海正处于相对减排的发展阶段，并通过 Granger 因果关系证明碳排放增加会促进碳生产率的增长。赵敏等（2009）指出目前上海第二产业碳排放增长率并不高，得益于第二产业内部能源结构优化和行业结构优化，而第三产业碳排放增长速度较快是由于运输、仓储需求迅速上升。

本章小结

正如 2001 年《世界人口发展状况》所指出的，"人口和环境密切联系，但是其关系却是十分复杂多变的，并且这些关系还受到特定情况的制约"。因此，可以说，人口对于环境和可持续发展是一个不容忽视的重要因素，但并不是唯一的因素。人口—环境关系镶嵌在复杂区域系统内部，与其他因素相互联系和影响，因此考察人口—环境关系更需要重视系统的角度。

随着人口发展功能区划的提出，人口—环境关系成为重要的区域发展标准，从国家层面看，人口从生态脆弱区迁移至生产功能区缓解了生态脆弱区的人口压力，同时人口数量的增长和集聚效应在我国人口导入区如东部沿海地区的经济发展、资源环境和城市化条件下，是有积极意义的，能够带来短期的经济效应。但是人口导入区的人口—环境关系却也将面临更大的冲突和压力。这就需要我们通过各种途径和方式改善人口—环境关系，以提高区域的可持续性。例如，通过文献我们知道了人口集聚、人口发展与环境承载力存在天然的矛盾，人口对环境空间的占据和资源的消耗是一种生物属性，但是这种矛盾并不是不可调和的，通过发展方式的转变、生产和消费模式的优化、科技创新等方式就有可能实现。人口增长快并不是世界环境破坏、资源危机的根源[1]。世界生态系统的破坏明显显示较强的区域特征，而这是与当地的自然条件、气候、在世界生产中的地位和贸易以及其他政治、社会、制度原因造成的。除此，生态系统的状态与人类对自然的认识水平、对环境的开发技术和保护技术的发展程度、工业化程度和产业结构、人口状态都有关系。

最后，对于可持续性问题的探讨，可以看出尽管研究众多，但其实际借鉴意义和实践作用并不强。这是因为许多研究并没有明确区分可持续性与全球可持续的差别，主要在于是否具有开放性和要解决的环境问题。全球可持续发展要解决的是全球系统的良性循环问题，而区域可持续发展更多地需要关注环境短板问题。全球系统是一个相对封闭的系统，而区域系统却是一个开放度极高的系统，这也决定了就一个区域系统而言，通过研究区域承载力或区域生态极限的方法探讨区域可持续发展并不十分有效和有参考价值。

---

[1]　刘铮，李竞能. 人口理论教程［M］. 北京：中国人民大学出版社，1999：509.

第三章

可持续的人口集聚的概念架构

根据第一章研究，长三角地区人口将保持长期的集聚状态，而该地区在人口导入的同时实现人口—环境的友好发展无论对区域发展还是国家长远发展都有着重要的作用。在第二章文献综述中研究积累了对人口—环境关系的基本判断，人口对于环境是重要的影响因素，而不是唯一因素，区域发展系统的全部共同塑造出特定的人口—环境关系。因此，将长三角地区打造成为一个可持续的人口集聚区是一项重要任务，而如何实现这一目标是本章研究的核心目的和下述几章的主要内容。

根据第二章，即使适度人口规模和生态承载力的研究学者们也指出，一个地区的环境承载力是一个动态发展过程，也就是说以往对于环境承载力、适度人口规模等为主要途径的可持续性研究本身是十分有争议并且在应用层面受到高度局限的。增强区域可持续性的行动并没有迅速展开，一方面与保护环境的行动本身是否符合区域自身发展理念和被相关政府管理者认识到有关；另一方面，承载力的动态性、可持续性目标的不同判断、研究方法的争议都使得我们在众多庞杂的论述和关系中很难做出抉择用于指导区域发展。甚至有学者认为"可持续发展是一个实际上没有任何实质内容的概念"（贝克曼，1995）。

看待人口—环境关系的方法能否避开上述诸多矛盾和争议而另辟蹊径，能否保持更多的客观性和实用性？带着这一问题，本章将围绕两个重要内容展开：一是对于人口—环境关系可持续性的判断方法，本章将提出两个重要概念，"可持续性的观测"和"可持续的人口集聚"，其中可持续性的观测包括一阶观测和二阶观测（谭静，2012）。二是按照本书对于可持续性的研究角度和判断，从理论上分析实现人口—环境关系改善甚至良好发展的手段，这些手段将在第六章中得到陆续的检验。

第一节　人口集聚中发生的可持续与不可持续现象

一、可持续的人口集聚的初步解释

人口—环境关系内生于区域复杂系统的内部，因此人口集聚中发生的环境改善或恶化并非仅仅受到人口集聚的影响，是区域内部各个因素共同作用的结果。因此，在区域范畴暂不讨论人口与环境的因果关系，仅将人口情景与环境情景叠加观察可以知道在人口集聚的过程中将可能发生两种情况，区域的可持续性增强或区域的可持续性削弱。如果将人口集聚过程中，环境由于受到各种措施和手段的影响而发生了改善，可以称之为带有可持续性的人口集聚，简称之可持续的人口集聚。如果人口集聚过程中，环境发生了恶化，则是不可持续的人口集聚。

再一次特别指出的是，所谓可持续的人口集聚并不是靠人口集聚就能完成的，因为人口规模的增加往往会加剧对环境的消耗而产生不可持续的现象，但是否总会有一些有效的政策措施可以使得：第一，在人口集聚的同时，降低其对可持续发展造成的压力，并利用和放大其规模效应，即提高人口集聚的可持续性；第二在人口集聚的同时，通过经济、社会等人口系统外的系统及要素的调整，增强区域可持续发展的能力。也就是通过这些手段使得区域发展表现为人口集聚和区域可持续性提高的同时发生的状况，即实现了可持续的人口集聚。相对的，不可持续的人口集聚即是在区域发展的过程中，人口集聚的现象和环境恶化的现象同时出现，并且区域内部并没有通过其他方法有效地改善这种状况。

总之，可持续的人口集聚这一概念是在以人口集聚为背景的区域可持续性的探讨。可持续的人口集聚并不是一个探讨人口集聚是否过度集聚或者集聚不足的概念，当然按照适度人口、生态承载理论等我们可以说在特定的时间和区域背景下，存在某种人口集聚的适度状况，但这种状况是时时刻刻都在变化并难以测度的，这也正是大多数研究可持续发展的主要问题所在。可持续的人口集聚只是一个以人口集聚为背景观察区域可持续状态的概念。

二、可持续的人口集聚的表现

按照上述对于可持续的人口集聚和不可持续的人口集聚的解释，反思区域的人口—环境关系，可以知道可持续的人口集聚具有如下一些表现：在人口集聚的背景下，人口群体的生产力至少不减少甚至有所增加，至少不增加甚至缓解环境污染，至少不降低甚至提高生活水平，至少不降低甚至提高人力资本积累状况，至少不降低甚至提高资源利用率，至少不扩大甚至缩小人均生态赤字或人均生态足迹，或至少不阻碍甚至促进技术和创新，等等。实现可持续的人口集聚实质上就是以人口集聚为背景来增强区域的可持续性，实现人口—环境关系的良好态势或者向好发展。

相对的，不可持续的人口集聚描述的是人口集聚过程中，区域系统的功能和品质的退化或退化速度加剧。具体表现在：人口集聚的背景下，人均实际收入水平迅速降低、就业压力急剧增加、不可再生资源加速耗费、资源利用率快速降低、环境恶化严重等（见图 3-1）。

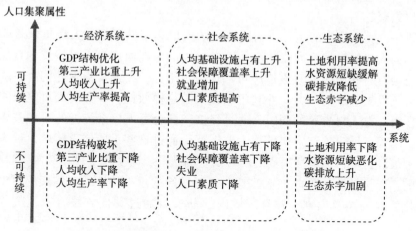

图 3-1 可持续的人口集聚与不可持续的人口集聚

综上所述，可持续的人口集聚的状况与两方面因素相关：人口集聚对区域可持续性的影响和区域可持续发展的能力。其中，人口集聚对区域可持续性的影响是说某一阶段人口集聚本身会对区域可持续性起着正面或负面的影响，根据第二章文献综述，这两方面的影响往往同时存在并可能相互制约。区域可持续发展的能力则与人口、经济和环境等几大子系统的发展及其相互联系相关。

第二节　文献中关于可持续性的启示

　　我们对可持续的人口集聚和不可持续的人口集聚有了初步的叙述和了解。将可持续的人口集聚作为概念架构用于观测区域可持续性和人口—环境关系，显然我们还需要做更多的思考和工作。例如，如何评价可持续的人口集聚，如何实现可持续的人口集聚以使得这一概念在实际操作层面更具有实用性。带着这些问题，下文为可持续性的观测和可持续的人口集聚的概念架构做一些简要的文献准备，主要内容包括可持续性的定义和衡量，与第二章不同的是，此处的文献对于相关的概念架构的构建更有针对性。

一、可持续性的内涵

　　可持续性理论的发展随着人类对发展的认识和衡量而转变，工业革命以来的发展被认为是经济增长，因而主要度量指标是国内生产总值等经济指标。随着环境压力和资源稀缺性的日益突出，并很快成为大规模经济膨胀和城市化蔓延的瓶颈，20 世纪 70 年代便开始产生"持续性"的概念将生态理念融入发展过程[①]。关于可持续性的特征，蔡运龙等（2003）指出一般包括：时间延续性；稳定性，即系统生产的一致性和连贯性；恢复力，即系统抗压力和冲击的能力以及恢复能力。同时，在社会领域方面，由于经济增长也无法反映社会再分配状况、幸福感和人的发展等生活内在水平指标，相继出现了人类发展指数等发展衡量指标。随后，1987 年明确提出了可持续发展概念，不仅包括经济的进步更加关注环境的可持续性，不仅谋求当代人的利益更要求下代人至少同等的生活水平，不仅要求社会的进步更要求人自身的发展，从此可持续发展集合了社会、经济、人口、环境共同的发展而成为发展衡量的标准。

　　如今的可持续发展成为经典经济学、福利经济学、环境经济学等学科的共同交叉。也就是说，可持续性来自人口、环境和经济三个系统的内外关系，在保持人口—环境关系和谐发展的情况下实现区域经济的持续发展，并最终促成人的发展。这一概念包含了人口—环境关系，也包含了经济和人的发展。

　　除了与发展相联系之外，可持续性还可以通过人类所拥有的资本来衡量。

---

① 吴季松.知识经济学 ［M］.北京：首都经济贸易大学出版社，2007：278.

1995 年世界银行一份名为《可持续性与国家财富》的报告提出这些资本包含四类，即人造资本、自然资本、人力资本和社会资本等保持代际的平衡，使下一代人的资本总和不少于当代人的资本总和。

二、可持续性的衡量

根据可持续发展的内涵，其衡量主要包括两个方面：一是人口—环境关系的判断，即协调性衡量、压力状况和承载力程度等；二是经济和人的发展的衡量。刘玉等（2003）指出，区域可持续发展就是"保持人地系统协调的基础上谋求区域的长期高效发展"，其任务在于评价区域人地关系，寻找最适宜人地关系和谐发展的战略途径，从而在保持人地系统协调的基础上谋求区域的长期高效发展。对于具有丰富内涵的可持续性的度量，基本上可以分为三类：总量指标的衡量，单项综合指标的衡量和指标体系的衡量①。

1. 衡量可持续性的总量指标

总量指标源于主流核算体系的基本数据，例如常见的国民收入指标和国内生产总值指标等。总量指标的不足首先在于随着发展内涵的转变，这些指标核算的片面性的弱势凸显出来，如国内生产总值指标并没有将地下市场和家务等价值列入核算；同时这些指标也难以看出内在结构和发展的短板等，从而无法满足可持续发展的包括经济、环境和人口及其关系的丰富内涵。之后也有一些学者针对这些原因，设计并发展了如绿色 GDP 指标，在经济增长中剔除资源环境的消耗等，但本质上这些指标需要对资源环境的损耗进行价值化，技术上并不十分可行②。

2. 衡量可持续性的单项综合指标

单项指标是通过各种数据来源综合地计算可持续性或可持续性的某一方面，例如生态足迹模型、生态赤字模型、财富存量指标、人类发展指数和其他的压力模型、协调性模型。其中，财富存量指标基于可持续性的资本衡量定义，将各类资本量化，例如，1995 年世界银行构建的国民财富指数。人类发展指数（HDI）是联合国开发计划署于 1992 年构建，包含人均收入、平均预期寿命、教育等三项指标合成。随后也有学者提出了由人均温室气体排放、内部可更新水资源的抽取率和单位 GNP 能耗量构成的绿色人文发展指数（Pfliegner, K., 1995）。我国学者在可持续性的衡量的单项指标上也做出了许多贡献。杨晓猛（2004）以人口增长率、人口密度、人口消费水平、人口素质等方面构造了人口

---

① 黄小玉. 对可持续发展度量方式的比较 [J]. 统计与信息论坛, 2003（1）: 31-34.
② 贾绍凤等. 国外可持续发展度量研究综述 [J]. 地球科学进展, 1999（6）: 596-601.

压力指标，并与人均经济增长率进行时间序列回归，认为中国未来 30 余年，人口压力将受到技术进步程度、人力资本积累、资源环境空间等非平衡约束，并冲击中国人均经济增长和总体福利。陈楠等（2005）以人口增长率、人口教育程度、人口失业率、人口生活水平（预期寿命、人口抚养比、人均国内生产总值）四类指标构造了人口的经济压力指标用以衡量人口—经济的协调发展程度，通过 2002 年中国各个省市的人口经济压力指标对比，认为中国从东部、中部、西部人口经济压力递增，呈现出明显的区域特征，而人口倾向于向这些地区迁移，也就是说人口经济压力较小的地区更倾向于形成人口集聚。另外，人口压力的负面影响存在明显的阶段性波动特征，而目前继续控制人口增长率仍然是首要任务。刘玉等（2003）以长江流域省市为研究对象构建了衡量可持续的单一指标并得出结论，在 2000 年长江流域的截面数据中，上海和江苏的经济活动对生态环境破坏较大，并且三废排放量高于其他地区，但其治理水平也较高，因此经济、社会与生态系统之间协调性较好。类似的，赵多等（2003）以浙江省为研究对象，通过主成分分析法构建了类似的单一指标。

然而这类衡量往往只关注可持续性的某个方面，并对整个可持续发展系统缺乏整体和联系的考虑，并由于其指标选择带有诸多的主观成分而使得结论难免有失偏颇。同时，上述两种指标的一个基础性工作依然是进行价值核算，对于一些环境资源指标是否有必要价值化，以及技术上是否可行都引起了广泛争议。

3. 衡量可持续性的指标体系

指标体系是将可持续有关的几个核心方面分别进行考量，并考察这些方面之间的关系，事实上这种指标的构建基于生态观点，并且相较前两种强调量纲统一的指标来说，指标体系并不强调一致的量纲。区域可持续发展作为多目标决策系统，其"衡量需要综合地评判"，包括了可持续发展的强调代内和代际公平、合宜的人口规模、适度人力资本积累、财富增进、资源配置合理公平、区域生态协调、区域环境稳定、资源利用永续、区域发展均衡、人口公平发展和整体福利提高等多元目标（白永亮，2004）。

关于指标体系构建，比较有代表性的是由加拿大统计学家 1979 年提出的压力—状态—响应模型（PSR），该模型由联合国环境署等机构用以研究人口—环境关系，后来被广泛用于可持续发展和资源环境研究。李志强等（2006）认为，区域可持续发展应包含三个程度：协调度、发展度和持续度。其中协调度反映"可持续发展对象系统的结构状态，是各个子系统或各要素之间的协调程度"；发展度是"可持续发展系统对象的数量状态，衡量区域增长的水平"；持续度是"可持续发展对象系统的时间状态，反映子系统变化趋势"。此外应用复合指标衡量区域的可持续的研究还强调面向时间和空间维度，程晓民等（2003）认为，区域可持续发展是"时间维的延续，体现当代、后代的发展进程；是经济、社会、环境、支撑体系在领域维的统一；是人类社会对环境产生的影响维，反映人类由此产生的响应"。何莉萍（2006）认为，区域可持续发展应包括"时间上的可持续发展"（人均水平的世代保持），"空间上的可持续发展"（地理空间趋向均衡）和"资源管理上的可持续发展"（区域资源的互补及优化配置），"以便在空间结构、时间过程、整体效应、协同性等方面使区域的能流、物流、人流、信息流达到合理流动的分配"。

相对来说指标体系较为全面，技术上要求并不过高，但指标的选取和指标体系本身的架构也没有形成一个统一的体系，从而也具有颇多争议。

三、本节小结

对于以上的分析我们看到许多对于可持续发展的研究都有以下三个特征。第一，对象选取范围较广，可持续性研究往往都试图将可持续发展暗含的所有方面囊括其中，对于可持续的问题探讨太宽广，将可持续性研究与全面的可持续发展结合在一起，诚然，这些方法有助于我们对于区域人口—环境关系状况的大致把握和了解，但却不利于研究的深入，也忽视了环境中真正影响可持续发展的问题。第二，主观性较强，由于研究范围过于广泛，可持续性研究忽视了作研究界定的重要工作，从而导致研究结果带有过多的主观性，降低了研究的实践意义。第三，可持续性判断的绝对化，例如，关注承载力和环境容量的研究最大的争议在于动态性，如果说区域的承载力和环境容量都是时时变动并且可以通过贸易而扩大的、即存在一个上限也往往是不可知的，那么用某一时段的环境容量为参考标准试图说明区域是否是可持续发展的就显得不那么有说服力。

通过上述思考，我们知道了对于有实践意义和尽可能保持客观性的区域可持续性的判断需要界定两方面内容：第一，观测的对象边界；第二，观测的参照标准和评价。因此，下文试图在满足这两方面界定的要求下详细地定义有关可持续性观测的概念架构。

第三节　可持续性的观测

"能够开始识别可行的技术途径和最为重要的减少成本策略（即便不是双赢

策略），并进而转化成为可持续途径"① 是十分重要的，因此本章将着力搭建一个可持续的人口集聚的概念架构，根据可持续的人口集聚的定义，在人口集聚的情况下实现生态系统某方面、某种程度的正向改善有无数种可能，我们需要知道：这些可能的边界究竟是什么，可持续的人口集聚所说的可持续性究竟是什么，带来这些正向的改善的可能手段又是什么，而在这些可能性中哪些是我们真正需要的，实现这类可能性又需要哪些具体的措施和途径，这些问题都将在本章中得到答案。在本节中，将进行可持续性的观测、可持续的人口集聚的概念架构和衡量，如图 3-2 灰色部分。

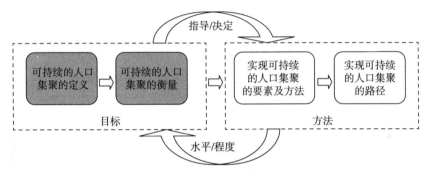

图 3-2　概念构架逻辑框架

按照上一节最后提出的两点界定即边界和参照标准的要求，分别以观测基本角度和环境边界回答"边界"问题，以观测层面的一阶观测和二阶观测回答"参照标准"的问题，最终解决关于可持续的人口集聚的评价和选择问题。

一、可持续性的度量角度

1. 可持续性的观测角度

根据文献和本章开篇对于可持续的人口集聚的初步描述，我们知道可持续性本身包含着经济、人口、社会、环境等多方面的综合的可持续发展，例如人均生活水平持续提高、资源永续利用、人力资本得到积累、技术发展和环境改善等。本书中，对于可持续的人口集聚，即以人口集聚为背景的可持续性，将主要关注的是环境关系，即可持续的人口集聚关注人口—环境关系，这与本书研究的最初缘起相吻合，就是将发展中国家承担着经济发展和人口导入功能的区域打造成为可持续的人口集聚区。

---

① ［美］罗伯特·艾尔斯. 转折点——增长范式的终结 ［M］. 戴星翼等译. 上海：上海译文出版社，2001：394.

2. 关于可持续性观测的环境边界

除非是为了宏观的概况挖掘环境的短板，或者是开发国家模型或全球模型，如果不只是考察现状而是需要提出切实可行的建议，笔者建议对具体区域的可持续性的判断不要追求面面俱到的庞大体系，因为想要"面面俱到"本身就是十分有争议的，并且面对众多纷繁复杂的关系，"面面俱到"并不能理清问题的真实状况，反而让研究少了借鉴意义。因此，本书中，对于区域的可持续性问题最先应该关注区域环境中的短板问题。因为"可持续"这一理论首先正是产生于人口—环境关系严重冲突的那一部分被人类观测到的和引起生活和生产制约的环境危机。关注环境短板容易抓住问题的关键环节，也更容易使研究深入和具有参考价值。

"环境短板"，即人口—环境冲突表现最为严重的环境方面，或是最受到区域发展重视的环境方面。不同的区域环境短板问题不同，而不同的发展阶段、不同的环境理念指导下，环境短板问题也会有所不同。对快速城市化的长三角地区而言，温室气体排放、土地资源的有限性、水资源的短缺和污染无疑是影响人口—环境关系的"短板问题"。

另外，关注短板问题的可持续的人口—环境关系，要求在改善短板环境问题的同时至少不破坏或恶化其他环境。因此，如果环境短板问题得到改善，那么就可以说这样的转变趋势带有可持续性，即当环境某方面的短板问题出现符合可持续性要求的转变，我们就说这是带有可持续性的转变，即诠释了人口—环境关系向好的发展，并不要求所有的环境短板或环境要素都得到如此改进。此处避免使用实现了"可持续发展"即是为了与前述的"面面俱到"式的发展规范做区分，同时此处以"环境短板"为研究边界主要目的是使后续手段措施研究有针对性，同时也能保证将要建立的系统动力学模型具有有效边界。

二、可持续性的一阶观测和二阶观测

1. 可持续性观测的参照标准

可持续性的观测层面首先要回答"参照标准"的问题，针对前文提出的诸多参照标准的争议，本书使用"可持续性增强"标准，以区域可持续性的变动作为可持续的人口集聚的衡量标准，即以自身历史环境状态作为标准一方面避免了争议；另一方面也是因为区域自身有着不同的发展能力、发展程度和资源禀赋，忽视发展能力和程度单纯考虑资源禀赋即是所有"生态承载力"所遇到的争议，而忽视了资源禀赋本身就不是区域可持续性的表现，以自身历史环境状态为参考则可以认为综合了上述三点。

　　这就是说，可持续的人口集聚和本章的可持续性的观测，主要考察的是区域可持续性的变动或者说区域可持续性的增强方向和程度，而不是区域可持续发展的状态和程度。

　　2. 可持续性的观测层面

　　本书所观测的可持续性层面，即环境层面的可持续性，也即人口—环境关系的观测。当选取合适的环境短板指标时，即可构造根据该环境指标所观测的区域可持续性的增强程度，包括两方面：一阶观测和二阶观测。

　　（1）一阶观测和一阶观测指标。一阶观测是对一阶导数的观测，按照一阶导数定义，$f'(x_{t-1}) = \Delta y/\Delta x(\Delta x \to 0)$，由于本书不进行线性模型等统计模型的构建，也就是缺少一阶导数中特定的 X，因此在本书中使用环境指标的变化率作为一阶观测指标，即公式：$\Delta Y/Y_{t-1} = (Y_t - Y_{t-1})/Y_{t-1}$，其中，Y 为环境指标，观测该值与零的大小关系。而一阶观测本质上是一阶导数 Y'_{t-1}/Y_{t-1}，即考察时间序列上指标变动的态势好坏，其中包括了总量指标和单位指标，单位指标又包含人均单位、经济单位、土地单位等。一阶观测包含两个方面，曲线形状的变动和一阶观测指标大于零或小于零。

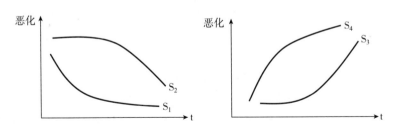

图 3-3　可持续性的一阶观测示意图

　　按照曲线变动的不同性质，图 3-3 中为我们简单展示了四条用于一阶观测的不同形态的曲线，图中横轴为时间，纵轴为环境状况指标，曲线的变动率则为一阶观测指标。假设随着纵轴的上升环境指标恶化程度越高，可见图中曲线 S_1 和曲线 S_2 随着时间的递增环境指标状态曲线趋势是恶化程度下降的，那么我们就说在一阶观测上，曲线 S_1 和曲线 S_2 所代表的环境指标下的区域可持续性是增强的。对于曲线 S_3 和曲线 S_4 问题则相对较为复杂，两者虽然随着时间的递增环境指标都在恶化，但是曲线 S_3 的环境指标恶化速度也在加剧，而曲线 S_4 的环境指标尽管暂时没有摆脱环境指标恶化的趋势，但其恶化速度在不断地下降。对于曲线 S_3 可以直接认为这是一种区域不可持续性不断增强的表现，是需要杜绝和修正的；对于曲线 S_4 我们却不准备直接作此判断，对曲线 S_4 保持区分不只是因为曲线形状的不同，更是因为该曲线所代表的实际状况对于转型经济和发展中国家的经济有重要的借鉴意义，发展中国家由于相对落后的集聚、较大规模的人口和加速的经济增长往往在发展最初可能表现为环境恶化，但如果说环境恶化的速度有所下降，即环境压力有弱化的趋势，我们是不是该对这样的曲线 S_4 发展态势给予适度的容忍使其走上曲线 S_1 和曲线 S_2 所代表的可持续路径呢？其所描述的状态与本书又是什么关系？这就需要进行二阶观测。

总之，一阶观测包含两个方面，一是观测曲线的发展趋势，而不研究环境状况的具体数值；二是观测一阶指标是大于零还是小于零。另外，在实际情况中环境指标的变动可能比图 3-3 所展示的要复杂得多，但都可以分解为这四种情况来看。

（2）二阶观测和可持续的人口集聚指标。二阶观测是对变化率的变化的观测，也是二阶导数的观测，即是源于对图 3-3 中曲线 S_4 的性状的考虑，因此针对不同的变量 X，我们可以根据二阶偏导数来观测区域的可持续性，即考察变化率的变化。同样由于不考虑变量 X，同时由于本书目的在于观测人口—环境关系，即在一定的人口背景下的区域可持续性的状况，因此针对这一目的，在实践中将对于二阶观测考察相对变化率，即环境指标的变动率除以人口变动率，公式为：$(\Delta Y / Y_{t-1}) / (\Delta X / X_{t-1})$，该指标是一种弹性指标，因此也有微分公式：$d(\ln x) / d(\ln Y) = (1 / x dx) / (1 / Y dY)$，其中 X 为人口指标，Y 为环境指标，这个二阶观测就是可持续的人口集聚指标（SPC），借助该指标就将人口与环境联系起来。需要注意的是，与一阶观测指标相对应，二阶观测指标是可持续的人口集聚指标的变动率。但由于二阶观测有不同于一阶观测的角度，二阶观测中主要观测可持续的人口集聚指标的绝对数值，基本不考虑 SPC 的变动率。

对于二阶观测，在图 3-4 中简要地描述了可持续的人口集聚指标随时间的变化状况。以人口集聚为背景，Y 轴上升表示环境恶化程度越高，则根据一阶观测有一个基本判断是当 SPC 大于 0，则环境恶化可能是区域的不可持续性；当 SPC 小于 0 则是区域的可持续性增强。在该图中曲线在 $0 \sim t_1$ 期间和 $t_2 \sim t_3$ 期间，SPC 指标大于 1，内涵是如果人口集聚的程度提高 1%，则环境恶化程度超过 1%；在 $t_1 \sim t_2$ 期间和 $t_3 \sim t_4$ 期间，SPC 指标大于 0 但小于 1，即随着人口集聚程度提高 1%，环境依然恶化，但恶化程度小于 1%，环境恶化速度小于人口集聚速度，这样的情况某种程度上与 S_4 曲线所考虑的情景类似；在 t_4 以后，SPC 指标下降到 0 以下，也就是说随着人口集聚，环境恶化程度得到改善。

（3）一阶观测与二阶观测的联系。首先，按照一阶观测与二阶观测的关系，我们可以这样认为：对于一个以人口集聚为背景的区域，当一阶观测指标大于 0 的时候二阶观测的可持续的人口集聚的指标小于 0，区域可持续性增强；当一阶观测指标小于 0 时，从一阶观测直观地看，是区域的不可持续性表现，但此时

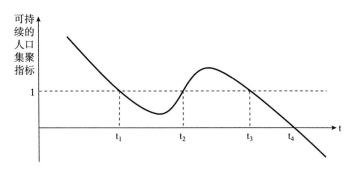

图 3-4　可持续性的二阶观测示意图

SPC 指标可能需要对大于 1 和小于 1 情况分别考虑。

其次，为衡量人口—环境关系而生的二阶观测是以人口为背景的，而一阶观测与人口并无直观意义上的联系。因此仅从数值上看，一阶观测和二阶观测并非相互包含的，这是因为我们先前的讨论以人口集聚为背景。例如，对于生态脆弱区，很大程度上会发生人口疏散的同时环境依然保持恶化，此时可持续的人口集聚指标就为负数，但这并不是区域可持续性的降低，一阶观测也是环境恶化的状态。同样的，如果生态服务区人口疏散并最终实现了环境指标的改善，一阶观测指标可以说明区域可持续性得到了增强，而可持续的人口集聚指标却是大于 0 甚至可能大于 1 的。不过这也是对于人口疏散中人口—环境关系的探讨，并非本书的人口集聚背景；本书的概念构建和模型始终以人口集聚为基本人口背景。

最后，可持续性的一阶观测和二阶观测共同为判断区域可持续性的问题，而可持续的人口集聚指标将人口和环境指标结合在一起，也就是本书所指的人口—环境关系。

（4）智慧型的经济发展。在 SPC 小于 1 甚至小于 0 的情景下，区域发展可能还出现一个现象就是同时经济规模至少保持不变甚至增加；对于一阶观测来说就是一阶观测指标小于 0 的同时，出现了人口规模至少不下降甚至增加、经济规模至少不减少甚至增加。这种情况就描述了一种"智慧型的经济发展"，其内涵在于人口规模至少不下降、经济规模至少不减小的情况下实现某种程度环境改进或带有方向性的改善。

这一概念是与生态主义和悲观主义一直宣扬的"人口爆炸论"，降低人口规模和经济规模是实现可持续发展的唯一途径等观念在某种程度上相对的。事实上，如果忽视区域系统的内在联系和可控性，忽视了结构的调整和效率的提高等，仅仅将降低人口、降低经济规模等同于可持续发展，将人口集聚和经济增长等同于不可持续发展，即将手段等同于目的，这样的观点可能在某种意义上仅对于整个地球来说有意义，对于区域来说并不是一个有智慧的可持续的发展，就如"粗放型"经济增长一般实现了所期待的经济增长结果，但依靠的是"粗暴的、血淋淋的加减法"。

通过上文对于一阶观测、二阶观测和智慧型经济发展的论述，我们可以简单将这些过程总结为图3-5。该图描述了从环境对象选择到可持续性判断和智慧型的判断等一系列完整的关于可持续性的观测。

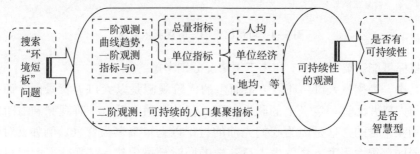

图 3-5　可持续性的观测

（5）总量指标与单位指标。对于可持续的人口集聚的指标构建还包括对于总量指标和单位指标选取。一般情况下单位的 SPC 指标，即 SPC＝单位 GDP 碳排放变动/人口变动，这往往反映的是技术因素带来的人口—环境关系的改变，而不是人口—环境关系本身；而总量的 SPC 指标则将全面和综合反映人口—环境关系的所有相关要素。因此对于可持续性的二阶观测，构建可持续的人口集聚指标如果用于人口—环境关系研究应该使用总量指标。

三、可持续的人口集聚的概念及基本公式

上文我们详细地探讨了可持续性的观测，并提出了可持续的人口集聚。下面将进一步详细地论述有关可持续的人口集聚相关概念、内涵和基本公式。

可持续的人口集聚（Sustainable Population Congregation）是可持续性观测的二阶观测考察内容，其内涵是人口集聚的同时区域可持续性提高或至少发生方向性的改善。可持续的人口集聚指标可以用如下公式表示：

$$\text{可持续的人口集聚状况（SPC）} = \lim_{t \to n} \left(\frac{\text{区域可持续性指标的变动率}}{\text{外来人口变动或常住人口变动率}} \right)_t$$

其中，t 为该值历经时间，$n \in (0, +\infty]$，该式是长期衡量指标。

短期衡量指标为：

$$t\text{年可持续的人口集聚状况（SPC）} = \frac{\text{区域可持续性指标的变动率（t 年）}}{\text{外来人口变动或常住人口变动率（t 年）}}$$

在图 3-4 中我们对 SPC 指标的几种取值状况做了简要描述。如果说环境指标越大代表环境恶化程度越高，那么：

当 SPC 小于 0 时，定义为绝对的可持续的人口集聚。表明到 t 期阶段该地区人口集聚的同时区域可持续性得到增强，且其伴随着人口集聚而增强的态势是稳定的，象征着没有压力的人口—环境关系状态。

当 SPC 大于 0 小于 1 时，定义为可持续人口集聚的改进。表明到 t 期阶段该地区可持续性尽管没有绝对改善，但却正在经历着方向性的改进。内涵是随着人口集聚，环境指标可能在恶化，但恶化的程度低于人口集聚的程度，因此随着人口集聚程度的提高，该指标有向好转变的可能性。此种情况下刻画的是一种人口—环境关系的弱压力状态，是不可持续的人口集聚与可持续的人口集聚之间的过渡状况。当然在这种状况下，持续保持区域可持续性的增强则有可能实现绝对的可持续的人口集聚，但也有可能在未来的发展中区域可持续的能力增强远小于人口集聚的程度，最终产生不可持续的后果。因此，在这种情况下，区域的可持续性增强是相对的、不稳定的。

当 SPC 大于 1 时，定义为不可持续的人口集聚。表明到 t 期阶段该地区的人口集聚的同时，区域的环境指标在不断的恶化，并且环境恶化速度高于人口集聚的速度，这种不可持续的人口集聚对区域的可持续发展可能造成难以逆转的恶果，是需要我们通过各种方式调整的。

另外对于 SPC 指标的分子——区域可持续性指标，我们上文说过选取环境系统的某方面如"短板问题"指标。事实上，如果不考虑实现手段和系统构建等本书下几章将要进行讨论的问题，使用综合指标仅仅用于描述区域系统的可持续性状态也是可以的。这样可持续的人口集聚可以衡量的是在区域系统内某一方面、某一子系统或是整体系统实现改善，或者至少是存在方向性的改善。例如，如果人口集聚的过程中实现了生态足迹的降低或方向性改善这就是一个更广泛的环境系统的改善；如果是人口集聚过程中实现了碳排放降低或方向性改善，这仅仅是对人口—碳排放关系而言的；如果是人口集聚过程中实现了水污染的降低或方向性改善，这也仅仅是对人口—水环境关系而言的。

简单举例来说，按照可持续的人口集聚的公式，对于快速的城市化和经济发展下，某一区域的可持续性主要受到土地资源、水资源、碳排放和生态足迹的影响，即人口—环境关系以土地资源价值损耗、水环境污染程度、碳排放、生态足迹为主要环境边界和维度，其可持续的人口集聚指标如表 3-1 所示。

表 3-1　可持续性的衡量

	可持续性指标	可持续的人口集聚指标（SPC）
环境的可持续性	土地资源价值	$\dfrac{土地资源价值的变动率}{外来人口变动或常住人口变动率}$
	水资源价值	$\dfrac{水环境污染的变动率}{外来人口变动或常住人口变动率}$
	碳排放	$\dfrac{碳排放量的变动率}{外来人口变动或常住人口变动率}$

第四节　可持续的人口集聚与有关概念的辨析

可持续性的观测和可持续的人口集聚等系列概念和概念架构建立在众多较成熟的理论之上，如可持续发展、适度人口规模理论等，而又与这些理论本身和其对于区域可持续性考察的视角有着较为明确的区别。为避免混淆和误解、保障概念架构的逻辑性和合理性，下文将通过论述可持续的人口集聚与一些相关概念的区别来进一步说明可持续的人口集聚的内涵。

一、人口数量控制与可持续的人口集聚

1. 数量控制与结构调整不矛盾也不相同

可持续的人口集聚暗含着对人口空间结构的调整，该概念并不是否认了人的消费属性和人口集聚对生态环境的压力，也不是认为人口数量控制没有必要，也不是试图在说无限制的人口增加也可以实现可持续的改善，更不是说人口越集聚区域可持续性越高。人口数量控制基于人口规模，而人口分布结构调控基于人口集聚状况。人口集聚带来的人口规模的膨胀本质上不同于人口自然增长，即人口机械增长和人口自然增长区别。因为首先，人口自然增长高的地区，往往经济水平低、社会发展比较落后，高出生率导致了人口自然增长率比较高；而人口机械增长高的地区，根据人口迁移的推拉原理，往往具有更大的经济和社会文化吸引力，是属于比较发达的地区；这就决定了两种控制的区域主体可能有所不同。其次，根据迁移规律对于前者而言，人口迁移的主体即人口集聚区的新增人口往往是具有相对较高素质的劳动力人口，因此增加了迁入地的人

力资源水平，减小了社会抚养负担，提高了社会生产力，同时如果其迁出区正好属于人口导出区，则有利于人口导出区的生态建设，从而有可能实现整个国家的可持续发展；而自然人口增长较快的区域，增加的是纯消费无生产性和环境保护行为的新增儿童；这就决定了两种控制对于人口数量的增加可能出现相反的态度。

2. 现阶段结构调整是数量控制的重要补充

对我国而言，结构调整和数量控制都是人口调控的重要手段，并互为补充。现阶段就我国的实际情况而言，结构调整是数量控制的重要补充。因为在我国人口导入区实现可持续的人口集聚，是在计划生育政策、人口数量控制的基本背景之下展开的。人口绝对数量的减少，在某种程度上说，是我国能够实现可持续的人口集聚的保障。因为绝对数量减少为我们腾出更多的环境空间用于结构调整和功能优化。

作为人口数量控制的重要补充，结构调控具有短时、速效、相对较为简单的优势。在控制人口要素对环境、经济系统的影响中，人口结构的控制包括了性别结构、年龄结构、产业结构、城乡结构、空间分布结构和就业结构等，其中人口空间分布结构，又是最直接、最有效也是最快速的方法，并且代价相对较小。而人口自然增长率保持适度状态在短期内却是政策难以有效塑造的。对于不断变化着的生态环境，快速的人口调整无疑大大降低了时间成本，因此可持续的人口集聚讲求的正是人口空间分布结构的调控。

3. 范围差异

对于人口数量控制与可持续的人口集聚的根本差异在于，可持续的人口集聚的系列研究是针对人口导入区而言的，以人口迁移集聚为基本人口背景。人口数量控制作为一种政策手段，有生育控制和迁移控制等。两者的目的、背景和范围都不相同。

二、可持续发展与可持续的人口集聚

可持续的人口集聚意义在于实现人口在区域内适度的集聚和发展，强调了区域人口—环境的协调关系以及经济充分发展的优化可能性；同时通过经济模式、资源利用模式的转变实现发展的优化。从这个意义上看来，可持续的人口集聚符合可持续发展的要求。然而，在如下几个方面，两者的差别具有显著的意义。

1. 目标的差异

实现可持续的人口集聚在于打破由于无法实现而造成可能止步不前的唯美

主义式的可持续发展。因为任何看似可持续的手段都不可能绝对的可持续，例如，水能作为一种清洁、绿色的可再生能源，对环境没有污染，并具有成本低的优势，但我们知道修筑水坝却在很大程度上改变了河流、动植物等环境面貌，需要筑坝移民，从而可能带来生态和社会危险。追求绝对的可持续往往使得可持续发展成为遥不可及的梦想。甚至有学者认为，对自然景观而言，"任何的投资行为都不可能使其价值有所增加，而或多或少都会对其景观价值有所损耗，所以任何投资活动（对环境而言）都不可能产生双赢的效果"①。事实上，当我们认识到这一问题的时候，从可持续的角度、从熵增的角度，我们知道除非消灭我们自己、消灭我们的社会和我们的经济体，否则没有办法维持那个完美的生态、环境的可持续发展，而如若消灭我们自己，那么又何谓自然的景观价值，没有人的评价，环境价值本身也失去了意义。这种情绪除了悲壮，更多的是让我们陷入自相矛盾中，并挫伤了我们对发展、对实现世界公平发展的信心，甚至有可能成为我们行为不可持续的原因。

可持续的人口集聚是追求最有可能有激励作用和给人希望的方式，追求比现有技术或资源更加有效的方式，找到较现在更加畅通持续的道路即可。它将人口集聚的可持续性定义在可持续的具有改善的趋势上，即用变化率的趋势改善衡量可持续性的改变程度，它不那么执拗着追求绝对的数量，从而避免了对可持续性绝对度量的不可能。从而将可持续发展的内在不可能性，化解为无限的接近可持续发展的可能。

2. 对象范围的差异

可持续发展要求人口—经济—环境关系的全盘协调，实现保护环境和资源永续利用，是发展的完美境界。于是，在通向可持续发展的道路上，往往由于可持续这一概念较为宽泛、笼统而难于测度，从而导致了对可持续发展的探讨需要对无限、无穷的世界做不可能的面面俱到的探讨，这中间需要许多的抽象、忽略和简化，而不同的研究思考主体导致了对可持续发展研究的众口难调，任何研究都难以服众。这种对可持续发展带有太多不确定的态度，事实上决定了要追求可持续的发展是有风险的，风险在于我们的不确定性，我们永远无法完全知道或者至少在很大程度上知道，我们目前所谓的各个方面的牺牲是否能换来可持续发展。

可持续的人口集聚通过生产和生活模式的转变提高广义上的环境容量以吸纳更多的人口，是较现状而言的次于可持续发展的次优场景。这样的立足点减少了可持续发展所带有的不确定性。作为可持续发展的弱条件，它是通向可持

---

① 钟茂初. 可持续发展经济学［M］. 北京：经济科学出版社，2006：458.

续发展的一条有效路径，尽管不是唯一路径。它追求对比现有状况的各个方面有所改善，或至少任一方面有所改善。因为，我们不知道我们做什么可能确切地实现可持续发展，我们却知道我们做什么可能更加接近可持续发展，我们也确实知道我们做什么就一定无法实现可持续发展。

3. 真实有效的手段

所谓不可持续的发展已经长期沉淀在经济体内，这些不可持续性有些可能能够通过可持续的发展得到纠正，有些可能就像是停留在臭氧层中的氯氟烃化合物，无法被自然过程和自身过程所消解。不论是哪种情况，即使实施了带有可持续性的计划，经济和社会可能依然会在某一段时间停留在不可持续的阶段，所以单纯看表面现象或是看可持续的绝对值，并不是一个好方法，它只会让人更加悲观，甚至可能给我们以假象，让我们放弃某些可能促进可持续性转变的发展方式。因此，对于可持续发展来说，它更适当的是作为一项应该为之坚持的原则，而不是一个绝对的标准。

4. 调控手段的差异

实现可持续发展的一个公认必要条件是严格控制人口数量，控制人口自然增长的边界。对于可持续的人口集聚而言，人口数量控制对我国而言是基本的人口背景，但并不是拒绝对于具有聚集效应的区域人口增长，可持续的人口集聚主要是调整人口分布和集聚程度，主张人口合理布局和有序迁移，甚至在一定程度上，人口集聚成为一种提高区域乃至全国可持续性的手段。这一区别也决定了两者研究对象不同，可持续的人口集聚研究的主要对象是人口集聚区，常以一个区域为单位，研究人口的机械增长；而这类人口集聚区一般也主要是生产发展功能区；而可持续发展针对任何区域，尤其是以一个国家整体或全球为单位，研究人口的自然增长。

5. 相辅相成的关系

尽管有诸多区别，但需要指出的是，实现可持续的人口集聚与可持续发展并不冲突。可持续发展作为最终目标的发展，其发展路径是有无穷多条的，并且发展的连贯性也可能有所不同。仅就约束域来看，可持续发展就是在资源、环境作为约束条件下，实现经济发展和人的发展的长期优化；而可持续的人口集聚则是在可持续发展的约束域内多加上了一条人口变动方向的约束。

在操作层面上，实现可持续的人口集聚是向可持续发展迈出更近的一步，事实上，控制人口自然增长是可持续发展的长期要求，在短期内由于人口惯性和生育刚性并不能实现，而人口集聚是短期可以实现的、更为可控的方式。同时，一个区域为实现可持续发展，并服务于全国的可持续发展，可以是控制人口自然增长的人口聚集区，例如，美国东海岸等通过人口集聚产生更加有生产力的人口，更有效的资源利用，更规模的经济，改善了经济产业结构。中国的长三角区域也正在这条以人口控制为背景的人口集聚的道路上，这不是单纯的人口导入区，而是可持续的人口集聚功能区。

对人本身的立场上，如果说可持续发展是意识到人的行为对自然环境和经济系统影响的重要性，那么可持续的人口集聚就是在承认这种重要性的前提下，更加强调人的主观能动性，人的合理布局和有序流动对于区域发展的重要性。

三、适度人口理论与可持续的人口集聚

长久以来，适度人口和适度理论受到相当多的争议和否定，是由于其标准如同可持续发展一样难以统一确定，同时在人口可能需要减少的情况下产生一些道德伦理问题。但是从其发展理念来看，是有意义的。只要我们承认生态环境系统、资源系统的承载力，承认发展本身受到自然禀赋、社会文化、经济条件等制约存在客观边界，就无法否认人口要素与经济、环境存在一定适宜性和匹配性，当然，人口要素不只是人口数量，还包括了人口质量、人口结构。与适度人口理论相同，可持续的人口集聚也是为实现发展的协调性。

然而，两者立论的基本目的和实现手段是不同的。可持续的人口集聚出发点是探讨在人口集聚的背景下，提高区域可持续性的方式和方法，不仅要求人口集聚程度较为适宜，同时看到人口背后的经济社会机制、城市化机制的可控的积极作用，整个区域系统的结构和要素调整都是手段。适度人口规模研究资源、环境的最大承载力或是经济最优下的人口规模，人口调整是手段。

在操作层面上，适度人口规模的基础也在于计算资源承载力和限度、经济最优规模，而这些边界的确定也正是可持续发展研究的难点所在，因此，从这种意义上说，适度人口规模研究也变得悬而未决。这也正是如前所述，可持续的人口集聚的优势所在。

就社会系统而言，适度人口规模的强约束和绝对数值测度，可能对于包括经济、军事、资源、环境、国家实力等各个子系统，甚至无法在各个子系统之间形成交集解。可持续的人口集聚强调方向性的改变，其综合系统的整体优化、子系统的协调可行性就更高。

四、I=PAT 模型与可持续的人口集聚

根据艾里奇等提出的用于衡量人类社会对环境造成影响的 I=PAT 公式，庞大的人口规模以及人均生产、消耗和生产资源占用，使人类社会最终突破地球

极限。在其著作《人口爆炸》中提出，像是中国那样人口众多的贫困国家稍微有一点发展，对这个星球就会有巨大的冲击①。因此，减少人口、减少人口储备一方面降低了资源和环境耗费，也减少了环境污染和环境代谢压力。但事实上，降低环境压力的方式有很多种，即人口、人口耗费组合起来能够降低环境耗费的方式有很多种，直接减少人口是很直接的很粗暴的方式，而利用人口集聚产生的规模经济效应似乎更加科学和智慧。其实，可以这样说，对于以罗马俱乐部和 P. 艾里奇等为代表的悲观主义者来说，他们试图维持人类社会在地球的极限之内、试图实现可持续，仅仅选取的是一种人口、富裕程度与技术的组合方式或路径，那就是严格的控制人口；而可持续的人口集聚是另一种可能通向可持续发展的路径，它更加倾向于短期解决问题促进发展的路径。正所谓，通向可持续的终极目标的社会不会是一模一样的，而我们所能列出的只有不可持续的现象。

五、政策转变与可持续的人口集聚

政策的存在和转变可能会产生一些误导作用。事实上，对于例如"先污染后治理"的这种西方发展模式，很容易让人误解为，可能现阶段容忍不可持续发展未来可以换来更好、更快地向着可持续发展进军。于是，很多发展中国家跟在西方发达国家后面走破坏环境、无视人口—环境关系的老路，将 GDP 增长视为唯一目标。

这只是一种误解，事实上，更应该理解为一种政策制度安排的转变，是政策可持续导向、向环境友好型发展的转变，而绝对不是说"先污染后治理"的发展模式、这样的行为是符合可持续性的、是值得提倡的。因为对于可持续的人口集聚来说，这很明显违背了其底线原则。确实，也许对于有些资源的耗竭，我们顺利地找到了在其各个功能上更环保、更便捷、更大量、更低成本的替代品；也可能有些破坏是可以逆转，可以花较小成本，通过先为经济牺牲，再通过资本投资得到补偿和修复，但这些都是太幸运的情况。这一个可逆的过程并不是必然的，是充满风险的；而且我们很难说短期破坏环境的行为为日后环境的可持续性带了多少积累和转好的可能性，于是，很难说不可持续短期能带来长期的可持续。事实上，多数甚至几乎全部的情况是这样的：人类"不碰南墙心不死"的贪婪和无知，可能使得很多生态系统的转变带有不可逆性、不可恢复性，这样就使得短期污染或耗竭的加速成为一种不可持续，因此不能说容忍

---

① ［美］保罗·艾里奇，安妮·艾里奇. 人口爆炸［M］. 张建中，钱力译. 北京：新华出版社，2000：322.

不可持续在前是为将来的可持续性做更多的积累和准备。

第五节　实现可持续的人口集聚的路径

　　本章完成了对"可持续的人口集聚"和可持续性的观测这一系列概念架构和衡量。这一系列概念是一套用于在人口集聚的背景下观察和评价区域可持续性和区域人口—环境关系的概念工具，它提供了一个在发展中国家迅速城市化背景下，在经济、人口高度集中和频繁交互的区域，思考和观察区域可持续性问题的新视角，更将传统的"二元"可持续判断，拓展为"三元"，突出不可持续向可持续发展的过渡阶段。关于这一研究区域可持续性的新工具，基本构成包括了可持续的人口集聚的定义、衡量和实现路径，如图3-6在本章之始曾出现，下文将进入该图的另一半讨论，即实现可持续的人口集聚的方式的讨论。其中可持续的人口集聚的定义和衡量决定和指导着实现可持续的人口集聚的路径和手段，起到规定性作用，在这一个规定性范围内有着许多的选择和可能性；而最终实现可持续的人口集聚的路径和方法影响着最终实现可持续的人口集聚的程度和时间等。

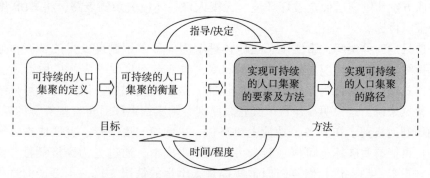

图3-6　关于可持续的人口集聚的概念架构和概念模型构建逻辑框架

　　对于实现可持续的人口集聚的探讨是必要的，因为这里存在着许多的看待问题的视角、选择和权衡。尽管已有学者指出城市化发展带来了高效使用资源的内在价值[①]（丁成日，2005；陈钊等，2009），也有不少研究指出快速的城市化带来许多环境负面问题，如土地资源过度消耗、水资源供应短缺等（金经元，

————————

[①]　杨东峰等. 城市化与可持续性：如何实现共赢［J］. 城市规划，2011（3）：29-34.

2006；周一星，2006），那是不是因为这些负面问题就应该降低城市化速度，或甚至反城市化呢？有学者明确回答"低水平的城市化谈不上可持续发展"①。那么，城市化进程对于可持续发展究竟是负担还是福利，这本身不应该成为争议。城市化本身并没有错，人口向城市部门集聚并没有错，问题在于城市化过程中发生的粗放、高消费、高污染的不可持续的现象，那么考察这一问题需要我们把实现可持续的人口集聚的影响因素和可能有效的手段筛选出来。根据文献研究总结出了十个促进可持续的人口集聚的可能路径。

一、促进就业、提升就业结构

促进就业，同时提升人口就业结构对实现可持续的人口集聚存在着直接和间接两种作用。直接作用是，就业作为人口迁移的一般基础保障，是提升收入的主要途径，因此促进就业特别是促进提升式的就业有助于人口集聚，也更有助于较高质量的人口集聚，大量的人口集聚在消费层面并不利于实现可持续的人口集聚。其间接作用是，提升就业结构是人力资源优化配置、人力资本积累的主要手段，促进就业有利于实现资源的优化配置，"教育和促进就业，尤其是妇女就业，因为这不仅是一种可以期待有所回报的人力资本投资，更能够起到控制人口数量和提高人口迁移能力的作用，最终能够解决一些贫困问题"（唐奈勒·米都斯等，2001）。事实上，随着城市文明不断生态化的倾向，人们的生态需求逐步增加，促进就业、促进人口集聚有利于城市的生态文明向农村传播。

二、紧凑的土地利用方式

紧凑型城市是一个带有可持续性的空间形态，是相对于蔓延型和通道型城市空间来说的（Borrego et al.，2006）②。其城市形态是以低废弃排放、低能耗、完善的公共设施为主要特征，主要手段是强调城市功能的混搭、提高居住密度、降低私人汽车使用、对土地资源的集约利用。紧凑型城市能够在一定土地上集聚更多人口和经济活动从而发挥城市的规模效应，并提高市政设施的经济型，如污水处理厂③。

①　金东海等. 城市化发展的营力系统分析——兼论我国城市化影响因子与可持续城市化战略选择[J]. 中国人口·资源与环境，2004（2）：59-64.

②　张中华，张沛，王兴中等. 国外可持续城市空间研究的进展[J]. 城市规划学刊，2009（3）：99-107.

③　岳宜宝. 紧凑城市的可持续性与评价方法评述[J]. 国际城市规划，2009，24（6）：95-101.

另外，更为紧凑的土地利用也意味着土地资源利用率的提高，发展空间的扩大。生态学家 R. T. 福尔曼（R. T. Forman）认为，可持续发展是构建最佳的生态系统和实现最合理的土地利用模式，这是人类得以生存和持续发展的保障[①]。刘宇辉等（2004）指出目前中国的发展是生态不可持续的，生态压力一方面通过贸易进行地区间的转移，另一方面则由区域生态环境恶化来弥补，改变这种不可持续的发展状态需要提高土地承载力。因此，紧凑、集约的土地利用方式是人口—环境关系改善的重要手段（郑金铃，2016）。

三、生产偏重服务产品和农业产品

将工业产品和物质产品生产转变为教育和艺术等精神财富生产，提高服务水平，这在《增长的极限》中被视为均衡中的增长。其中，教育更是人力资本长期投资和基础投资的最重要环节，尤其是高等教育以及产学研联系，是技术提升和创新的重要来源。粮食作为生存必须品更多要求维持区域的自给自足，保持粮食安全。同时，由于第三产业属于生产、生活服务型行业，因此合适协调的三次产业分布也是必要的。这种手段实际上也是承认了物质生产、物质性的消费对于人口—环境关系是不利的。

四、经济向服务业和高科技农业发展

根据生产内容的偏重，经济结构在保证第一产业对人口和经济的足够支持的前提下，重视第三产业的发展，同时通过技术的作用促进农业的高科技发展。也就是说，就可持续的人口集聚而言，第一产业的发展本质上不在于其对于 GDP 的贡献作用，而在于第一产业与人口的关系，即农业对人口和其他产业的支撑关系。过分强调二、三产业的发展，强调工业化和城市化，对可持续发展是不利的。纵观人类历史，真正剧烈的以全球规模展开的人口—环境冲突开始于工业革命时期，因此当工业文明逐渐被生态文明或后现代文明替代的时候，人口—环境关系也有望得到改善。

五、投资向环境和人力资本积累倾斜

把人作为第一资源开发利用，在一定程度上提高资源的利用效率，甚至替

---

① 陈耀邦. 可持续发展战略读本 [M]. 北京：中国计划出版社，1996：1-359.

代资源开发，要求把对人的投资放在首要地位。这不仅是一个消耗社会资源和生态环境的过程，正确的投资方式可以期待未来较高的回报。另外，对人的投资也不仅包括文化科学技术投资，更需要包括人口生态教育投资、人口绿色观念投资和生产、生活行为转变投资等。当然，使人口群体中外来人口、当地人口、劳动力人口、老年人口等的人力资本投资更加体现出环境友好，也需要采取不同的策略和重点选择。

六、技术要素

技术本身对于环境保护和实现可持续的人口集聚是一把双刃剑，因为技术有加剧人类对环境剥削的技术，也有保护环境的技术。另外，美国学者佩奇曾指出了技术进步的不对称性，即资源开发和环境保护技术的不对称，其中前一种技术进步受到市场的鼓励，多方位、反应快、投入多、应用也较迅速；而后一种技术则因其周期长、市场收益低、反应慢而令人望而却步[①]。因此，为实现可持续的人口集聚需要将任何的人类自身能力和技术都必须统摄在一个前提下，那就是满足可持续的人口集聚的实现条件，否则，任何能力都可能成为恶化人口—环境关系的启动机。

基于实现可持续的人口集聚的技术可能包含三个方面：一是提高要素生产率，降低资源消耗是降低经济和人口对于环境压力的第一步，例如回收利用的循环技术、再开发技术和节约技术等。二是提高资源利用率和要素生产率、提高资源的利用周期，这意味着资源存量的增加，事实上，"回收利用废物仅仅是处理物流末端问题最少的部分……根据经验，最后从消费者流出的每吨垃圾必然附带五吨生产阶段的废料及 20 吨初始资源的消耗，减少这些浪费的最好方法就是提高产品的寿命和从源头减少原材料的使用"[②]。三是减少污染。

七、制度安排

制度经济学派认为任何资源、环境问题，都可以通过有效的制度安排加以解决，并且生态系统本身就被加拿大城市地理学家泰瑞·麦基（Terry McGee）定义为"人和环境通过制度化的结构调整而产生的互动"。就人口—环境关系中，制度包括了直接作用于环境保护的制度和间接制度。"为了防止污染而重新

① 洪银兴. 可持续发展经济学［M］. 北京：商务印书馆，2000：449.
② ［美］唐奈勒·H. 米都斯，丹尼斯·L. 米都斯，约恩·兰德斯. 超越极限——正视全球性崩溃，展望可持续的未来［M］. 赵旭，周欣华，张仁俐译. 上海：上海译文出版社，2001：207.

设计方案将会有效的……"减少环境成本，"……即使市场并不考虑环境的支出，情况也是这样的"。据研究，七国集团保持经济增长将近60%的同时，减少了将近40%的硫氧化物排放量，而排放的二氧化碳和氮氧化物基本保持不变，这主要是由于在七国内政策性的推广能源有效利用和积极的减少污染的技术。可以这样简单地说，一个有明文规定的环境保护制度的区域或国家在实现可持续的人口集聚中，一定走得更远更稳。也就是说，直接的政策和制度安排是必要的、有效的。

间接的制度主要是指通过市场的作用，以政策手段适当控制资源价格，防止资源由于价格低廉而遭受过度开发。米都斯等（2001）也在其著作中探讨了市场的灵活性和技术的进步是可持续社会的两个基本工具。其中市场的灵活性正是通过制度安排达成的，它通过作用于人类的基本活动，改变或再分配人的行为成本和收益，从而决定了社会发展的导向是更加可持续还是不可持续。

八、观念和个体行为

卡尔·索尔（Carl Sauer）说"资源是文化的一个函数"，意识形态、文化理念事实上决定着促进可持续的行动是否被采取，也就是说，个体行为的可持续性最终决定着可持续发展能否实现。

对于发展和增长的讨论是发展经济学的恒长话题。基本的一个共识是，速度本身并不应该。这是因为只是抓紧经济增长的速度，势必是饮鸩止渴，解决不了发展的根本问题。很多人口贫困问题、不公平问题，往往在最后不是经济不发达的问题，而是经济增长本身带来的问题。将经济增长作为发展的唯一度量，势必强化了整个人类社会的消费属性，就像是人口数量控制一样，经济的无限增长、有量无质的增长是需要根本剔除的。这需要社会对个体行为长期的纠正和引导，因为短期的经济利益往往诱使经济主体做出有悖于整个社会利益，甚至给社会长期带来成本的行为。

另外，在人口集聚功能区实现可持续的人口集聚，将人口的主体性作为手段、将人力资本的积累和提升作为目标，使以区域为主的发展过渡到以人为本的发展，符合可持续发展理念和科学发展观。微观主体对于环境保护和提高可持续性的追求这一观念的梳理，本身对于社会系统的持久有效的优化有着重要的意义。其中，促进可持续的人口集聚的个体行为主要包括微观主体自觉地形成低碳生活和消费的方式。

九、合作

在人口—环境关系中，由于环境和资源的有限性，不同区域或人口群体往往倾向于资源和环境的争夺和博弈，而这种博弈的性质往往是零和的、甚至是负和的，结果是一方受损严重或双方都受损。基于信任和责任产生的合作，尤其是区域性甚至全球性的合作是解决环境问题的根本。

十、时间

不得不说，对于实现可持续的人口集聚，对时间的把握是一个最关键的手段，停留在旧有模式上精打细算远远比不上立即做出保护人口—环境关系的行动。许多学者多次强调转变发展观念、向可持续发展迈进这一过程像是装着刻薄的计时器，我们反应越慢、转变越慢，所需要转变程度也越大、需要付出的代价也越大。我们不行动的结果可能导致我们最终回天乏术。越早行动我们的可选手段越多、维持的可持续水平也越高、代价也越小。米都斯等在其著作《超越极限》中通过模型计算，如果我们对于有利于可持续的行为从 1995 年提早到 1975 年，我们的可持续的经济水平可能维持在更高的水平，而对于不可再生资源的寻找和发掘所要做出的努力也会少很多。如果从 1995 年延迟到 2015 年，那么要"避免严重的动荡已经太晚了"，同时均衡时期的人均寿命、可供养人口总数等都比 1995 年大幅度降低。"推迟向可持续过渡意味着减少下一代人的选择机会，更糟糕的是，它还可能加速系统的崩溃。"（唐奈勒·米都斯等，2001）

本章小结

本章主要完成了关于可持续性判断的概念架构工作，对这些工作做如下总结：

首先，在观测区域可持续性时系统地论述了可持续性的一阶观测和二阶观测，并引入了可持续的人口集聚，从而引入了人口与环境的联系。

其次，对于一个区域发展中的人口—环境关系而言，是存在一个阶段，这个阶段衡量着从不可持续到可持续的转变，即可持续的人口集聚的改进这一指标取值所反映的情况是有重要的环境意义的。在以往关于可持续往往忽视了这一阶段，只关注人口与环境的绝对的可持续状态，对于一个区域可持续性问题只有是非的二元回答。本书将区域可持续性的观测拓展到三阶段，即人口—环境强压力状态、人口—环境弱压力状态或可持续的人口集聚的改进和绝对的可持续的人口集聚，从而更全面地反映了人口—环境关系转变的全过程。

再次，书中提出了"智慧型的经济发展"，从而将经济发展、人口集聚和可持续性结合起来。事实上，可持续的人口集聚作为一种人口集聚的可持续性形态旨在研究人口与区域发展和协调的问题；解决发展中国家区域发展的目标和导向问题；解决在迅速城市化的背景下，区域内部城乡和环境发展问题。最根本的在于解决人口导入区，在区域经济发展和快速城市化的背景下，实现人口—经济—环境关系的良好协调发展，以及具有可持续性导向的发展。这一概念架构对于在有中国特色的城市化进程中具有重要的意义。而对于可持续的人口集聚和智慧型的经济发展能否实现，通过何种途径实现，本章从文献中理论性地提出了十大路径，这些路径是否真实有效以及是否有其他可能未被观察到的有益手段，这些答案将在下文中陆续得到解答。

最后，尽管本书的目的是构建可持续的观测方式和可持续的人口集聚的衡量，这些方式最初产生于对一个人口持续集聚的系统的可持续性的观察，然而，这个创新性的概念构建应用却不囿于人口集聚的情况。该套概念架构为我们提供了一个更为可操作的、有实践价值的概念框架。

第四章

研究方法和关键技术

实现可持续的人口集聚是观察区域人口—环境关系的新视角，而这一"理想"是否能够实现需要我们通过一些方法回归到区域系统中寻找答案。本章将按照本书研究任务的逻辑思路分为概念框架搭建和实践应用分析，介绍将要或已经用到的重要方法。

第一节　研究方法

一、文献研究方法

文献研究法是在一定的研究目的引导下，通过收集、分析各种文献档案和书籍，对研究对象进行查考的一种研究方法，是间接研究方法中最普遍应用的方法。文献研究方法是本书最重要的基础研究方法，贯穿整个研究的始终，主要包括如下研究：第二章通篇对人口集聚和可持续性的关系进行综述，以便得到人口和环境的基本关系、可持续性的研究方法和衡量；第三章概念构建准备，对于可持续性的定义和衡量；第五章碳排放相关研究，以便进行碳排放衡量；第六章系统动力学模型的构建和参数赋值等。本书主要搜集国内外重要期刊研究和重要理论中对于上述内容的研究和分析。

文献研究法对于本书的主要贡献在于了解现有关于可持续性问题研究的不足，了解区域系统人口和环境关系的全貌，确立了研究基本方向、研究假设和研究计划，系统动力学模型构建的基础资料。

二、专家咨询法

专家咨询法即德尔菲法，即对专家成员相互不影响决策的情况下就某一问题达成较为一致的意见。本书中概念的构建和系统动力学模型的构建等都经过了相关学术领域的专家和技术专家咨询，以此完善了概念的逻辑和系统动力学模型的边界和架构。

三、定性分析法

定性分析法即是用于归纳和演绎、分析和综合、抽象与概括的方法对各种材料进行思维加工，从而认识事物的本质和揭示内在规律①。研究的概念架构过程正是建立在庞大的文献基础上进行思维加工从而构造出可持续的人口集聚相关概念框架。

四、定量分析法

定量分析使人们对事物的认识更加精确化，更加科学地揭示规律的内涵并预测事物的发展趋势。定量分析方法是本书研究的重要方法和具有可靠性的保障。在人口历史趋势的变化中，本书主要关注一些统计量的描述，如总量和增长的描述、相关性分析等，并在这些定量研究的基础上进一步进行人口预测的定量分析。在系统动力学模型构建时主要用到社会统计学的相关性分析和回归分析以及计量经济学的回归分析和协整检验等，例如，应用 Eviews 计量经济学软件对资本存量的核算、对宏观柯布道格拉斯生产函数模型构建并进行协整分析；应用 SPSS 社会统计学软件对人口寿命和死亡率的分析，等等，这些定量分析是系统动力学方程输入和参数赋值的基础。

五、分章研究方法汇总

除了引言、第四章和第八章之外，根据上述内容简要总结本书其他各章所用到的方法如表4-1所示。

---

① 引自百度百科"研究方法"词条。

表 4-1　分章节主要研究方法及研究工具汇总

章	研究内容	主要方法	研究工具
第一章	人口预测	定量分析，依据人口学原理	DemProj（Version 4）
	长三角地区环境压力	文献研究	书籍、期刊、网络等
第二章	文献综述	文献研究	书籍、期刊、网络等
第三章	概念框架	定性分析、专家咨询、文献研究	书籍、期刊、网络等
第五章	碳排放计算 系统动力学理论模型	依据 IPCC 能源清单 文献研究 定量核算 专家咨询	书籍、期刊、网络等
第六章	系统动力学模拟 政策调整模型	系统动力学 计量经济学（回归分析、协整检验等） 统计学（相关性分析、回归分析等） 定性分析 文献查考	Vensim DDS 4.0a Eviews 6 IBM SPSS Statistics 19 书籍、期刊、网络等
第七章	构造政策工具集	定性分析	

第二节　研究的关键技术

研究的关键技术与研究内容有本质的相同，甚至决定了研究理念和态度，本书的关键技术是系统动力学。区域的人口—环境关系内生于区域系统，该区域系统由人口、经济和环境等子系统构成。按照第二章文献，区域的人口—环境关系和区域可持续性的问题是一个社会系统问题，系统动力学的理论认为社会、生态等系统都是一个"具有自组织耗散结构性质的开放系统"，同时也是一个"具有多变量、高阶多回路、强非线性的反馈系统"（王其潘，2009）。因此本书将用到的关键技术是系统动力学的方法，这一方法建立在大量的定性和定量研究基础上，本身也为研究提供了逻辑分析和定量分析证明。

一、系统及区域可持续系统

系统动力学对于系统的定义是"由相互区别、相互作用的诸元素有机地联系在一起，而具有某种功能的集合体"①。对于系统问题，常常有一句话来帮助理解"结构产生功能"，而结构的产生基于规模，对于一个区域而言，"整体功能与结构、国家背景与同级区域关系同等重要"②。

"区域可持续发展是自然生态系统的演替和人类有组织的经济与社会活动相耦合的结果，区域可持续发展符合系统演化的一般原理，具有明显的系统特征"，"分析区域内部资源的流动以及资源的配置的最有效的方法就是系统的方法。"③

因此对于可持续的人口集聚及其相关因素构成的一个复杂区域系统，在这一个系统中以人口—环境关系为主要的考察对象，对于这个系统结构和趋势的考察尤为重要。对人口—环境系统进行传统的"黑箱模拟"的困难在于，人口—环境系统中包括人口—社会—经济—技术—制度系统的复杂联系，这些子系统之间不仅具有各自内部的完整功能，如人口的再生产系统，经济循环系统等，并且当子系统结合在一起具有整体系统和各个子系统相互影响的性质，例如，如果只考虑人口系统和环境的关系，那似乎是人口越少，城市的污染就会更少，城市生活质量更高，人均收入也会更高，但人口越少可能会带来老龄化水平达到不可承受的水平，使城市的生产性下降，反而使城市难以具有充分的积累来实现环境的保护。反而人口的增加也并非一定会带来环境的恶化，如果在人口集聚过程中增加了环境治理能力和水平，就会表现出人口集聚和区域可持续性共同提高的现象。另外，在关于紧凑型城市的论述中，我们知道，更集约的土地利用、可以促进人口增加的同时促进规模效应，降低能耗，从而有利于碳减排；同时能耗的降低又是有条件的，需要城市的经济结构系统和技术进步才能够实现。这充分说明了在一个复杂的综合各种要素的区域系统中人口—环境关系的复杂性，也说明区域系统整体作用对于人口—环境关系的影响的重要性。

二、人口—环境关系的系统特征

区域的人口—环境关系和区域的可持续性研究首先是一个社会系统问题，任何两个要素之间都不是简单的前因后果的关系，其中任何一项指标都是内生于区域系统中，受到区域系统的结构和功能的塑造。社会系统的一个典型特征就是——闭环系统，即我们往往受到所生活的环境系统的影响而做出某些行为，将这些行为"反馈"给环境，环境又进一步重新塑造着与我们的关系，这就是

① 王其潘. 系统动力学：2009 年（修订版）[M]. 上海：上海财经大学出版社，2009：296.
② 潘玉君等. "区域可持续发展"概念的试定义 [J]. 中国人口·资源与环境，2002（4）：127-129.
③ 张象枢等. 人口、资源与环境经济学 [M]. 北京：化学工业出版社，2004：248.

简单的线性要素分析并不能提供给我们对人口—环境关系全面和相对真实的认识的原因。相对闭环系统的是开环系统，开环系统与闭环系统最明显的区别就是是否有"反馈"。正是因为社会系统是一个"反馈"型的闭环系统，决定了其具有可控性，我们可以通过一些外生的手段措施改变我们与环境已经形成的反馈路径，因此，闭环系统又被称为"信息反馈系统"。人口—环境关系即可持续的人口集聚的关系内生于区域系统，作为区域系统，一般具有如下特征：①复杂的因果和反馈关系；②运行惯性与突变，对内部参数变化刚性；③高阶、多变量、非线性、滞后数学结构；④因果关系的反直观性；⑤不唯一的优化结果；⑥个体优化不代表整体优化，子系统之间相互影响和制约，或者说整体利益往往与个体利益冲突；⑦远期和近期目标冲突；⑧无法进行直接对象测验等。这些特征决定了对于研究人口—环境问题有必要探索有效的和可靠的研究方法。

三、社会系统规律难以试验和观察

任何事物都有自己的本质变化规律，这种规律往往与事物本身相伴生，而这些事物也不仅是客观存在，还包括了精神意志、事物之间的关系等。因此我们生活的周遭充满着有迹可循的规律，例如，生态系统的繁衍规律、人与人之间的社会交往等都遵循着一定的客观规律。

然而，在社会科学领域，对某一命题的推断并不能像自然科学那样具有可实验性。这首先是由于实验主体本身的主观特征造成的，不但主体难于被观测、其自身也可能产生对自身行为难以理解和解释的情况。因此即便是相同的客观环境，主体依然可能受到心里突然冒出的某个念头而改变自己的决策，人始终是在自私与无私、索取与奉献、忍受与反抗之间矛盾地权衡着，这是一个非稳态的平衡。因而在社会系统里寻找稳态的平衡也几乎是不可能的。因此可以说，我们现在的社会是由过去主体在无数个事件上对无数个选项进行择取的结果，在概率论里，我们可以认为这是由无数个极小概率乘积得到的超极小概率事件，而我们又无法完全观测和认识到这所有的选题和选项。另外，许多的社会问题，尤其是环境问题往往无法溯源或纠责，影响环境的行为主体可能是一个很久以前的历史个体，也可能是一个距离环境问题发生处很远的个体，或很多个行为相互交错影响的主体，即在这些社会系统中存在着很难找出原因的一个结果，这是系统问题的滞后性、错综复杂性造成的。因此，这类的社会问题是一个复杂的系统命题，这使得我们无法简单地根据现有的模式理所应当去预测外延系统过去或未来的状况。也就是说，类似相关分析、因果分析等统计方法这些直观的观测并不能使我们从根本上了解一个系统的本质及其功能结构，我们必须用新的方法和视野去看待。

这就是说，对于人口—环境关系而言，其自身特点和互相作用路径决定了需要进行系统性的分析。

四、系统动力学

系统动力学（System Dynamics，SD）是研究系统问题的重要方法，其基本理念正是基于整体大于各个部分的简单算术和。系统动力学最早出现于1956年，创始人为美国麻省理工学院的福瑞斯特（J. W. Forrester）教授，系统动力学最初叫工业动态学，它建立在系统论、控制论、信息论基础上，用于分析研究信息反馈系统，也能通过建模认识系统问题、解决系统问题。因此可以说，"系统动力学是结构的方法、功能的方法和历史的方法的统一"。系统动力学从1990年左右就成为国际公认的复杂性科学主要的研究方法和主要代表学派（王其藩，2004）。因此对研究复杂问题，尤其是社会科学中的多联系、不确定性的问题，有其成熟的理论体系、丰富的研究成果和广泛的应用领域，尤其是研究区域、城市系统，人口—环境—经济关系和可持续发展的重要工具。

1. 系统动力学的优劣

系统动力学区别于常用的功能模拟即"黑箱模拟"，直接进行系统内部结构的建构，适于研究复杂系统随时间变化的问题。运用系统动力学方法建模较传统数学模型（线性规划、计量经济学、投入产出模型）更能充分反映系统的非线性结构和动态变化趋势，由于模型着眼于系统整体最佳目标，而不是单纯追求子系统的最佳目标，因此有助于实现人口、资源、环境与社会经济各子系统之间的协调。对所要处理的问题，系统动力学有如下优点：

优化决策特征；擅长周期问题处理；擅长长周期问题；对数据要求准确度不高，擅长数据不足的处理；擅长处理高阶次、非线性、时变的复杂问题；模型中能容纳大量的变量。

结构模型，通过它充分认识系统结构，并把握系统的行为，而不只是依赖数据来研究系统行为。

其主要劣势在于：优化方式只限于现有模式的比较，因此系统动力学的方法往往与遗传算法等方法结构实现系统的优化调整。

可以看出这些特点与人口—环境关系判断时遇到的困难是相对应的。

2. 政策实验对于可持续的人口集聚的意义

人口发展和科学合理的布局是一个长期的过程（郭志仪，2008）。人口的分布、集聚和减少都和自然禀赋、历史前提有相对应的客观适应和均衡，并不是随意可以改变的。在这个长期的相当需要耐心的过程中，不确定因素随时间的拉长而增加。社会系统在时间尺度上具有一维性决定了社会政策不能对政策对象进行直接的试验。不合理的政策规划可能会影响一代到数代人的生活水平；政策也具有滞后性使一项小政策在若干年后产生极大的社会影响，而这样的影响往往还不容易被观测到；同时政策可能产生难以预计影响程度和难以划定的影响范围，尤其是在错综复杂的社会巨系统中，政策有效性和合理性的挖掘更是困难重重。因此，建立政策实验模型以及政策实验室的意义尤其重要，事关后代乃至多代后代的可持续发展。

政策实验也意味着情景分析，因此，我们得到的模型，在这些情景中，不出意外应该都不会在真实世界发生，都不可能准确地预测未来的绝对状态，"因为人们能够改变对事件的反应，能遇见事件，并能改变他们的系统结构"（唐奈勒·H. 米都斯，2001）。因此，政策实验和情景分析的目的只在于说明系统要素间相互作用的关系和发展趋势，以及在某些转变和现象发生时人类做出怎样的反应和行动可能能够更加持续、有效。

系统动力学方法最大的优点就是，作为政策实验室所起到的作用，是其他研究方法难以替代的。一方面，通过政策情景模拟，我们可以从中选出较优的政策工具集合，也就是政策选择作用；另一方面，如果我们已知某些情况，对系统进行输入和模拟，可以得到用于处理这些情况的较优的政策集合，也就是政策咨询作用等。另外，系统动力学还可以进行基本的敏感性测试，有助于找出影响区域可持续性的最主要手段和敏感性要素。因此，可以对改变区域可持续性的行为进行从短期到中长期的规划。

3. 与其他研究方法的对比

系统动力学更善于处理带有系统性的问题，例如，对于复杂的、非线性的动态系统。对于精确度，"计量经济学和统计学无疑非常重视真实系统的观测值"；系统动力学则认为"社会系统本身存在着许多随机和模糊因素"，因此系统动力学往往更加重视系统内部结构和趋势发展等，而并不讲求研究的精确性（王其潘，2009）。

4. 系统动力学中相关的重要概念

（1）反馈回路。两个以上因果关系链首尾相连构成反馈回路，又称为反馈环，分为正、负反馈。其中，正反馈回路的内涵是连续螺旋式上涨、难以控制、突破和崩溃，是一个自身运动加强的过程；负反馈的内涵是抑制、控制等。例如，出生人数增加会增加总人口，而总人口又会进一步增加出生人口，这是一个正反馈；而资本增加折旧资本增加，折旧资本增加又导致资本减少，这就是一个负反馈。

（2）系统动力学中的变量[1]。状态变量，或者积累变量，或存量，该变量决定着系统的行为，其核算是变化量在是时间区间上的积分加上一时刻的状态。

速率变量即是改变状态变量的"流量"，是掌握系统性质和运动规律的重要变量。

辅助变量是由其他变量计算得到的变量，系统的速率变量和相关辅助变量是系统动力学重要的控制变量。

常量是不随时间变化的量。

外生变量随着时间而变化，但该变化不是由系统内部的变动引起的。

（3）因果关系图和流图。因果关系图是描述一个闭合回路的因果关系的，其中箭头由原因指向结果。流图则是在因果关系图上进一步区分各个变量的性质，并引入"物质流""信息流"等。

（4）常用的系统动力学函数。一般常用数学函数、逻辑函数等均能应用于系统动力学模型的构建，除此系统动力学还有其特殊的优于其他软件的函数，如表函数，表函数即不要求特定的函数形式，只要 X-Y 的对应即可，该函数甚至不要求数值的对应，只要求变量之间的趋势，这一函数解决了社会科学中大量关系难以用数学函数形式确定的问题。

除此，系统动力学中还有延迟函数和平滑函数，其中延迟函数主要用于描述物质延迟状况，而平滑函数主要用于描述信息延迟。

5. 系统动力学建模的一般步骤[2]

（1）明确研究问题，并确定问题的边界。包括：确定关键变量、考察期限、关键变量的历史变动状况。

（2）对所要研究的问题形成动态假设。包括：对现状的理论解释、思考关键的影响关系、绘制存量流量图等。

（3）写方程、给重要参数赋值和初始值设置，主要应用文献、统计等方法。

（4）对模型进行测试，有效性检验、真实性测试、单位测试等。

（5）政策设计，改变若干变量、结构等影响，关键变量对政策调整的灵敏度等分析。

（6）实施方案，政策设计的基础上总结模型有关政策。

五、人口—环境关系中应用系统动力学的研究

系统动力学在人口—环境和可持续发展领域影响最大的一次应用，是 1972

---

① 王其潘. 系统动力学：2009 年修订版［M］. 上海：上海财经大学出版社，2009：296.
② 钟永光等. 系统动力学［M］. 北京：科学出版社，2009：301.

年罗马俱乐部的《增长的极限》，同时也是对本书启示性意义较大的一部著作，其研究是对于全球未来可能发展趋势的模拟和诠释，本书在承继其优秀方法和成果的基础上，转而探讨某些方式和社会发展趋势对人口—环境的影响。在罗马俱乐部的研究中，著名的世界模型便是基于系统动力学建成，成为我们认识增长和理解可持续的重要手段。在此基础上，N. J. Mass 和 W. W. Schroeder 和 L. E. Alfeld 等补充和深入研究、推广了其中的城市动力学模型。1992 年 Roger F. Naill 建立了能源供求模型，随后对其改进为美国分析和评估了不同的能源对策，并指出这些政策的作用及其成本。此外，还有大量研究应用系统动力学针对发展中国家的能源政策（Rahaul Pandey, 2002）、自然资源（Suresh Chandra Babu, 2000）、环境和经济发展的关系（Sergio Rinaldi, 1996；R. Dellink, et al., 1999；Gareth D. L., et al., 2002；Ali Kerem, et al., 2002）、经济结构（J. M. Janssen, et al., 1981）等进行研究，大大丰富了系统动力学用于社会科学的范围和程度。在我国，系统动力学在区域协调性发展和可持续的发展中也得到了广泛的应用（王其潘，2009；何有世，2008；李旭等，2009；钟永光等，2009）。这些文献都对本书中构建系统动力学模型起到了积极的借鉴作用。

　　前文已经多次提到罗马俱乐部的《增长的极限》，[①] 尽管罗马俱乐部因其不遗余力地倡导看似有些偏颇的实现可持续发展的手段，甚至在其最新著作中依然在提倡有争议的假设"有限的世界"和有争议的手段"人口和经济增长停止"，但无可否认他们所构造的世界模型 3（World 3）非常有借鉴意义和参考价值的，因此此处简要介绍该模型。

　　世界模型 3 做了五个基本假设，人口增长、资本膨胀、粮食需求的增长、不可再生资源的消耗、污染的增加均是指数增长趋势，而这些指数增长的趋势发生在一个"有限的世界"，并提出技术对于解决这些极限问题的作用是非常有限的，最终他们模拟了不同情景下的地球发展的未来，并得出他们认为可持续的"全球均衡"，这种均衡是这样一种状态，人口自觉地抑制增长和经济增长，保持人口规模和资本规模不变，所有投入和产出速率都保持最小，资本和人口的水平以及两者比例安排与社会价值一致。他们也指出"需要不变的只有人口和资本"……"不需要浪费大量不可替代资源或不产生严重的环境退化的人类活动可以无限增长"，如教育、艺术等。不过对于一个相对封闭的全球模型，罗马俱乐部对于地球极限的预测迟迟未来，尽管这事实上并不重要，因为要求一个系统动力学模型做出精确的预测本身就不大可能，但问题也许在于对地球承载力这一判断难以准确。这也是给本书研究的区域人口—环境关系再一次警醒，

---

　　① ［美］丹尼斯·米都斯.增长的极限：罗马俱乐部关于人类困境的报告［M］.李宝恒译.长春：吉林人民出版社，1997：166.

如果说地球承载力都难以准确判断，那么区域的环境承载力对于区域可持续发展而言就更加不是合适的评价指标。另外，他们在随后的一本著作中《超越极限》中指出"它（模型）根本不是预测，它并不是关于将来的，它只是一项选择"，这句话在本文将要进行的政策调整模型中也同样适用。

第三节　研究数据来源

本书研究中第一章人口预测、第五章碳排放衡量和第六章系统动力学模型的构建需要得到数据支持。其中，对于第一章人口预测，囿于2010年第六次人口普查的详细人口结构数据暂时无法得到，因此在第一章的人口预测中以2005年人口抽样调查为基年进行预测。除特殊标注外，其余数据均基于历次人口普查、抽样调查和江、浙、沪、全国历年统计年鉴等国家公布的权威数据。

对于第五章碳排放衡量，碳排放和人口预测相关历史数据来源均出自国家能源统计年鉴、统计资料汇编等。

系统动力学建模以2005年为基础年份，其中历史数据的模拟来源于文献或数据统计分析，同样主要使用到中国统计年鉴，上海市、浙江省、江苏省统计年鉴，中国能源统计年鉴，中国城市建设统计年鉴，统计资料汇编等。所有数据口径均以长三角地区为主要对象，模型中用到的关键指标将在各自章节中详细解释。

本章小结

本章简要地介绍了系统动力学和其他应用方法，这些方法是文章建模和分析的基础和重点工作量所在。其中，系统动力学方法由于其擅长分析复杂问题而成为政策实验室并擅长处理长周期分析，也正是因为这些特征使得系统动力学本身尤其适用范围，即不适合做精确数据的预测，而更多的是对于结构和发展趋势的判断，而这种方向性的影响和关系也正是本书所要重点关注的。所以也特别强调在系统动力学模型中的分析，重要的不是某个变量或参数的绝对值，而是其变化所带来的系统中其他要素和要素之间关系的变化。

第五章

以人口—碳排放关系为例的
概念模型构造

实现可持续的人口集聚意味着人口—环境关系至少发生方向性的改进，甚至绝对意义上的改善。当我们在具体分析时也发现，人口—环境关系包含着人类生产、生活与环境中的气候、资源、生态等方面的相互交错、影响的复杂联系，而许多环境要素值得我们深入研究探讨，例如水资源、土地资源、能源和大气污染等。这样相互联系的复杂系统使我们的工作只能局限于有限的因素和主要的因素，也就是我们将利用一个有限的复杂系统模型来展开我们的研究。在这样一个复杂系统中的环境短板或者环境影响的根源要素尤其值得重视，这些因素应该成为做一个有限的人口环境模型最先需要考虑的方面。

对区域碳排放和人口集聚的关系引起我们主要的关注。这不仅是因为在第一章"全球化的可持续性"问题中提到的：在全球气候变化的背景下碳减排和碳消费的研究引起了普遍的关注。更重要的是碳排放的问题也是我国迅速城市化过程中产生的尤其突出的人口—环境问题。目前，地球和人类发展面临着三大问题：一是能源消耗快速增长，到2030年全球能源消费将翻一番[①]；二是温室效应严重影响到国家安全问题；三是世界城市化进程加剧，尤其成为中国的下一轮发展的主要特点，在这一过程中土地利用方式将会遇到更大的冲突和限制。在这些问题当中，第一个是碳排放的最主要途径，第二个则是碳排放的严重后果，而第三个问题会影响到碳汇要素，也就是对于碳的吸收能力。因此，对于碳排放的研究无论追溯其前因，或考察其后果，又或是研究对其控制技术的研究，这些方方面面都与环境的某些方面有关，即对于碳排放进行系统性的研究本身就是一个集合了土地利用、能源利用等方面的综合环境问题。也就是说，更重要的是碳排放不仅直接影响到区域乃至全球的生态环境系统的良性循

---

① 季应波. 全球二氧化碳排放及其减控技术的综合述评 [J]. 全球科技经济瞭望, 2000 (3): 34-35.

环，更加通过土地利用、技术、能源消费等途径与人口、经济发生关系，也就是说"碳排放"这一问题是一个较为综合的问题，需要利用系统的视角加以解决。因此，将人口集聚和碳排放作为本书研究的主要对象是十分有意义的。按照前文所述，本书考察和计算碳排放的主要途径是能源消费，在此基础上论证可持续的人口集聚是否可能以及影响这一过程的主要因素。

本书的第五、六、七章的研究逻辑思路主要是：第一，进行碳排放核算（第五章），并根据第三章的可持续的人口集聚指标对长三角地区人口—碳排放关系进行二阶观测；第二，根据文献和相关概念构建系统动力学基本架构模型（第五章）；第三，以长三角为例输入相关参数、函数并根据实际情况调整模型结构（第六章）；第四，模型运行并进行相关模型检验，目的在于剔除非重要影响变量以简化模型和增强模型在结构和趋势上的可靠性（第六章）；第五，如果第四步没有通过，则倒退进行第三步，直到模型通过系统动力学相关检验和真实性检验等则对模型结果输出；第六，有目的地按照第三章提出的实现可持续的人口集聚的待检验手段进行检验，给出相关结论并对结论进行深入研究（第七章）（见图5-1）。

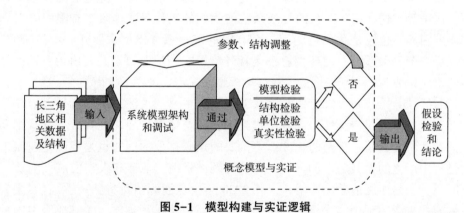

图 5-1　模型构建与实证逻辑

对于碳排放问题除了在第三章提到的十大路径之外，人口结构、企业行为及行动意愿等要素也是重要的，这些文献给出我们研究人口—碳排放关系的一个基本边界，即在人口、技术、经济、土地利用和能源消耗的交互作用中考察可持续性。

另外，碳排放问题越来越成为我国在加速城市化、人口规模上升、经济发展中实现可持续发展至关重要的一环。但文献中关于碳排放的影响路径和措施的有效性等，学术界虽有不少研究却缺乏系统性的整合和深入探讨，虽有一些措施被提出却缺乏论证，而一些作用机理也可能由于缺乏直观性而被忽视。

因此，下文将碳排放纳入本书核心概念框架——可持续的人口集聚及可持续性的观测中，首先在概念框架中对长三角地区碳排放和人口—碳排放关系进行衡量，随后通过概念构建、系统的实证分析来真正挖掘现实中被忽视的或是更应该重视的因素是本书以碳排放为例研究的初衷。以下将进行深入的系统模型构建论述和实证研究。

第一节　以碳排放为例衡量可持续的人口集聚

根据"用脚投票"原则，人口集聚区往往是经济较为发达地区，即人口—经济作用较为频繁的系统，而这一系统中，环境子系统受到了较大冲击，并可能产生对城市发展和经济增长的抑制作用。低碳发展是在世界城市文明发展到一定程度，工业化加剧、人口—环境关系集聚恶化的程度下提出的，主要针对能源过度消耗、大量污染排放、气候变化等重大环境问题，因此低碳能够解决众多的生态短板问题，低碳发展也成为人类通向可持续的一条重要的途径。因此本章就碳排放为可持续的人口集聚的主要环境指标来衡量人口集聚的可持续性变化。

一、碳排放的衡量方法

关于碳排放的测量，目前基本上有四种研究方法：一是基于温室气体清单的核算；二是基于 I＝PAT 模型的各种变形寻找碳排放与经济社会的关系；三是基于土地利用的碳排放分析；四是基于投入产出表的核算。其中，对碳排放的衡量最具权威的是根据 IPCC（联合国的政府间气候变化专门委员会）发布的《IPCC 国家温室气体清单优良做法指南和不确定性管理》，按照各种能源的碳排放系数详细计算各种经济活动或能源消耗下的温室气体排放量，基本公式是活动所产生的 CO_2 排放量＝活动数据×排放系数，例如在能源部门，二氧化碳排放量＝$\sum$ 能源 i 的消费量×能源 i 的排放系数[①]。根据我国数据的特点，也有学者将计算工业过程中化石燃料的二氧化碳排放量的公式设定为：二氧化碳排放量＝各种能源×标准煤折算系数×每吨标准煤含碳率×有效氧化分数×相同热能下相当于标准煤释放二氧化碳的倍数[②]。对于 I＝PAT 模型，岳超等（2010）在此基础

---

① 潘晓东. 中国低碳城市发展路线图研究［J］. 中国人口·资源与环境，2010（10）：13–18.
② 何介楠等. 湖南省化石燃料和工业过程碳排放的估算［J］. 中南林业科技大学学报，2008（5）：52–58.

上将碳排放公式定义为 GDP 和 GDP 碳强度的乘积，以计算我国碳排放总量和人均碳排放量。李颖等（2008）则基于不同的土地利用方式对江苏省内部进行了碳排放的分析。魏一鸣等（2008）在其著作中介绍了利用投入产出表将经济消费通过能源与碳排放联系起来。

二、碳排放的计算

本书由于研究数据和工作量的限制，所要核算的碳排量是指三次产业和生活消费中化石能源终端消耗的碳排放量。根据一些学者的研究，本书碳排放计算基于以下假设①：

第一，产生碳排放的能源为终端能源消费。

第二，不考虑加工转换过程中能源损失造成的碳排放。

第三，不计入能源终端消费部门的电力和热力碳排放。

1. 标准煤折算系数

不同的能源所含的热量不尽相同，并且计量单位也不同，为统一热值标准以便于总量和对比研究，我国统一规定是将每公斤含热量 29306 焦耳（7000 千卡）的能源定义为标准煤，也称为煤当量。根据 2010 年《中国能源统计年鉴》标准折算系数如表 5-1 所示。

表 5-1　能源的标准煤折算系数

能源名称	折算标准煤系数	单位
原煤	0.7143	千克标准煤/千克
洗精煤	0.9	千克标准煤/千克
其他洗煤	0.2857	千克标准煤/千克
型煤	0.6	千克标准煤/千克
焦炭	0.9714	千克标准煤/千克
焦炉煤气	0.5714	千克标准煤/立方米
其他煤气	0.3571	千克标准煤/立方米
其他焦化产品	1.3	千克标准煤/千克
原油	1.4286	千克标准煤/千克
汽油	1.4714	千克标准煤/千克
煤油	1.4714	千克标准煤/千克

① 赵敏等. 上海市能源消费碳排放分析 [J]. 环境科学研究, 2009（8）: 984-989.

续表

能源名称	折算标准煤系数	单位
柴油	1.4571	千克标准煤/千克
燃料油	1.4286	千克标准煤/千克
液化石油气	1.7143	千克标准煤/千克
炼厂干气	1.5714	千克标准煤/千克
其他石油制品	1.200	千克标准煤/千克
天然气	1.3300	千克标准煤/立方米
热力	0.0341	千克标准煤/百万焦耳
电力	0.1229	千克标准煤/千万小时

注：其他能源由于比重较小，忽略不计。其中：型煤、其他焦化产品、其他石油制品、其他煤气折算系数来源于煤炭网，http：//www. coal. com. cn/CoalNews/ArticleDisplay_130019. html。

资料来源：2010 年中国能源统计年鉴。

2. 碳排放系数

不同的燃料尽管按照统一的热值折算为标准煤，但其燃烧过程释放二氧化碳或其他温室气体的能力也是不同的，因此需要一定的折算系数。根据 IPCC 规定，不同能源的碳排放折算系数主要取决于不同燃料的含碳量（详见表 5-2），表中折算系数 1 和折算系数 2 等价，但计量单位不同，其换算过程为 1t 标准煤 = 29.3GJ。

表 5-2　能源的碳排放折算系数（碳含量缺省值）

能源名称	碳排放折算系数 1	碳排放系数 2
原煤	25.8 kg/GJ	0.7559 千克/千克
洗精煤	25.8 kg/GJ	0.7559 千克/千克
其他洗煤	25.8 kg/GJ	0.7559 千克/千克
型煤	25.8 kg/GJ	0.7559 千克/千克
焦炭	29.2 kg/GJ	0.8556 千克/千克
焦炉煤气	29.2 kg/GJ	0.8556 千克/千克
其他煤气	12.1 kg/GJ	0.3545 千克/千克
其他焦化产品	22 kg/GJ	0.6446 千克/千克
原油	20 kg/GJ	0.5860 千克/千克
汽油	20.2 kg/GJ	0.5919 千克/千克
煤油	19.5 kg/GJ	0.5714 千克/千克
柴油	20.2 kg/GJ	0.5919 千克/千克

续表

能源名称	碳排放折算系数1	碳排放系数2
燃料油	21.1 kg/GJ	0.6182 千克/千克
液化石油气	17.2 kg/GJ	0.5040 千克/千克
炼厂干气	15.7 kg/GJ	0.4600 千克/千克
其他石油制品	20 kg/GJ	0.5860 千克/千克
天然气	15.3 kg/GJ	0.4483 千克/千克
其他能源	27.3 kg/GJ	0.7999 千克/千克

资料来源：《2006 年 IPCC 国家温室气体清单指南》，第二卷"能源"。

3. 1995~2009 年长三角地区碳排放量计算

按照如图 5-2 所示步骤，对 1995~2009 年长三角地区（两省一市）碳排放量进行估算。单位 GDP 碳排放量所用 GDP 指标为实际 GDP（按照 1995 年不变价格计算）。另外，在地区能源平衡表中，终端消费量包括农、林、牧渔，水利业，工业，建筑业，交通运输、仓储和邮政业，批发、零售业，住宿、餐饮业，生活消费和其他，由于"其他"范围不详，因此，将第一产业能耗等同于农、林、牧渔及水利业能耗，第二产业能耗等同于工业和建筑业能耗之和，第三产业能耗等同于交通运输、仓储和邮政业，批发、零售业，住宿、餐饮业能耗之和，生活能耗等同于生活消费能耗，而其他不列入计算，因此终端能源消费在本书中不等于三次产业消费和生活消费之和。

图 5-2　碳排放计算过程

通过计算发现，1995~2009 年长三角地区碳排放总量（见图 5-3）从 1995 年的 7302 万吨增长到 2009 年的 15427 万吨，平均年增长率为 5.5%。其中考察三次产业终端碳排放量，第一产业碳排放量从 1995 年的 290 万吨，较为平稳地增长到 2009 年的 376 万吨，年平均增长率为 1.85%；第二产业碳排放量从 1995 年的 5846 万吨增长到 2009 年的 11300 万吨，年平均增长率为 4.8%；第三产业碳排放量从 1995 年的 515 万吨增长到 2009 年的 2657 万吨，增幅最大，年平均增长率为 12.4%，另外生活消费所产生的碳排放也从 1995 年的 525 万吨增长到 2009 年的 817 万吨，平均年增长率为 3.2%。因此，就绝对数量来说，第二产业碳排放量依然是主要的碳排放产业，而第三产业碳排放速度上升最快。

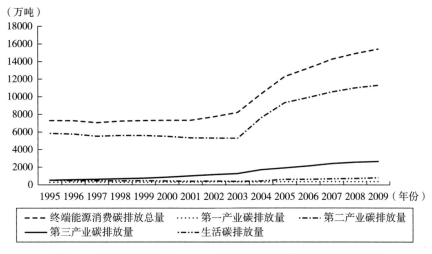

（万吨）

图5-3 长三角地区1995~2009年终端能源消费所产生的碳排放

就三次产业碳排放比重来看，第一、第二产业比重下降，分别从1995年的4.37%和87.9%下降到2009年的2.62%和78.8%，分别下降了1.75个百分点和9.1个百分点；而第三产业则从1995年的7.74%上升到2009年的18.5%，上升了10.76个百分点，第三产业碳排放量比重、增幅都高于其他两个产业，第三产业碳排放如此状况究竟是第三产业的不可持续还是第三产业产值增幅较大？首先，第三产业包含了交通运输和仓储业能耗，这部分碳排放是第三产业主要的碳排放来源。其次，第三产业在1995年到2009年期间产值比重从33%上升到40%，上升了将近7个百分点，而第二产业基本维持在53%，第一产业产值比重从13.2%下降到6.7%，因此第三产业产值较高的比重也导致第三产业碳排放比重上升较多（见图5-4）。因此，需要对分产业的单位GDP碳排放进行分析。

通过对单位GDP的碳排放的计算发现，在1995~2009年，三次产业和GDP单位碳排放具有阶段性特征，经历了1995~2003年的下降，到2003~2005年的上升，再到2005~2009年的下降，其中，第一产业期间平均碳排放为0.17万吨/亿元，第二产业期间平均碳排放为0.567万吨/亿元，第三产业期间平均碳排放为0.124万吨/亿元，可见第二产业依然是碳排放的主要产业，而第一、三产业单位GDP碳排放较低。期间，除了区间性的波动之外，单位GDP碳排放基本趋势表现为下降，从1995年的0.65万吨/亿元下降到2009年的0.28万吨/亿元，平均年下降率为6.3%。其中，第一产业单位GDP碳排放从0.197万吨/亿元下降到0.139万吨/亿元，平均年下降率为2.5%；第二产业单位GDP碳排放从0.976万吨/亿元下降到0.4万吨/亿元，下降速度较快，平均年下降率达到

可持续的人口集聚
——以长三角地区的人口导入和碳减排实现机制为例

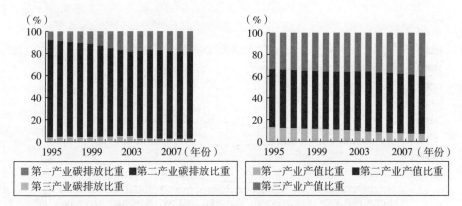

图5-4　长三角地区1995~2009年三次产业碳排放比重和产值比重

6.56%；第三产业经历了短期上升后再下降的趋势，1995年为0.138万吨/亿元下降趋势持续到2003年的0.118万吨/亿元，之后2004年突然上升到0.14万吨/亿元，并持续下降到2009年为0.106万吨/亿元。（见图5-5）

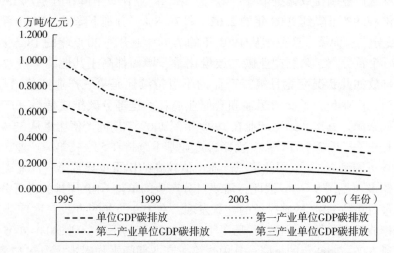

图5-5　长三角地区1995~2009年三次产业单位GDP碳排放

考察人均指标可以发现，人口要素对于碳排放的直接影响有两个方面，一个是碳排放总量，另一个是生活碳排放。通过计算可以看出，1995~2009年人均碳排放量持续上升，经历了1995~2003年的平稳期，基本维持在0.565吨/人，期间年平均增长率为0.6%；到2003~2005年是人均碳排放的迅速攀升期，从2003年0.59吨/人迅速增加到2005年0.868吨/人，年平均增长率达到21%；此后到2009年进入较为平稳的上升期，2009年人均碳排放总量为1.05吨/人，期间年平均增长率为4.8%。相对而言，人均生活碳排放在1995~2009年基本处于小幅波动的稳定期，从 1995 年的 0.041 吨/人变动到 2009 年的 0.055 吨/人（见图 5-6）。人均碳排放量的不断上升原因并非一定是人口规模的增加，由于人口直接对生活碳排放产生影响，该指标相对刚性指明人均碳排放量的上升本质上依然是经济规模扩大的原因。

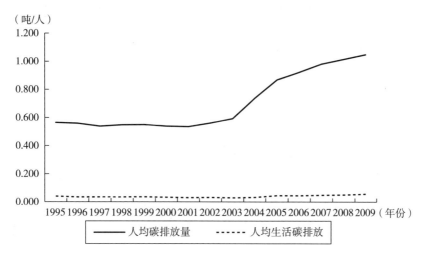

图 5-6　长三角地区 1995~2009 年人均碳排放和人均生活碳排放的人均指标

三、可持续的人口集聚：人口—碳排放关系

通过碳排放计算，我们得到了关于环境的一阶指标。根据可持续的人口集聚的定义，只要人口—环境关系的任意一方面发生方向性的改善，我们就说这是一种带有可持续性的人口集聚。对于发展中国家来说，在当今全球化和国际政治条件的前提下，发展依然是首要任务。作为国家经济最发达、对人口集聚引力最强的长三角地区，仍然承担着中国经济制动阀的重大责任，在经济发展和人口集聚的背景下，长三角地区还担负着缓解生态脆弱地区的人口压力从而促进全国整体环境质量改善的重任。对长三角地区，许多环境指标在前述背景下，可能无法得到快速直接的改善，从传统的可持续发展的眼光来看，是不被容许的。但是，如果用可持续的人口集聚这一眼光来看，给发展中国家更多的空间去调整发展、实现发展，则是符合我国的科学发展观和世界公平的发展的，因此在长三角地区实现可持续的人口集聚，最根本的、可行的手段不是降低发展或消灭人口，而是多角度、多层级、多层面的考察经济发展和人口集聚的环境后果和趋势。

1. 可持续的人口集聚之碳排放指标

在探讨可持续的人口集聚的衡量时，本书指出可持续的人口集聚的程度（SPC）=环境指标变动率/常住人口变动率。其中，环境指标的变动在此处为碳排放，因此，当指标 SPC 小于 0 时即实现了绝对的可持续的人口集聚；而可持续人口集聚的过渡期，即可持续的人口集聚的改进是 0<SPC<1；当指标 SPC 大于 1，是不可持续的人口集聚。

另外，环境指标即碳排放相关指标，也需要进行可持续性的一阶观测，即包括有总量指标、人均指标和单位 GDP 指标，以及二阶观测：可持续的人口集聚的指标，对于二阶指标也可以分别对总量和单位指标研究。因此，本章将对这些指标分别计算和考察，其中总量指标有碳排放总量和生活碳排放量，人均指标有人均碳排放量和人均生活碳排放量。

2. 可持续的人口集聚的计算与分析

根据表 5-3 看出，碳排放总量的 SPC 指标和人均碳排放的 SPC 指标在考察期基本大于 0，并且还在 2004 年，2005 年和 2009 年这三个年份处于高位，就这两个指标而言，区域处于不可持续的人口集聚状况。

表 5-3　1996~2009 年长三角地区可持续的人口集聚指标（SPC）情况

年份	可持续的人口集聚总量指标		可持续的人口集聚单位经济指标
	人均碳排放量	人均生活碳排放	单位 GDP 碳排放
1996	-0.31	-16.89	-15.33
1997	-4.48	1.67	-19.76
1998	3.85	-3.04	-11.33
1999	1.42	5.13	-14.06
2000	0.12	-2.25	-3.61
2001	0.07	-12.45	-16.43
2002	8.11	6.62	-8.43
2003	9.70	-10.62	-9.58
2004	34.67	16.32	12.88
2005	15.55	33.51	4.21
2006	5.65	-0.17	-4.07
2007	5.65	7.50	-4.47
2008	4.55	4.93	-6.21
2009	12.80	45.05	-22.88

在人口集聚的情况下，区域的碳排放总量指标持续恶化，该结论与朱勤等（2012）通过结构分解对我国居民消费载能碳排放变动的分析一致，其研究指出，当下阶段我国居民消费模式的变动尚缺少低碳维度的有力支撑。造成这种持续恶化的原因有两种，一种可能原因是由于人口集聚本身造成的，人口规模加剧了碳排放，另一个可能的原因是由于经济规模和单位经济消耗造成的，即经济规模的扩大和不合理的单位经济消耗产生了更多的碳排放。人均指标和总量指标变动基本同步，可以较为确定经济因素是影响碳排放的主要因素，而不是人口因素。

进一步观察单位 GDP 碳排放指标发现除去 2004 年、2005 年个别年份，以单位 GDP 碳排放为度量的 SPC 指标均小于 0，并小于 1，即是处于绝对的可持续的人口集聚，也就是说经济规模是影响可持续的人口集聚的主要因素。另外，人口因素与生活碳排放有直接关系，通过分析人均生活碳排放的 SPC 指标发现该指标基本接近于 0，或大或小于 0，即人均生活碳排放对人口集聚表现出刚性，并且部分年份表现出可持续的人口集聚的改善（如 1996 年、1998 年等），而生活碳排放总量同碳排放总量指标表现基本一致，即该 SPC 指标基本大于 0，则可以说，人口集聚本身对生活碳排放有人口规模增大的压力，但没有因为人口规模增加而产生边际上升的规模效应。

基于上述分析，本章首先进行了可持续性的一阶观测，即首先对长三角地区总量和分产业、生活消费的碳排放进行估算，在 1995～2009 年碳排放总量的各项指标都是不断上升的；而分产业碳排放的比重与产业结构基本态势相同，以第二产业碳排放为主，而碳排放受到分产业经济规模大小的影响和产业内部行业不同碳排放程度的影响，因此随着第三产业规模的上升，第三产业碳排放的比重也不断上升。分产业的单位产值能耗也是不同的，以第二产业能耗为最大，第一产业和第三产业在考察期的平均水平相当。人均指标本质上依然反映着经济规模对于碳排放的影响。

对于可持续性的二阶观测，即可持续的人口集聚指标，在本书中分析了多种关于碳排放的可持续的人口集聚指标，并分别对其表现做出分析，发现从总量的状况来看，环境指标的变动相对于人口的变动基本是恶化的，即碳排放总量和生活碳排放总量的 SPC 指标均表现出不可持续的人口集聚状态，而单位 GDP 的 SPC 指标表现出绝对的可持续的人口集聚状态，这间接地反映了技术进步对于提高人口集聚中的可持续性是有意义的。也就是说，从总量的可持续的人口集聚指标来看，人口集聚中的积极作用暂时并没有体现出来。

第二节 区域系统中的人口—碳排放关系

将人口—碳排放作为一个系统问题有两方面的系统性：一是碳排放及多个环境要素和社会子系统，碳排放的状况和对人类发展的影响是通过对经济系统、人口系统、能源系统、科技系统等子系统的综合联系和相互作用表现出来的；二是由于碳排放主要产生于能源消耗，而能源消耗又因为区域间的贸易变得复杂化，同时某地碳排放的结果往往是更为广阔的区域、更长远的未来承担负面的环境后果，由此决定了碳排放研究是一个权衡问题，长期发展和短期发展的权衡、经济增长和人类发展的权衡，等等，一个简单的统计或方程难以说明如此复杂系统的真正因果关系和发展路径。

在以人口—碳排放关系为研究对象的这一系统中，主要的路径是考察区域发展过程中碳排放的产生、影响要素和改善途径，另外，碳排放又通过各种途径影响着人类行为的改变，人类行为的改变又影响着碳排放，从而形成了碳排放与人类社会关系的循环。这一个循环反馈的过程即是系统动力学的基本特性，正是由于社会系统中的大部分关系具有反馈性的特征，因此使得系统内部具有自身修正作用，也能通过外界手段改变系统内部要素状态和结构，从而体现出系统的可控性。

因此，对于人口—碳排放系统的研究，需要界定系统的边界和相关的子系统，并在这一关系错综的系统中找到某些关键的控制变量。关于碳和系统动力学的联系，也有为数不多的研究。王雪娜（2006）以产业、能源消费、减排、技术等因子构建系统动力学模型以根据能源消耗预测碳排放。谭玲玲（2011）构建了以低碳为理念的系统动力学模型，包括了人口要素、经济、消费和技术层面，结论指出调整产业结构、提高能源效率、加强制度建设是碳排放的关键。但是由于篇幅有限该模型并没有形成对各个子系统的划分和探讨，对于碳排放的机制和路径也没有过多深入分析。根据文献和理论，在本章中以一次能源终端消耗产生碳排放量为主要研究对象，因此划定系统边界为：人口—碳排放的关系主要受到人口子系统、土地利用子系统、科技子系统、经济子系统和能源利用子系统的影响，人口—碳排放关系则是这些系统相互作用的结果，因此把握这些系统的关系和一些关键要素，是改善人口—碳排放关系的重要途径。

在以人口—碳排放关系为中心形成的系统中，有如图5-7中所示的一些关系和影响将子系统连接起来形成一个具有反馈性质和可控性的闭环系统。其中，经济子系统主要通过就业等途径与人口子系统产生联系，经济子系统产生劳动力需求而人口子系统提供所需劳动力，同时就业状况的好坏又进一步影响着人口子系统的总量和人口集聚所带来的人口结构变动；经济子系统通过集约的发展方式与土地子系统相关联，并将土地的经济密度作为输出影响着能源消费子系统；同时经济子系统根据不同产业的单位产值能耗不同，来影响能源子系统，也就是说经济结构的调整是重要的；经济子系统通过全要素生产率与科技子系统相联系，科技发展促进生产率的提高，而经济子系统对于研究与试验发展经费（R&D）支出又是科技子系统的重要输入；科技子系统通过环境友好型技术的发展，主要是碳中和技术和能源利用率的改变影响着能源消费状况；能源子系统通过不同的土地利用类型作为碳源和碳汇不同性质来改变能源消费状况；能源子系统与人口子系统通过生活能源消费相互联系；土地子系统与人口子系统主要通过城市化、占地等方面产生联系，随着城市化发展，人口占地面积也将在系统的作用下发生变动。这些子系统通过上述路径相互作用和影响，并最终通过能源结构、碳中和等方式影响着最终的碳排放。

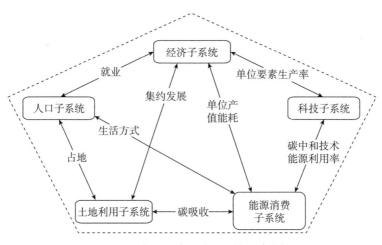

图 5-7　人口—碳排放关系的系统结构

另外，制度在这一系统中是重要的控制变量存在于各个要素关系中，例如在人口子系统再生产过程中，人口生育政策就是一个重要控制变量；在科技子系统中研发经费支出比重也是重要的政策变量，这些变量是改善人口—碳排放关系的重要控制因素。下文将就具体的系统构建做详细阐述。

第三节　对区域系统中各子系统的描述

本章主要的子系统包括人口子系统、经济子系统、科技子系统、能源消费子系统和土地利用子系统，以下对各个子系统的关键路径和影响方式做详细的论述。

一、人口子系统

在人口子系统中发生的主要循环过程是人口再生产过程，并以此过程为基础输出劳动年龄人口、城镇人口等与经济子系统和土地子系统相联系。

1. 人口再生产过程

根据人口学理论，对于一个开放型人口，人口再生产过程可以用人口恒等式表达，即：

人口总量(t)= 人口总量(t-1)+出生人口(t)-死亡人口(t)+净迁移人口(t)

其中 t 代表 t 年。在系统动力学中，这一关系表示为：人口总量= lnTEG（+出生人口数-死亡人口数+净迁移人口数），lnTEG（X）是系统动力学中状态变量的主要表示函数，其内涵是积分，即人口总量是历年人口变动在时间上区间上的积分，而出生人口数、死亡人口数和净迁移人口数是人口总量的速率变量。用系统动力学的存量流量图可以表示为图 5-8。

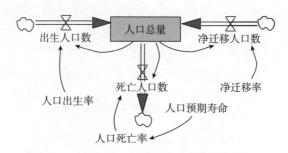

图 5-8　人口再生产过程的系统动力学存量流量

在图 5-8 中，出生人口数受到辅助变量人口出生率的影响，其数值为人口总量与人口出生率的乘积；死亡人口数受到辅助变量人口死亡率的影响，其数值为人口总量与人口死亡率的乘积；净迁移人口数为受到辅助变量净迁移率的影响，其数值为人口总量与净迁移率的乘积。其中，人口出生率采取时间拟合序列的方式，按照一定的年变动率变动，同时受到人口生育政策变动的影响。人口死亡率受到医疗卫生条件、经济发展等因素的影响，在人口学的生命表中，分年龄别人口死亡率与人口预期寿命有着直接关系，因此在本书中将人口死亡率作为人口预期寿命的函数，而人口预期寿命将采取时间序列考察的方式。

2. 净迁移率

人口净迁移率是净迁移人口数的重要辅助变量，也是在本模型的人口再生产过程中最具有能动性的变量。按照 E. K. 兹普 1949 年利用物理学的引力概念来考察人口迁移状况，迁入地和迁出地两地的人口规模是影响人口迁移率的重要因素。20 世纪 60 年代就业机会成为西方学者研究迁移率的主要考察内容，其中 I. S. 劳里提出了著名的迁移率回归模型，他认为迁移率与迁入迁出两地的相对失业率成正比，相对工资成正比。对于中国而言，农村劳动力的流动是有史以来规模最大的人口流动，并从 2001 年以来该趋势逐步加剧，而在城乡管理体制的改革中，农村劳动力转移，就业环境也越发出现积极的变化，尤其是我国东部沿海地区在经济增长和要素市场发育方面都为吸纳大量的外来劳动力提供了重要条件，而迁移的空间分布在某种程度上也体现了劳动力流动对于制度环境的反应[1]。李玲（2001）指出 20 世纪 80 年代以来我国人口迁移的主要原因是寻找就业机会和寻求较高期望收入。王新华等（2006）指出，我国非农产业尤其是第三产业的发展已经成为拉动人口迁移的重要动力，产业规模而非产业增加速度是影响人口流动的重要因素。逯进等（2009）以青岛市为例，以人口迁移充分就业为基本假设，指出人均产出与人口迁移率有着很高的相关性。另外也有学者对于经济发达地区农村劳动力向城市的迁移状况进行了研究，指出现行农地制度、城市较高的就业风险和生活成本是阻碍劳动力城镇迁移的主要因素[2]。刘敏（1999）总结了影响我国城乡人口迁移的主要因素有两方面，政策因素特别是户籍制度和经济因素，其中经济发展带来产业结构的提升、就业机会是主要经济因素。

综上所述，在本书中认为对于一个区域而言，其人口净迁移率是非农产业比重、城镇化率、人均建设用地面积、就业机会吸引因子和迁移制度因素的函数。这是因为，非农产业比重直接反映着一个地区对于劳动的吸纳能力；城镇化率反映着地区对于人口吸纳能力和吸引作用；而人均建设用地面积作为人口密度的倒数，综合反映着住房、交通、人口拥挤等一系列生活问题，在本书中人均建设用地面积等于城市建设用地面积除以城镇人口数，即区域内城市的紧凑程度；就业机会则是人口发生迁移行为的首要条件；迁移制度因素主要以户籍

① 王德文等. 中国劳动经济学：第 3 卷［M］. 北京：中国劳动社会保障出版社，2006：130.
② 陈欣欣等. 经济发达地区就地转移劳动力向城市迁移的影响因素分析——基于浙江省农户意愿的调查分析［J］. 中国农村经济，2003（5）：33-39.

制度和城市接纳度等方面为主要考量。其中非农产业比重是本章主要的制度控制变量，而人均建设用地面积的变化受到建设用地和城镇人口数的影响，是本章考察紧凑发展与可持续的人口集聚关系的主要视角。城镇化率和就业机会吸引因子内涵将在下文陆续解释。

3. 城镇化率

学术界对于城镇化率的模型有着诸多见解，对城镇化率的时间序列的拟合，比较著名的是美国地理学家诺瑟姆（R. M. Northam，1979）提出的城市化发展的 S 形曲线，而这一模型适于长期、大量样本的研究。我国学者李林杰等（2005）认为我国城市化率的时间序列为非平稳序列，其一阶差分模型 AR（1）拟合程度较好。周一星（1982）通过对 1977 年世界人口资料表中 157 个国家和地区的研究发现，城市化率与人均国内生产总值存在着如下关系：$Y = -75.83 + 40.62 \times \ln(X)$，其中 Y 是城市化率，X 是人均国内生产总值，该模型达到 90.79% 的解释度。因此，本书将以周一星（1982）的半对数模型为模拟城市化率的统计学模型。

4. 劳动力相关

在本模型中，将用到若干劳动力指标，主要出于两个层面的考量和假设：一是经济层面，产生经济贡献的劳动力不仅包含劳动年龄人口，还包括非劳动年龄人口，因此需要知道全社会从业人员相关指标和非正规就业人口数；二是迁移层面，某地区对于人口迁移的就业吸引或排斥主要受到区域劳动年龄人口数的就业状况的影响，而不受非劳动年龄人口就业或非正规就业的挤出影响。因此，本书对于相关劳动力指标的计算逻辑如图 5-9 所示。

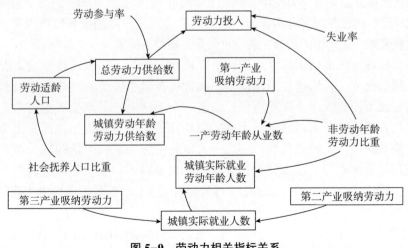

图 5-9　劳动力相关指标关系

劳动适龄人口是人口总量乘以劳动适龄人口比重，其中劳动适龄人口比重等于100%减社会抚养人口比重，社会抚养人口比重包括老年人口和少年儿童人口比重之和。

总劳动力供给数即区域内处于劳动年龄的经济活动人口数，包含了城乡失业人口和从业人员，其值为劳动适龄人口与劳动参与率的乘积。其中，劳动参与率作为外生控制变量。Clark等（1993）研究认为随着个人财富不断积累、人口逐渐老龄化、社会城市化速度加快以及社会保障制度逐渐完善等作用，老年人口劳动供给将不断降低。随着教育程度的提高、家庭收入的提高和子女教育意愿的增加，劳动年龄以下人口数量也在减少（Margo，1993）。因而在本书中，总劳动力供给数主要是指适龄劳动人口的供给，而不含非劳动年龄人口中继续参与社会劳动的劳动力。

劳动力投入是直接进入宏观经济模型的劳动力要素，劳动力投入包含着从业的劳动适龄人口，也包括了非劳动年龄的从业人口，更包括了产生经济效应的非正规就业生产部门，因此该值是失业率、总劳动力供给数和非劳动年龄劳动力比重的函数。引用该指标而非统计年鉴中从业人员指标，是因为随着人口流动的加剧，大部分外来劳动力在城市中进入非正规部门或从事着非正规就业，这部分就业并未纳入从业统计；而事实上这部分人口并不属于城市部门的二、三产业就业，因此可能在就业弹性层面并未被观察到，因此本书直接构造劳动力投入指标即可将非正规就业部分人员考虑进来。

失业率、非劳动年龄劳动力比重是关于就业的外生变量。失业率按照国家统计标准，是指在城镇有意愿但无法就业的劳动适龄人口比城镇二、三产业就业的劳动适龄人口和未就业劳动适龄人口。随着老龄化进程的加剧、劳动力数量的下降，老年人口可能在我国成为一支重要生产力量，非劳动年龄劳动力比重指标主要考察开发老年人力资源是否有利于实现可持续的人口集聚，促进环境友好发展。

城镇劳动年龄劳动力供给数是城镇劳动年龄人口的劳动力供给数，其值是总劳动力供给数减去第一产业从业的劳动年龄人口数，其内涵假设有外来人口进入区域主要从事城市部门第二、第三产业工作之意。

城镇实际就业人数是第二、第三产业吸纳劳动力数，即第二、第三产业从业人员之和。城镇实际就业劳动年龄人数就是城镇实际就业人数剔除非劳动年龄人口就业部分。如前所述，在第一、第二、第三产业中存在着部分非劳动年龄从业人口，剔除这些人口即得到分产业的劳动年龄人口数。

5. 就业吸引因子

本章中就业吸引因子的内涵假设在于：如果就业机会较大，那么迁移率将较高，否则较低。就业吸引因子在本书中以城镇实际就业劳动年龄人数与城镇劳动年龄劳动力供给数的差值为衡量指标，当该值大于 0 意味着实际就业岗位供给大于岗位需求，则潜在就业可能性提高，从而促进人口迁移；当该值小于 0 则意味着实际就业岗位供给小于岗位需求，则潜在就业可能性下降，从而对人口迁移起到阻碍作用。也就是说，就业吸引因子通过就业岗位与需求的匹配动态地平衡着长三角地区的人口迁移，随着长三角地区人口集聚程度的增加超过就业岗位的实际供给将对长三角地区人口集聚起到削弱作用。

二、经济子系统

　　经济子系统是影响能源消费的最直接系统，主要影响途径是通过分产业对能源需求的不同程度来影响最终的碳排放，也通过影响土地的经济密度来影响分产业单位能耗，进而对能源需求产生影响。因此，在经济子系统中有若干视角对于碳排放是重要的，包括结构变动、单位程度的变化等。

　　1. 宏观经济模型

　　经济函数的形式及其确定是本模型中重要的一环。里昂惕夫生产函数又称为固定要素投入比例生产函数，即在每一个产量水平上任何一对要素投入量之间的比例都是固定的生产函数。其基本函数形式为：$Y = \min (L/U, K/V)$，其中 Y 为产出，L 和 K 分别表示劳动力和资本投入量，U 和 V 分别表示固定的劳动和资本的生产系数，该函数最大的缺点在于忽视了要素之间的替代作用。

　　柯布—道格拉斯生产函数是由美国数学家柯布（C. W. Cobb）和经济学家道格拉斯（Paul H. Douglas）在 1928 年共同提出的对于投入要素和产出关系的函数，其基本形式为 $GDP = A(t) K^{\alpha} L^{\beta}$，其中 $A(t)$ 为技术因素，K 为资本存量，L 为从业劳动力，α 为资本的产出弹性，β 为劳动力产出弹性。该模型以技术进步中性为基本假设，当 $\alpha + \beta > 1$ 时为规模报酬递增；$\alpha + \beta < 1$ 时为规模报酬递减；$\alpha + \beta = 1$ 时规模报酬不变。我国学者对于 C-D 生产函数在中国的应用做了大量的尝试，章上峰等（2011）提出了时变弹性生产函数模型，认为我国时变的产出弹性符合资本收入份额的 U 形变化趋势。葛新权（2007）在其著作中指出生产函数理论决定了产出是关于投入的非线性幂函数关系，并分别以传统的 C-D 生产函数和时滞生产函数对我国 GDP 进行了研究，按照规模报酬不变假设，根据传统 C-D 生产函数，中国资本产出弹性为 0.7031，劳动力的产出弹性为 0.2969；而在时滞生产函数中，资本产出弹性为 0.2439，劳动力产出弹性为 0.2701，一阶资本产出弹性为 0.1545，一阶劳动力产出弹性为 0.3315，一阶劳

动力产出弹性大于劳动力的产出弹性说明了劳动力的潜在作用是巨大的[1]。许志伟等（2011）以 C-D 函数为模型，引入可变资本利用率和劳动力窖藏行为，并利用贝叶斯估计测算中国总量生产函数，其结果劳动力产出弹性为 0.55，高于传统文献中 0.3~0.4 的估计值，同时中性技术冲击和投资专有冲击比较持久。

CES 生产函数即固定替代弹性生产函数，其特点是参数的变换包含了里昂惕夫生产函数和 C-D 生产函数。杨扬等（2010）利用改进的二级 CES 生产函数对我国土地资源对于经济增长的阻尼作用进行研究，由于土地资源的约束作用，中国每年的经济增长下降了 0.75%。

随着生产要素从劳动力、资本和技术的拓展，罗默（Raul Romer，1990）提出了内生经济增长模型。张延等（2010）利用此模型对中国经济增长模式进行了验证，认为中国经济属于稳定性均衡类型，中国的知识生产函数对资本和知识投入的规模报酬是递减的；劳动力和资本存量中用于研发的比例和储蓄率的上升对长期的经济增长只有水平效应，没有增长效应；提升知识生产函数对资本和知识投入的规模报酬才会提升经济长期增长率；人口增长率提高也会提升经济长期增长率。

另外，超越对数生产函数也得到越来越多的应用，超越对数生产函数在结构上纳入生产要素的交互作用等，常用于包含资本、劳动力、能源等多要素投入的经济增长模型。史红亮等（2010）对于我国钢铁行业进行了超越对数生产函数考察，认为在该行业资本和能源存在着较高的替代性。杨福霞等（2011）建立超越对数生产函数考察了我国能源消费与经济增长的关系，与资本相比，劳动力对于能源的替代效应较大，在 1978~2008 年期间我国能源与非能源要素之间的技术进步差异表现为能源节约型，但是随着激光机结构不断升级这一差异将不断收敛，因此产业适时转型是实现能源可持续发展的重要路径。

研究宏观经济模型不乏好文，这些文献基本运用计量经济学方法，对参数估计和结果分析进行深入挖掘，其本质差别在于 C-D 函数或其变形的选择，以及生产要素的不同选择上。因此基于传统 C-D 函数形式简单直观，适于纳入系统分析，在本书中将引用该模型作为宏观经济模型，并以劳动力投入、资本存量、技术作为经济增长的要素。上文已对所用劳动力投入解释，下文将对资本存量和技术因素分别论述。

2. 资本存量及经济系统

资本存量是本章中另一个状态变量，其基本的存量流量图如图 5-10 所示。

---

[1]　葛新权. 宏观经济模型技术研究 [M]. 北京：经济科学出版社，2007：315.

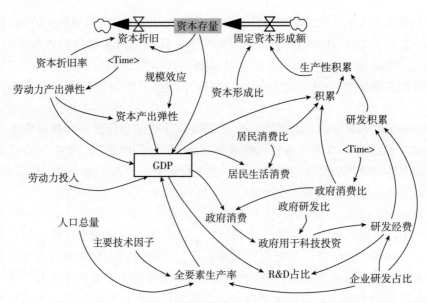

图 5-10　资本存量的存量流量图和经济系统主要反馈流程

在模型中，资本存量是固定资本形成额和资本折旧在时间上的积分，其系统动力学函数的形式为：资本存量=lnTEG（固定资本形成额−资本折旧）。该模型产生于资本存量核算的永续盘存法，其中资本折旧是资本折旧率与资本存量的乘积，而固定资本形成额受到资本形成比和企业生产性积累的影响。资本形成比是指在生产积累中除去存货，直接用于固定资本形成的比重。

生产性积累等于企业积累减去用于研发的积累，企业积累等于经济总量减去净出口、居民生活消费和政府消费部分。企业研发积累部分等于研发经费中企业研发所占部分，而该部分由政府研发经费支出和企业研发经费在研发经费中占比（企业研发占比）决定。政府研发经费支出等于政府消费乘以政府消费中研发经费支出占比（"政府研发比"变量）。

根据新增长理论，全要素生产率增长来源于人力资本、专业化、"干中学"、制度创新和研发等。综合权衡，全要素生产率在模型中受到人口总量、技术因子和企业研发经费比重的影响。选用企业研发经费占比是因为如前所述，企业行为是改变经济生产模式的重要力量，这点在曹泽等（2011）对全要素生产率的 DEA 模型中得到佐证。全要素生产率是技术要素的函数，而人口总量包含着规模效应和人力资本存量较大两方面对全要素生产率起促进作用（张延等，2010）。

另外，R&D 占 GDP 比重（"R&D 占比"变量）是重要的经济子系统输出于科技子系统的变量，等于企业和政府共同研发经费之和。

系统中企业研发比、政府和居民消费、劳动力产出弹性、技术因子对生产率作用是重要的控制变量。

3. 结构变动

结构变动要素之所以对能源消费和就业产生影响，本质上是由于不同产业的单位 GDP 能耗和就业弹性不同。结构变动会对能源消费进而对碳排放产生较大影响的主要原因在于能源消费具有明显的行业集中性[1]，主要集中在工业部门，并在工业部门内部也表现出集中在特定领域的趋势；同时单位 GDP 能耗与经济发展水平呈负相关关系。经济结构要素也会通过影响就业，进而影响人口密度和迁移来影响碳排放。在模型参数调整时，第一、二、三产业产值分别按照一定比重设置，比重以粮食安全及一、二、三产业协调发展为基本原则。

4. 分产业就业弹性

分产业就业弹性是经济子系统与人口子系统连接的关键指标。就业弹性的含义是经济增长每变化一个百分点时所带来的就业数量变化的百分比，就业弹性的变化取决于经济结构和劳动力成本等要素。对于就业弹性的计算又分为两种，一种是某一具体年份内就业变化率比产值变化率；二是按照多年就业和产值变动的平均变化来计算比值。在模型中，分产业就业弹性是外生控制变量。

三、科技子系统

科技子系统包含输入和输出两个方面，一般而言，对于科技子系统的输入来源于 R&D 研发支出、人力资本的增加、专业化、创新和教育等方面。本章中科技子系统的输入路径来源于企业和政府研发经费的支出。

科技子系统对于其他系统的技术性输出主要包括三个方面：对于全要素生产率的作用、对于单位 GDP 能耗的作用、碳中和和捕获技术等。如图 5-11 所示，以企业研发占比为起点的树图上列出了企业研发占比对于全要素生产率的直接影响，以及通过 R&D 占 GDP 比重对于单位能耗技术及碳中和和捕获技术的间接影响。

---

① 史丹. 结构变动是影响我国能源消费的主要因素 [J]. 中国工业经济, 1999 (11)：38-43.

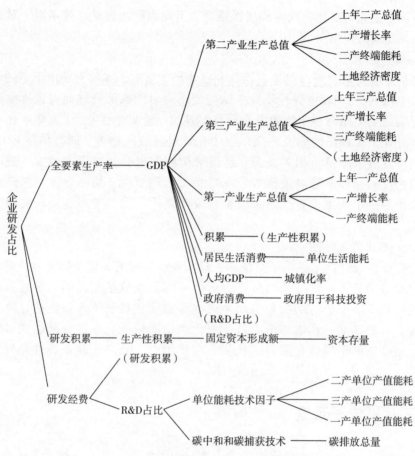

图 5-11　科技子系统的技术要素输出

四、能源消费子系统

1. 能源消费种类

在本书中能源消费种类包含四个方面：三次产业终端能耗和生活终端能源消耗，主要研究这四方面最终产生的碳排放。能源结构对碳排放的影响主要有直接和间接两个方面，直接影响是不同能源的碳排放强度不同，从而对于碳排放的影响有差异；间接影响是不同能源的热能不同，即转化为标准碳不同，因此经济使用效率不同，从而间接地影响碳排放。

2. 单位 GDP 能耗

总的单位 GDP 能耗除了受到产业结构变动的影响，也受到经济发展水平自身的影响，根据环境的库兹涅茨曲线理论，不同的发展程度对于环境的影响是不同的，当经济发展到一定程度，由于治理水平的提高和用于改善环境的投资增加，以及人类对环境的需求从简单的美观上升到基本的生活需求，人类社会发展对于环境的影响就会以积极作用为主导。另外根据前文直接的政策规范、环境制度或舆论对于单位 GDP 能耗也有深刻的影响。在本书中直接以分产业的单位 GDP 能耗变动将其全部包含。关于分产业的单位 GDP 能耗，本书认为受到土地经济密度的影响（详见下文）。

3. 生活终端能源消费

生活终端能源消费在本章中根据恒等式，等于人均生活能耗和人口数量的乘积。人口数的增加直接导致生活能源消耗的增加，这是因为人口总量增加直接影响到电力和热力的消耗，并通过增加生活垃圾和汽车的拥有量等影响着最终的碳排放。人口数量的选择，由于分年龄别人口具有不同的消费模式和生活模式，因此不同的人口年龄结构对于能源消费的需求和最终对碳排放的影响也不同。比如，人口老龄化一个直接表现就是降低交通需求。老龄化也通过劳动人口比重的降低而降低能源需求和最终碳排放，对此，彭希哲等（2010）等研究证明人口年龄结构变化对碳排放的影响是一种间接作用，人口老龄化降低生产力和削弱了整体社会需求，因而随着劳动力比重下降、人口老龄化程度的提高，能源消费和碳排放有下降的趋势。因此，人口老龄化在某种程度上有利于降低碳消费（Michael Dalton et al.，2008）。王钦池（2011）在其研究中通过老年人口比重与碳排放的关系，说明了在老龄化水平较低时，碳排放与老龄化水平呈现正相关，当老龄化水平继续提高，两者出现负向相关，最终当老年人口比重进一步上升后，碳排放水平又上升，两者呈现 U 形曲线的关系。

因此，在模型中，对人口数量进行人口抚养比的调整。

人均生活能耗在本书中以单位生活能耗因子表示，单位生活能耗因子主要受到居民消费状况和人均建设用地面积的影响。居民消费状况直接影响着人均消费能耗，尤其是不合理的过度消费会恶化碳排放的情况。城市能源消耗和产生碳排放的两大主要原因是建筑和交通，随着人均用地面积的减少即单位土地面积上人口密度的增加，意味着通勤距离的减少、交通的节约，从而有利于降低生活终端能源消费，姚永玲（2011）通过要素分解法，以北京市为例证明了人口密度增加减少能源使用。

五、土地利用子系统

城市扩张和城市化加速的一个突出现象就是城市建成区面积的扩大和城市

建设用地面积的增加，其中城市建设用地面积主要包含了居住用地面积、工业仓储用地、绿化等。这些要素对最终碳排放都起着直接或间接的影响。陈良文（2007）在其研究中指出城市发展具有集聚效应，随着土地经济密度的上升，劳动生产率有提高的趋势。游和远等（2010）在不同的土地利用结构中，居民及独立工矿用地对碳排放影响最大，其次是交通运输用地。杜官印（2010）建立STIRPAT模型，证明人口、人均GDP和建设用地都是碳排放的主要驱动力。

因此，本书中土地利用子系统主要以建设用地为研究主体。土地的子系统对其他系统影响主要通过三个要素，人均建设用地面积、单位土地的经济密度和土地利用方式对碳排放的影响。

1. 人均建设用地面积

人均建设用地面积是城市建设用地面积与城镇人口数的比值。其中，建设用地面积主要受到年均增加因素和减少因素的影响，减少因素主要衡量的是"将建设用地而用于林地的比重"。如前所述，人均建设用地面积指标主要影响生活终端能源消耗和净迁移率。对于生活终端能耗的影响主要与紧凑型城市理论相同，诸多研究表明，紧凑型城市建设有利于降低能耗，尤其是生活能耗，并能显著提高能源效率。程开明（2011）在其研究中证明，人均建成区面积越大（越不紧凑）则人均生活用电量越高，而城市人口密度越高，城市人均能源消耗越低，而随着城市密度的提高，人均交通能耗将显著下降；另外，在地区间紧凑效应并不相同，在我国东、西部地区紧凑度提高有助于抑制人均能耗，而在中部地区区域越紧凑，人均能耗越高。

2. 单位土地的经济密度

如前论述，土地紧凑性、经济效率和集约程度影响着能源消费的状况和能源的生产率。对于土地的经济密度与分产业单位产值能耗的关系，学术界并没有直接的研究，然而我们可以从相关研究中间接寻找到端倪。

单位土地的经济密度是GDP与建设用地的面积比值，衡量一定土地面积上经济活动的强度。罗文斌等（2010）的研究中，设置了土地经济密度对第二产业与第三产业比及其他变量的对数函数，结果显示土地经济密度的对数与第二、三产业比的对数呈负相关关系，这也就是说城市土地经济密度越高，经济结构越向着第三产业偏移。在这一过程中，用地更加密集，交通状况得到缓解，也就是说，对在这一过程中由于集聚效应会降低第三产业的能耗。

3. 土地利用方式变化产生的碳吸收作用

土地利用是造成全球碳循环不平衡的主要原因，是仅次于化石能源燃料燃烧而使温室气体增加的主要活动（李颖等，2008）。不同土地类型对碳排放和经济发展产生不同的功能，如前述林地是最大的碳汇类型，而建设用地则成为主要的碳源载体。这部分内容并不是本书研究的重点，因此简化基本假设为：将部分的建设用地通过紧凑建设转化为林地，从而通过林地对终端碳排放的吸收改变碳排放总量。

六、可持续的人口集聚：碳排放指标

1. 碳排放

本书主要考察经济发展和人口集聚带来的终端能源消耗所产生的碳排放。最终的碳排放量受到四个因素的影响：能源消费总量，碳排放折算系数，碳中和捕获技术和土地利用方式。其中能源消费总量是碳排放总量的直接决定因素，而碳排放折算系数则是能源总量转化为碳的折算因子，是能源结构是否碳友好的体现，不同的能源碳排放折算因子是不同的，因此在能源消费总量不变的前提下，改变能源消费的内部结构也会对碳排放产生作用。由于能源种类研究并非本章重点，因此以碳排放折算系数概论之。碳中和技术和土地利用方式此处不再赘述。

2. 可持续的人口集聚指标

按照第三章定义，可持续的人口集聚指标是环境指标和人口指标的变动率比值，具有弹性的特征和性质。在本书的系统动力学模型中，可持续的人口集聚度=碳排放的变化率/人口总量的变化率，按照可持续的人口集聚程度分析，对于碳排放而言，当该指标大于1，被认为是不可持续的人口集聚，是人口—碳排放关系的强压力状态，即人口集聚程度为1%时，带来超过1%的碳排放的增加，长期发展趋势将使碳排放趋势难以遏制；当该指标大于0小于1时，是相对可持续的人口集聚，是人口—碳排放关系压力弱化的状态，表明两者关系相对的方向性的改善，即当人口集聚为1%程度时，碳排放虽然保持增长状态，但增长程度小于1%，因此有变成绝对可持续的人口集聚的可能性；当该指标小于0时，表示绝对的可持续的人口集聚，这是因为当人口集聚程度为1%时，碳排放总量实现了下降（见图5-12）。

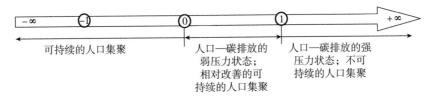

图 5-12　可持续的人口集聚：碳排放指标坐标

第四节 人口—碳排放关系的
系统动力学模型架构

按照上文论述，构建如图 5-13（本章末尾）的系统动力学模型，作为本书研究的框架。图中用 VENSIM_DSS 4.0 a 软件勾画出关于可持续的人口集聚：碳排放的系统动力学流图。在模型中也大致圈出了人口子系统、经济子系统、科技子系统、能源消费子系统和土地利用子系统的范围，以及本书核心考察对象：可持续的人口集聚指标碳排放和人均碳排放指标。其中图 5-13 中深灰色变量标示出大部分模型中重要的控制变量，这些控制变量带有政策和制度内涵，通过对这些变量变动的考察来观察各种政策、手段和措施对于区域实现可持续的人口集聚，建立良好的人口—环境关系的作用，并进一步考察这些变量中对于人口—环境影响最为敏感和有效的手段。

事实上，从前文的文献查考和理论分析中可以知道，对于可持续的人口集聚背景下，构建良好的人口—碳排放关系并不限于本章提到的变量和子系统，还有许多重要的影响系统和要素，例如，家庭结构变动越来越对碳排放起到重要的影响，税收的变动尤其是碳税的安排成为碳排放的重要政策控制手段，不同的能源类型所产生的碳排放各不相同，产业内尤其是第二产业内轻工业和重工业对于能源消耗进而产生的碳排放也是不同的，另外在企业降低能耗行为的同时其生产性的影响也是十分复杂有待研究的，等等。这些都可以成为很好的研究课题、成为本书进一步深入的途径。然而囿于篇幅和工作量，本书将本着系统动力学模型简约和概括的原则选取了重点子系统中的若干重要因素，包括经济子系统和人口子系统等，而之前所说本书并未深入的众方面实际上也部分的暗含在模型中，例如能源类型对于碳排放的影响包含在碳排放折算因子中，包括碳税在内的政策因素作为动因包含在单位 GDP 能耗的变动中，只是不再经过模型直接的实证检验。

本章小结

本章从理论和文献整理中构建了区域人口—碳排放的系统动力学模型，该模型是在现实基础上高度精练的有选择性的提取，从本章也特别看出每个指标的选取

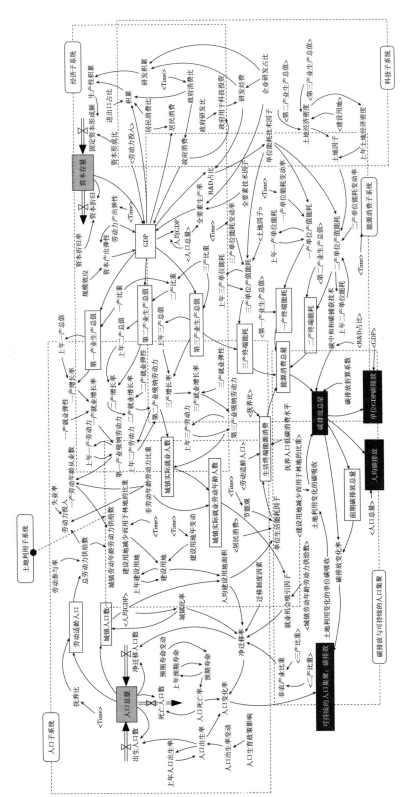

图5-13 人口—碳排放关系的系统动力学模型架构

和设计都基于一定理论根据和研究目的。因此，本章也是系统动力学建模中最重要的模型边界划分和流程图建立步骤。

正如唐奈勒·米都斯等（2009）所述"彻底解决一个问题需要其他方方面面的合作，地球、人类的生活、团体组织等都是很多要素连接在一起，这些要素相互影响、相互支撑"。因此，用系统的理论去解决人口—环境关系是非常合宜的。通过概念构建，我们也一直强调着：区域的人口—碳排放关系是内嵌在人口、经济、科技、能源和土地利用五个子系统中的受到系统因素制约和决定的关系，这些系统之间的关系塑造着区域人口—碳排放的基本面貌，而我们的相应的环境友好型政策手段也正是源自于这一系统。通过对这一系统中某些要素的调整，甚至结构的调整实现更好的人口—碳排放关系，这是我们将在第六章要研究的核心。

第六章

长三角地区人口—碳减排的
系统动力学模型

根据上一章对于人口—碳排放关系的系统动力学概念模型架构，在本章中将以长三角地区为例，通过实证分析，以计量经济学和统计学分析等方法为主、文献为辅对系统动力学模型相关参数进行初始赋值和结构调整。这是因为，前文系统动力学模型建构是在理论基础上，是基础的概念和理论分析，而针对不同地区的人口—环境系统，各个要素和子系统的联系不尽相同，因此需要对个别具体关系进行考察研究和调整。

本章主要内容包括三个方面：一是计算和设置模型主要参数①以构造长三角地区的系统动力学模型，以模拟未来长三角地区的人口—碳排放关系；二是模型检验和长三角地区人口—碳排放模拟的分析；三是设置若干政策调整模型，目的在于观察可持续的人口集聚和智慧型的经济发展能否实现以及检验有效的途径。

第一节　系统动力学模型主要
指标核算及赋值说明

一、人口子系统

在人口子系统中，影响人口总量的因素包含四个方面，人口出生、死亡、迁入和迁出，是人口子系统的重要输入变量。人口子系统的重要输出变量是：劳动力和城镇人口数量相关指标。另外，在人口子系统中重要的政策参数有：人口生育政策影响、人口预期寿命变动、迁移制度因素、劳动参与率、社会抚

---

① 注：本章系统动力学模型的参数和方程详见附录二。

养人口比重、非劳动年龄劳动力比重、失业率等，这些控制变量影响着人口子系统的输入和输出的各个方面（见图 6-1）。

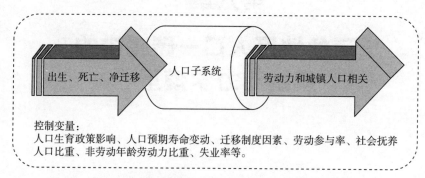

控制变量：
人口生育政策影响、人口预期寿命变动、迁移制度因素、劳动参与率、社会抚养人口比重、非劳动年龄劳动力比重、失业率等。

图 6-1　人口子系统的重要输入变量、输出变量和控制变量

1. 人口出生

人口出生主要受到人口总量和人口出生率的影响。人口出生率是一个受到生育政策影响的外生变量，2005 年长三角地区常住人口出生率为 8.6‰。根据第一章的长三角地区人口预测，四种情景的人口发展均值显示，长三角地区常住人口出生率将从 2005 年的 8.6‰增长到 2050 年的 13.5‰，期间每年的人口出生率按照 10‰左右的速度递增。因此本模型中取人口出生率增速的理论值为 10‰，并根据人口政策的松紧，乘以人口生育政策因子，得到实际的人口出生率数值，从而实现对人口出生率的递增速度的政策调整。

2. 人口死亡

人口死亡率的预估以以下系统动力学人口预测模型常用假设为前提：在平均预期寿命年限中人口死亡率平均分布，因此人口死亡率就是平均预期寿命的倒数[1]，也就是说两者统计关系应符合逆函数形式即：$Y = A_0 + A_1/X$，其中 A_0、A_1 为主要预测参数。根据第一章人口预测，平均预期寿命与人口死亡率有如图 6-2 关系。从图中可知，两者有着较为明显的逆函数关系。进一步利用 SPSS 软件对两者进行不含常数的逆函数拟合得到如下结果：

人口死亡率＝ 0.75/人口预期寿命　$R^2 = 0.991$

(0.000)

该模型对人口死亡率具有极好的解释度达到了 99.1%，同时模型通过了参数显著性检验，因此系统动力学模型中将引用该关系式。另外，模型中的外生变量是人口预期寿命的变动率，按照第一章中的设置，模型中该值为 0.2%。

---

[1]　李旭等．社会系统动力学：政策研究的原理、方法和应用 [M]．上海：复旦大学出版社，2009：237.

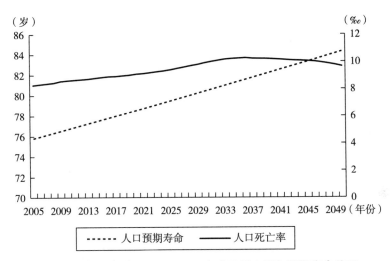

图6-2 长三角地区2005~2050年人口死亡率与预期寿命关系

3. 社会抚养人口比

在研究人口迁移之前有必要先就劳动力相关指标和其他相关指标进行探讨和设置。

社会抚养人口比是人口总量中0~14岁少年儿童比重和60岁及以上老年人口比重之和，其直接影响着劳动适龄人口数。根据第一章对四种人口预测的平均值分析发现，社会抚养人口比重将从2005年的29.87%上升到2020年的34.59%，到2030年将达到39.15%，2040年达到40.84%，到2050年达到42.63%，即使有外来人口不断迁入，长三角地区常住人口中劳动人口的社会负担也将不断加重。本书将利用系统动力学中的表函数形式，直接纳入社会抚养人口比重的时间序列。

4. 劳动参与率

劳动参与率是直接影响区域总劳动力供给数的指标，其定义是经济活动人口占劳动年龄人口的比重，其中经济活动人口包括了从业人员和失业者，内涵是在劳动适龄人口中除去伤残、参军或是无意愿参加社会劳动的人群。对于劳动力参与率的研究，蔡昉等（2004）指出，目前中国劳动参与率出现了不断下降的趋势，而这种趋势造成了隐蔽性失业，1995~2002年劳动参与率下降了2%，尤其城镇劳动参与率更是下降了9%~10%。按照其两种估算方案，2002年我国城镇劳动参与率为64.3%和66.5%，而在1995年这两种方案下我国劳动参与率为71.9%和72.9%。马忠东等（2010）考察了分年龄别的劳动参与率，研究发现中国劳动参与率不断下降的主要原因是教育年限的延长，使15~19岁劳动参与率大幅下降到35%以下，然而教育又使得劳动力在受教育后提高了就业能力，从而增强了其劳动参与程度。在性别选择方面，男女劳动参与率随着时间的推移而缩小。在家庭结构方面，家庭规模较大的劳动参与意愿较弱。在地域方面，沿海各省城镇的劳动参与率最高。张雄（2009）则指出从1951年以来中国退休政策未随着平均寿命和经济发展改变，过低的退休年龄使我国劳动参与率被潜在地低估。王金营等（2006）对中国劳动参与率从2000~2050年进行了高、中、低方案预测，其结果是在2020年劳动参与率将在78.55%左右，2030年为76.87%左右，2040年为77.4%左右，而在2050年将为76.86%，劳动参与率一直在波动中呈现下降的趋势。李丽林（2006）以16岁及以上总人口为研究对象，考察我国1990年和2000年的劳动参与率分别为79.9%和76.8%，而其中乡村劳动参与率保持稳定为82.6%左右，劳动参与率下降的主要原因是城镇尤其是城市劳动参与率的下降，王卉等（2008）在考察1990~2004年劳动参与率基础上，指出我国劳动参与率在2004年略有上升，同时失业率与劳动参与率也有着分布上的关系，失业率越高，劳动参与率越低；另外，一部分退出正规就业部门的劳动力有可能并未退出劳动力市场，而是进入非正规就业领域。罗双喜（2010）利用ARMA模型构建了劳动参与率的时间序列模型，得到2010、2011年劳动参与率的预测值分别为74.27%和73.93%。

根据2006~2010年《江苏省统计年鉴》中整理如表6-1所示数据，其中劳动适龄人口参与率=劳动适龄人口中的经济活动人口/劳动适龄人口数，16岁以上人口劳动参与率=16岁以上人口中的经济活动人口/16岁以上人口数。从表中可以看出，2005~2009年五年期间，劳动适龄人口劳动参与率除在2005~2006年经历了下降，从2006年后在缓慢上升，五年期间平均值为80.85%；而16岁以上人口劳动参与率则不断下降。出现这种现象，主要是在经济较发达地区，随着生活水平的提高，60岁以上老年人口经济活动意愿降低，也是因为随着老龄化进程的加剧，老年人口不断高龄化，劳动能力自然下降；另外，在我国一个重要原因是滞后于预期寿命提高和发展的退休制度的调整，促使具有较高人力资源水平的老年人口强迫退出劳动力市场。

表6-1　2005~2009年江苏省劳动年龄人口劳动参与率和16岁以上人口劳动参与率

单位：（%）

年份	劳动适龄人口劳动参与率	16岁以上人口劳动参与率
2005	81.90	72.38
2006	80.39	72.00
2007	80.07	71.94
2008	80.78	71.89
2009	81.08	71.77

资料来源：2006~2010年《江苏省统计年鉴》。

　　由于浙江、上海缺乏相关数据，因此，本书根据文献和《江苏省统计年鉴》数据，对长三角地区劳动年龄人口的劳动参与率的初始值取江苏省 2005～2009 年劳动年龄人口劳动参与率的均值 80.85%，并且该指标作为控制变量将按照政策变动进行调整。

　　5. 非劳动年龄人口劳动力比重

　　根据《江苏省统计年鉴》的解释，第一、二、三产业就业人员是指"从事一定社会劳动并取得劳动报酬或经营收入的人员，包括在岗职工、在就业的离退休人员、私营业主、个体户主、私营和个体就业人员、乡镇企业就业人员、农村就业人员、其他就业人员（包括民办教师、宗教职业者、现役军人等）"。因此，该一、二、三产业就业人员与劳动年龄人口的劳动力供给口径并不一致。这就需要考察经济活动人口中非劳动年龄人口比重。

　　在本章中，非劳动年龄人口劳动力比重是指 60 岁以上经济活动人口数除以 16 岁以上经济活动人口数。根据《江苏省统计年鉴》，2005 年该指标为 7.972%，2006 年为 9.186%，2007 年为 10.368%，2008 年为 9.82%，2009 年为 10.184%，可见，在 2005～2009 年五年期间，非劳动年龄人口劳动力比重是在 9%～10.5% 波动，年平均值为 9.506%。由于缺乏上海和浙江数据，因此以江苏省 2005～2009 年非劳动年龄人口劳动力比重的平均值作为长三角地区该值的估计值，并作为初始值在政策安排中进行调整。

　　6. 失业率

　　根据《江苏省统计年鉴》中的解释，我国现行城镇登记失业人员是"非农业人口中，在劳动年龄范围（16 岁至退休年龄）内，有劳动能力且有就业意愿，但无业并在当地就业服务机构进行求职登记的人员，不包括在读学生等"。城镇登记失业率等于城镇登记失业人数/（城镇劳动年龄从业人员总数+城镇登记失业人数）。对于城镇登记失业率的缺点学术界基本集中在，城镇登记失业率由于需要失业人员的求职登记，而没有考虑失业但未登记人员，另外也有部分登记失业人员已经找到工作而并未反馈给就业服务机构，最重要的城镇登记失业率忽略了大量农村剩余劳动力。这就造成了该指标对于衡量我国失业率的不准确性。

　　根据历年《上海市统计年鉴》《江苏省统计年鉴》和《浙江省统计年鉴》加总江浙沪三地的城镇登记失业人数，忽略农村剩余劳动力影响以及指标本身的缺点，用三地登记失业人数除以长三角地区总劳动力供给中经济活动人口，得到长三角区域失业率的估计（见表6-2），该失业率是对于区域全体劳动年龄人口的失业率估计。

可持续的人口集聚
——以长三角地区的人口导入和碳减排实现机制为例

表6-2　2000~2009年长三角地区失业率估计

年份	长三角地区城镇登记失业人口总数（万人）	长三角地区劳动年龄经济活动人口数（万人）	失业率（%）
2000	72.26	7550.58	0.96
2001	85.85	7643.05	1.12
2002	98.68	7736.64	1.28
2003	100.2	7831.38	1.28
2004	100.5	7927.29	1.27
2005	98.1	8024.36	1.22
2006	97.32	8139.98	1.20
2007	94.64	8241.85	1.15
2008	98.77	8328.76	1.19
2009	99.29	8399.91	1.18

资料来源：《江苏省统计年鉴》《浙江省统计年鉴》《上海市统计年鉴》。

观察2000~2009年长三角地区的失业率经历了先上升后下降的变动，从2000年上升到2003年1.28%之后开始下降，到2009年为1.18%，十年间失业率的平均值为1.184%，并将此值纳入系统动力学模型中失业率的初始值。

7. 劳动力投入

根据上文对于失业率和非劳动年龄劳动力人口比重的计算，按照先前对于劳动力投入的定义，即作为生产要素对经济增长起到直接贡献作用的劳动力，包含从业劳动适龄人口、非劳动年龄人口和非正规就业人口等。该指标的计算公式为：

劳动力投入=总劳动力供给数×（1-失业率）+总劳动力供给数×非劳动年龄劳动力比重/（1-非劳动年龄劳动力比重）

另外，对于一、二、三产业从业人员中的劳动年龄人口劳动力，研究假设非劳动年龄人口在三次产业中均保持相同的比例，因此要求分产业劳动力中劳动年龄人口，需要知道"分产业从业人员中非劳动年龄人员比重"，该指标值应为非劳动年龄人口从业人员/（劳动力经济活动人口×失业率+非劳动年龄人口从业人员）。变量"非劳动年龄人口劳动力比重"等于非劳动年龄人口从业人员/（劳动力经济活动人口+非劳动年龄人口从业人员），由于失业率相对较小，且属于外生控制变量，因此假设以"非劳动年龄人口劳动力比重"代"分产业从业人员中非劳动年龄人员比重"。

8. 城镇化率

城镇化是在有中国特色城乡发展下的一个产物。对于城镇化率的核算一般以市镇的行政设置为基础，以户口为判断标准，因此市镇人口是设区的市辖区人口、不设区的市所辖街道和所辖居委会人口、县辖镇的居委会人口[①]，如重点镇、城关镇人口。这种核算无疑忽视了大量外来农民工在城市的经济活动。如果按照此定义，上海市城镇化率可大致认为是崇明县城关镇人口和上海市区人口之和占上海地区总人口比重，该比重将较高。在本章中城镇化率特指常住人口的城镇化率。

根据《江苏省统计年鉴》，常住人口城镇化率从 1990 年的 21.6% 上升到 2000 年的 41.5%，到 2009 年为 55.6%，1990~2009 年常住人口城镇化率年增长率为 5.1%。根据浙江省历次人口普查资料知道，浙江省 1990 年常住人口城镇化率为 36.59%，2000 年为 48.67%，根据线性外推估计到 2009 年浙江省常住人口城镇化率为 60.19% 左右。上海市缺乏历年常住人口城镇化率数据，而由于上海市大量的外来常住人口进入城市从事第二、三产业劳动，因此本章中上海常住人口城镇化率=（常住人口-户籍农业人口）/ 常住人口，结果得到在 1990 年上海市城镇化率为 68.6%，到 2000 年上升到 79.15%，到 2009 年达到 91.44%，1990~2009 年期间常住人口城镇化率年增长率为 1.52%。根据上述三地城镇化率和常住人口数，可以知道长三角地区常住人口城镇化率（如图 6-3）。1990 年长三角地区常住人口城镇化率为 31.8%，到 2000 年达到 48.41%，2009 年长三角地区常住人口城镇化率上升到 61.85%，1990~2009 年平均增长率为 3.56%。

关于未来长三角地区城镇化率的发展，按照《浙江省城镇体系规划（2011~2020）》，浙江省在 2020 年城市化水平将达到 72% 左右，总人口预计 2020 年达到 5800 万，人均 GDP 将超过 8 万元。按照 2006 年江苏省统计局发布的《江苏城市化发展研究报告》，到 2020 年江苏省城市化水平将达到 65%。按照上海市七个区的区域规划显示，到 2020 年上海市郊区城镇化率将达到 85%。对照联合国人口司对于中国城市化率的估计，到 2050 年中国城市化率将达到 73.2%，而日本城市化率将在 2050 年达到 80.1%，世界发达地区城市化率将达到 86.2%[②]。按照城镇化率在时间序列上的变化，国际应用系统分析院等曾按照逻辑斯蒂曲线特点对中国城镇化率进行模拟和预测[③]。在本章中根据上一节对于城镇化率与人均 GDP 关系的论述，将以 1995~2009 年数据为基础建立半对数模型，作为系统动力学的输入模型。预测模型结构为：

$U = A_0 + A_1 \times \ln(Y)$，其中，U 为城镇化，Y 为人均 GDP，$A_0$、$A_1$ 分别为模型预测参数。预测结果如下：

① 冯俊. 中国城市化与经济发展协调性研究 [J]. 城市发展研究，2002（2）：24-35.
② United Nations, Population Division. World Urbanization Prospects (The 2009 Revision).
③ 姜照华等. 城镇化率模型构建与预测研究 [J]. 改革与开放，2011（2）：129-130.

$$U = 0.403 + 0.2 \times \ln(Y) \quad R^2 = 0.974$$
$$(0.000) \quad (0.000)$$

该模型对于 1995～2009 年长三角地区城镇化率变动的解释度达到 97.4%，模型参数通过显著性检验，结果如图 6-3 所示。

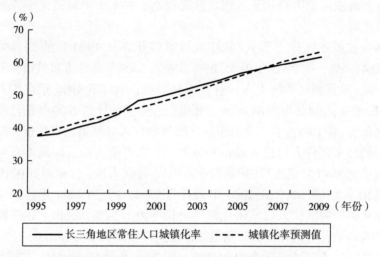

图6-3 1995～2009 年长三角地区城镇化率及预测值

9. 人口迁移

按照上文分析，净迁移率是城镇化率、迁移制度因素、非农产业比重、人均建设用地面积和就业机会吸引因子的函数。其中，人均建设用地面积将在下文论述。就业机会吸引因子对人口迁移的影响取系统动力学公式：就业机会吸引因子 = IF THEN ELSE（城镇实际就业劳动年龄人数-城镇劳动年龄劳动力供给数>0，1.01，0.99），该公式的含义是当城镇实际就业劳动年龄人数-城镇劳动年龄劳动力供给数>0 时，即就业岗位供给大于劳动力供给时，就业机会吸引因子取 1.01，即促进净迁移率增长 0.01，反之取 0.99，即使净迁移率下降 0.01。

根据系统动力学模型的反复调试和运行，主要是真实性检验过程，以第一章长三角地区的人口预测为基础，对系统动力学模型中的迁移模块进行调试，调试结果是：

迁移制度因素×单位转换因子（迁移）×人均建设用地面积×EXP（非农产业比重+城镇化率）×就业机会吸引因子，其中迁移制度因素的初始赋值为 0.006，代表户籍等制度对于迁移率的影响。根据该公式可以知道迁移制度因子越大代表迁移政策越宽松，从而有利于人口迁移；人均建设用地面积越大意味着较小的人口密度，有利于人口迁移；非农产业比重和城市化率越高越促进人口迁移；

当就业吸引因子取 1.01 时有利于人口迁移，反之取值为 0.99 时阻碍人口迁移。

二、经济子系统

对于经济子系统的主要输入是生产要素投入，包括劳动力、资本和技术等，其主要输出包括各产业产值和劳动力吸纳等。主要控制变量是：资本折旧率、固定资本形成年增长率、三产比重、要素产出弹性、分产业就业弹性等，这些控制变量贯穿于经济子系统的输入和输出过程，并且受到政策、制度和技术等的影响如图 6-4 所示。

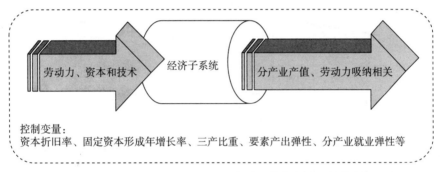

图 6-4　经济子系统的主要输入变量、输出变量和控制变量

1. 实际 GDP 与名义 GDP

名义国内生产总值的价值变动受到价格和物量两大要素影响，因此为剔除价格要素影响，本书在经济子系统中将使用不变价国内生产总值，即实际 GDP。按照规定，我国核算 GDP 以来，共有 1952 年、1957 年、1970 年、1980 年、1990 年、2000 年和 2005 年七个基期，而本书中由于部分变量数据限制，可行的最早时间始于 1995 年，因此，本书以 1995 年为基础年份计算各个年份实际 GDP。根据统计年鉴数据，实际 GDP＝基年 GDP×国内生产总值指数/100，由此计算长三角地区实际 GDP（如图 6-5）。长三角地区实际 GDP 从 1995 年的 11212 亿元增长到 2009 年的 55883.82 亿元，年增长率为 12.15%；其中，1995～2009 年，上海和浙江占长三角地区生产总值比重不断下降，上海从 1995 年的 22.3% 下降到 2009 年的 20.88%，浙江从 1995 年的 31.73% 下降到 2009 年的 30.99%，而江苏省所占比重不断上升，从 1995 年的 45.98% 上升到 2009 年的 48.12%。

需要指出的是，在研究碳排放与 GDP 的关系和 GDP 增长模型的时候，本书引用实际 GDP 指标，如单位 GDP 能耗取用能耗与实际 GDP 的比值。在第一章人口预测部分用到 GDP 指标为名义 GDP，如人口迁移弹性为人口迁移增长与名义 GDP 增长的比值。也就是说，如无特别注明系统动力学模型中输出的有关经济变量均为实际值，而非名义值。

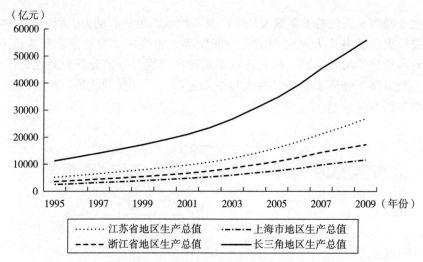

图 6-5　长三角地区 1995~2009 年实际地区生产总值（以 1995 年为基期）

2. 分产业就业弹性系数

工业化和现代化发展本质上是产业结构调整和就业转移的过程，根据配第·克拉克定律，随着经济发展，第一产业产值不断下降，第一产业就业向第二、三产业转移，同时第二、三产业比重不断上升，并随着产业结构不断的优化升级最终第三产业就业和产值比重将在经济中占主导地位。在我国的一个基本现实是就业结构的变化滞后于产业结构的调整，即在两者保持一致方向的前提下，就业结构的转移滞后于产业结构的调整，这在本质上与分产业对于劳动力的吸纳能力不同有关。丁守海（2009）以劳动要素的准固定性假设和对厂商调整劳动力行为的修正，提出估算就业弹性的动态模型，计算中国东部地区第二产业短期就业弹性为 0.176，长期就业弹性为 0.327，第三产业短期就业弹性为 0.188，长期就业弹性为 0.308，其中长期就业弹性在引入产值滞后影响后得出，造成就业滞后调整的主要原因是劳动管制和隐蔽性失业。段敏芳等（2011）建立就业和产值的对数回归模型，指出 1978~2008 年中国经济总量的就业弹性为 0.133，远远低于发达国家的 0.3~0.4，其中第二产业就业弹性为 0.182，第三产业就业弹性为 0.352。王忠平等对江苏省分产业劳动吸纳能力进行了分析，他们指出分产业实际 GDP 和实际就业劳动力是非平稳一阶单整序列，从而对分产业的 GDP 的对数与劳动力的对数进行回归，得到江苏省第一产业的就业弹性系

数为 −1.1959，第二产业就业弹性系数为 0.0958，第三产业就业弹性系数为 0.2992[①]。本书将引用王忠平等（2011）研究中的就业弹性系数作为长三角两省一市的就业弹性系数。

3. 分产业比重和产值

按照历年长三角地区名义 GDP 中分产业构成比重可以知道，1995～2009 年期间第一产业比重从 13.16% 下降到 2005 年的 5.98%，再到 2009 年为 4.84%，15 年期间共下降 8.32 个百分点，年下降率达到 7%。第二产业比重从 1995 年的 53.42% 下降到 2005 年的 53.72%，到 2009 年第二产业比重为 50.42%，15 年期间共下降 3.00 个百分点，年下降率为 0.39%。第三产业比重不断上升，从 1995 年的 33.42% 上升到 2005 年的 40.31%，到 2009 年达到 44.74%，期间共上升 11.52 个百分点，年上升率为 2.1%。这也就是说，长三角地区越来越呈现出服务业主导的局面，然而作为世界加工工厂，长三角地区的第二产业比重仍然超过 50%。在系统动力学模型中，2005 年分产业比重分别取实际值，并将分产业比重作为考察产业结构对其他系统影响的主要指标。另外，根据上文实际 GDP 和分产业比重可以得到长三角地区分产业产值的实际值（以 1995 年为基础年份），到 2009 年长三角地区第一产业产值为 2707 亿元，第二产业产值为 28177 亿元，第三产业产值为 25000 亿元（见图 6-6）。

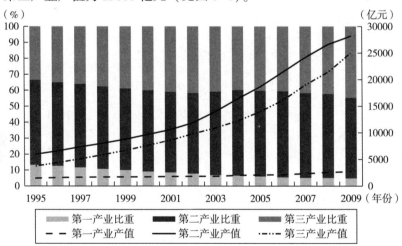

图 6-6 长三角地区 1995～2009 年三次产业比重及实际产值（以 1995 年为基期）

---

① 王忠平等. 江苏省就业人数与三大产业产值关系实证分析 [J]. 工业技术经济, 2011 (5): 63-68.

4. 资本存量与固定资本投资

资本本身包含着物质资本、人力资本和土地等，而本书中采取资本的狭义概念，即物质资本。资本存量估算是宏观经济分析中关于国民经济核算的重要内容。按照索罗（Solow，1956）的观点，资本存量的变化等于新增资本投入和资本折旧的函数，即 $\dot{K}_t = s\,Y_t - \delta\,K_t$，其中 s 为储蓄率，δ 为折旧率。戈德史密斯（Goldsmith，1951）开创了永续盘存法，他指出资本存量等于上一年度折旧后的资本存量+当年投资。利用永续盘存法对资本存量估算有几个重要的方面，基础年份的资本存量、当年投资等，而关于资本存量基础年份的估算不同研究差距大相径庭，关于当年投资，有学者认为当年投资就是生产性积累，即国民收入使用额中减去当年消费后的余额（贺菊煌，1992），张军等（2003）肯定了用生产性积累作为当年投资的研究方法，由于 1993 年后我国统计数据不再提供这类指标，因此他们根据生产性积累和全社会固定资产投资的研究发现两者高度契合，因此在估算资本存量中，引用全社会固定资产投资并对其进行 6%～10% 的调整扣除[①]。孙辉等（2011）指出在 SNA 核算体系下，固定资本形成总额是当年投资较为合理的指标。另外，利用永续盘存法估算资本存量，需要使用固定资产投资价格指数对当年投资指标进行折算，以折合成不变价格，因此需要构造价格指数。

作为当年投资额按照学术界较为统一的观点是引用"固定资本形成"，江苏省和上海市统计年鉴中均有固定资本形成额指数，因此对于江苏和上海的当年投资额（实物量，1995 年为基期）有如下计算公式：

$$R(t) = \frac{Q(t)}{Q(1995)} \times I(1995) \tag{6-1}$$

其中，R(t) 是以 1995 年为基期的投资额实物量，Q(t) 和 Q（1995）分别是以 1952 年为基期的固定资本形成指数，I（1995）为以当年价格计的投资额。

浙江省只有以当年价格计的固定资本形成额，即名义量而非实物量，由于没有相应的平减指数将其直接折算为实物量，因此，本书引用"固定资产投资价格指数"来估计浙江省实物量。计算公式如下：

$$R(t) = I(t) \diagup \frac{P(t)}{P(1995)} \tag{6-2}$$

根据公式（6-1）和（6-2）分别计算江苏当年投资额，发现两者趋势基本相近，且绝对值差距不大，相对误差均在 1.5% 以内。因此对浙江省的实物投资额引用公式（6-2）进行估算。通过公式（6-1）计算得到 1995～2009 年江苏和上海的当年投资额（实物），通过公式（6-2）计算得到 1995～2009 年浙江当年投

[①]　张军等. 对中国资本存量 K 的再估计 [J]. 经济研究，2003（7）：35-43.

资额（实物）。可以看出，随着经济发展和城市化进程，在 1995~2009 年期间长三角地区当年投资实物量上升速度加快，从 1995 年的 4495.63 亿元上升到 2009 年 25052.46 亿元，年增长率达到 13%（见图 6-7），其中江苏省实物投资额占长三角地区比重从 1995 年的 39%上升到 47%，浙江省同期从 30%上升到 34%，而上海同期从 31%下降到 19%。

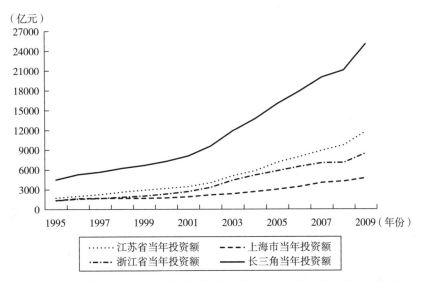

图 6-7　长三角地区及苏浙沪三地年投资额（实物量，以 1995 年为预测基础年份）

由于本书中系统动力学模型以 2005 年为预测起点，因此需要测算 2005 年长三角地区的资本存量，而该资本存量应与实际 GDP 和固定资产形成额基期一致，都为 1995 年。关于 2005 年资本存量（以 1995 年价格）的计算，根据资本产出比在近三至五年内稳定为理论指导，由于 2005 年的资本存量应使 2005 年的资本产出比与未来三年（2006 年、2007 年和 2008 年）的资本产出比的平均值相等，由此来估算初期资本存量[①]，即如下计算公式：

$$\frac{K_0}{Y_0} = \left(\frac{K_1}{Y_1} + \frac{K_2}{Y_2} + \frac{K_3}{Y_3} \right) / 3 \qquad (6-3)$$

其中，$K_1 = K_0 \times (1-折旧率) + I_1$，$K_2 = K_1 \times (1-折旧率) + I_2$，$K_3 = K_2 \times (1-折旧率) + I_3$。

另外，关于资本存量年折旧率，按照黄宗远等（2010）就各种研究中折旧率的对比，最终采用了对建筑安装工程类资本、设备器具类资本和其他投资等

---

① 叶宗裕. 中国省际资本存量估算 [J]. 统计研究，2010（12）：65-71.

三类资本品的年限进行折算取统一的折旧率，按照该书思路拟沿用9.6%的折旧率。根据计算，2005年苏浙沪两省一市的资本存量（1995年价格）分别为32332.8亿元、26827.3亿元、15351.70526亿元，长三角地区资本存量为74511.7亿元。据此，在模型架构中关于资本存量的计算公式为：资本存量是固定资本形成在时间上的积分，资本存量的年折旧率为9.6%。

对于系统动力学中的固定资本形成来源与企业的生产性积累，需要乘以资本形成比例，该比取值85%。

5. 宏观经济结构模型

在本章系统动力学模型中，关于经济总量的计算即地区生产总值的计算，如上文论述采取柯布－道格拉斯生产函数拟合，即 $GDP=AK^\alpha L^\beta$，其中 A 为技术因素，K 为资本存量，L 为从业劳动力，α 为资本的产出弹性，β 为劳动力产出弹性，$\alpha+\beta=1$。对该模型两边取对数变形，得到 $LN(GDP)-LN(L)=LN(A)+\alpha[LN(K)-LN(L)]$，从而以 $LN(GDP)-LN(L)$ 为因变量，以 $[LN(K)-LN(L)]$ 为自变量，求参数 $LN(A)$ 和 α，数据前文已经计算出的从业劳动力和资本存量。利用 Eview6.0 软件，首先对时间序列进行单位根检验，发现两变量到二阶差分均存在单位根，运用最小二乘法建立模型线性回归：

$$LN(GDP)-LN(L)=-0.637+0.943[LN(K)-LN(L)] \qquad (R^2=1)$$
$$(0.000)\quad(0.000)$$

该模型及参数均通过了显著性检验，对其残差进行单位根检验，检验在5%的水平上拒绝存在单位根，也就是说等式两边的 $LN(GDP)-LN(L)$ 和 $LN(K)-LN(L)$ 变量存在协整关系，因此，在计量经济学的定义中两变量存在长期均衡关系，而非伪回归。根据该模型，资本产出弹性为0.943，劳动力产出弹性为0.057，即 $GDP=AK^{0.943}L^{0.057}$，该模型进入系统动力学 GDP 模型。根据该模型，长三角地区经济增长主要来源于资本产出，资本在长三角地区迅速集聚带动经济发展。随着农村剩余劳动力转移殆尽、人力资本水平不断提高，有理由认为劳动力的产出弹性会不断提高。有学者对我国要素产出弹性的时变性进行分析也发现，从1978~2004年我国资本的产出弹性在不断下降，而劳动产出弹性在上升，而就区域来看我国东部地区资本产出弹性最高为0.76，全国平均资本产出弹性为0.59，西部地区资本产出弹性最低为0.47（赵志耘等，2006）。因此按照前文论述的观点，系统动力学模型假设，在2050年劳动力产出弹性升高到0.3，而资本产出弹性下降至0.7，发展趋势如图6-8所示。

另外，全要素生产率在模型中为人口总量、技术因子和企业研发占比的乘积。

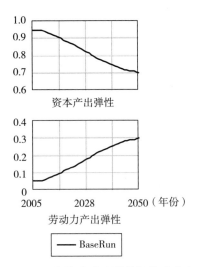

图 6-8 2005~2050 年资本产出弹性和劳动力产出弹性变动

6. 国民经济的支出

国民经济支出主要包含两个部分：积累和消费。消费主要包括居民消费和政府消费。积累主要包括企业的生产性积累和企业的研发资金。按照长三角地区的 2005 年的基本状况，具体参数设置如下：居民消费比重为 32.25%，政府消费为一个关于时间的表函数（详见附录二），政府研发比取 5%，企业研发占比取 50%。

三、科技子系统

科技子系统表现为对其他各个子系统中有关能力参数的改善或提升，例如对单位产值能耗程度的减少，作为经济增长要素而对经济的提升，等等。关于科技子系统的观察主要有两个方面，一是对科技子系统的输入，在本书中即 R&D 支出及其占 GDP 比重和比重变动；二是科技子系统对其他要素或子系统的输入，也即科技子系统的输出，主要包括由于科技原因提高的生产能力，即全要素生产率的提高，对单位 GDP 能耗的影响，碳中和和碳捕获技术（见图 6-9）。事实上，科技子系统与贯穿在模型中的政策变量一样，在某种程度上对其他子系统起着调控的作用，它本身就是其他一个控制系统。

1. 政府支出与科技、教育支出

关于科教与政府消费的关系，可考察的对象是一般财政预算支出中的教育和科学技术支出，苏浙沪三地的指标核算略有差异，数据口径较为统一的是

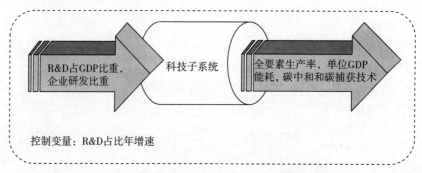

图6-9 科技子系统的主要输入变量和输出变量

2000~2006年期间。通过计算发展教育和科学技术的支出在这段时间占政府消费比重稳定，教育支出占政府消费比重年平均数值为15.5%，科学技术占政府消费比重为1.1%，两项合计16.6%，同时该比重在苏浙沪三地所在比重也维持类似规律，较为稳定，科技占政府消费比重在苏浙沪三地分别稳定在1%、0.6%和1.5%；教育占政府消费比重在苏浙沪三地基本稳定在17%、16%和13%左右，并且该比值在江苏有下降趋势，在浙江有上升趋势，在上海基本处于波动状态（见图6-10）。因此，系统中简以引入政府R&D经费支出。

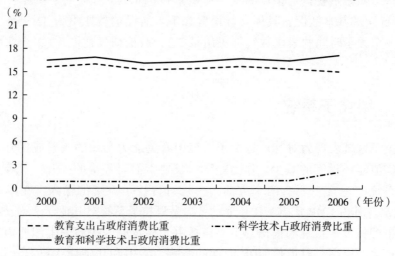

**图6-10 长三角地区2000~2006年财政教育支出和
科学技术支出占政府消费比重变动**

2. 研究与试验发展经费支出及比重

作为科技子系统的重要输入R&D经费占GDP比重及其变动可以作为科技的重要指标。其中企业研发占比是影响全要素生产率的主要因素。而R&D占比是影响单位技术能耗因子的主要因素，对技术做两类区别的初衷在于：政府和企业都是降低能耗的重要主体，区别只是政府处于公共利益和企业处于自身利益；而企业是提高生产率的重要主体。

因此，在系统动力学模型中构建了单位能耗技术因子，其取值是关于 R&D 占比的一个表函数，另外碳中和和捕获技术直接作用于终端碳排放层面，同样也是 R&D 占比的表函数，其设置主要认为 2005 年 R&D 占比为 1.25% 左右，因此只有当研发经费比重高于 1.25%，才能真正地起到节能减排的作用。

四、土地利用子系统

1. 土地利用模式与碳排放

不同用地类型对于碳的吸收和排放属性是不同的，根据李颖等（2008）对于江苏省的研究，耕地和建设用地对碳排放的贡献高达 96% 以上，其中建设用地每增加 1 平方公里，将增加 6.77 吨碳排放，每增加 1 平方公里耕地会增加 0.0422 吨的碳排放，而林地每增加 1 平方公里将吸收碳排放 5.77 吨。根据这一数据，如果有 N% 平方公里的建设用地转变为林地，那么转变为林地后该地上的碳排放将变为 6.77×N%-5.77×N%，而总碳排放将变为原来碳排放的（1-N%+1/6.77×N%）倍，即碳排放总量减少原来碳排放量的 5.77/6.77×N% 倍。

对于土地利用方式的改变，尤其是建设用地利用方式的改变，对于碳排放的影响可以有两个方面：一是在总土地面积一定的情况下，建设用地面积缩小，而减少的建设用地如果用于林地建设，从而增加了碳汇，对碳排放减少起到积极贡献作用，这即是在经济增长和人口集聚的前提下实现了集约的紧凑发展。二是建设用地面积不减少，而通过单位建设用地面积上碳排放的减少来降低总碳排放，最终实现可持续的人口集聚，这种方式主要是技术方式而非直接通过土地利用减少碳排放。因此在土地子系统中主要关注前者，模型中该变量为"建设用地减少而用于林地的比重"，这一变量选取时间序列的表函数。其实践意义在于，城市蔓延成为西方发达国家的城市病，而我国在城市化加速时期，以长三角地区为城市化发展的领头羊，城市也有不断扩张自身的倾向，于是在郊区或城郊结合部往往有所谓的生态城或待建的荒置地区，如果这些地区能实现"还林"，而不只是依靠碳排放相对较小的耕地来"退耕还林"，那么其碳汇效率将非常高。

2. 土地经济密度

土地经济密度是模型的内生变量，本章中其计算公式是（城市）土地经济密度=(第二产业产值+第三产业产值)/城市建设用地。

一般认为土地更为紧凑和集约的利用对区域产业有两方面的影响：一是促进了产业结构的转型，即促进高经济密度产业的发展例如第三产业，从而从产业规模实现规模经济效应层面影响着分产业单位产值能耗。二是影响着产业内部的调整和生产，从而从产业内部结构层面影响着分产业单位产值能耗。

紧凑型发展有利于降低城市能耗，而做这些解释的主要原因是认为紧凑的土地利用降低了交通距离和交通工具的使用，因此，可以说紧凑型发展主要是降低了第三产业单位产值能耗。对于第二产业单位产值能耗与土地经济密度的关系并没有直接的研究，但是考虑上述第二条原因，即城市紧凑型发展影响着第二产业向低能耗的方向升级和调整，因此也认为土地经济密度对于第二产业单位产值能耗降低有促进作用。

由于只能获得 1999~2009 年城市建设用地面积，本书研究为系统动力学构建进行基础考察，因此简单设置如下回归模型对土地经济密度对分产业产值能耗影响进行分析：

$$I 产业单位产值能耗(t) = a + b \times I 产业单位产值能耗(t-1) +$$
$$c \times 土地经济密度 \qquad (6\text{-}4)$$

其中，$i = 2, 3$；a，b，c 为方程参数。该公式以上一年产业单位产值能耗剔除时间和发展的影响，发现对于第二、三产业土地经济密度系数均小于零，但是系数并不显著。因此本书将引入土地因子的表函数作为中间变量来表示土地经济密度对于第二、三产业能耗降低的促进作用。

3. 城市建设用地面积

根据《中国城市建设统计年报》，长三角两省一市地区城市建设用地面积从 1999 年的 1070 平方公里增加到 2009 年的 3080.7 平方公里，年增长率为 8% 左右。与此同时，长三角地区城镇人口人均建设用地面积也从 1999 年的 0.182 平方公里/万人，增加到 2009 年的 0.336 平方公里/万人。

考虑到由于城市扩张受到国家土地政策和区域行政面积的限制，因此本书中假设，长三角地区建设用地面积由于城市发展在 2005~2020 年期间年增长速度为 8%，到 2020 年之后年增长速度为 2% 左右。

五、能源消费子系统

能源消费子系统是碳排放的直接上级系统，对于能源消费子系统的输入主要分产业和生活能源消耗，系统输出碳排放强度。其中控制变量主要是政策性变量和技术性变量（见图 6-11）。

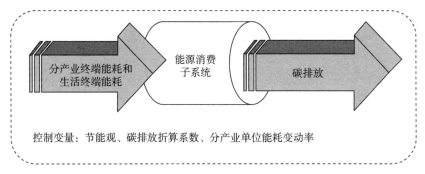

图 6-11 能源消费子系统输入变量、输出变量和控制变量

1. 分产业单位 GDP 终端能耗

分产业终端能源消耗总量是分产业生产总值和分产业单位产值能耗的乘积。其中，第一产业单位产值能耗 = 一产单位能耗变动率×上年一产单位能耗×(1+单位能耗技术因子)

第二、三产业单位产值能耗 = 二、三产单位能耗×二、三产单位能耗变动率×(1-土地因子)×(1+单位能耗技术因子)

其中，土地因子和单位能耗技术因子如前所述，分产业单位能耗变动率主要受到历史的单位产值能耗和政策因素等的影响。

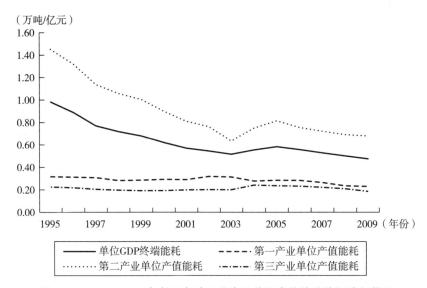

图 6-12 1995~2009 年长三角地区分产业单位产值终端能源消耗状况

根据长三角地区 1995~2009 年期间终端能耗的变动情况可以看出（见图

6-12），单位 GDP 终端能耗和第二产业单位产值能耗状况在考察期基本呈现下降态势，分别从 1995 年的 0.982 万吨/亿元和 1.45 万吨/亿元，下降到 2009 年的 0.476 万吨/亿元和 0.68 万吨/亿元，同时第二产业单位产值能耗下降速度达到 5.3%。第一产业和第三产业单位产值能耗均在 2004 年前后出现小幅上升，此后不断下降，总体趋势是第一、三产业单位产值能耗从 1995 年的 0.317 万吨/亿元和 0.225 万吨/亿元，变动到 2009 年的 0.231 万吨/亿元和 0.187 万吨/亿元，1995~2009 年期间年下降率分别为 2.2% 和 1.3%。尽管单位 GDP 能耗大幅下降得益于第二产业单位产值能耗的快速下降，但是就绝对数量来看，第二产业单位产值能耗仍然远远高于第一、三产业，第三产业单位产值能耗最小。

2. 生活终端能耗

如图 6-13 所示，相关变量的计算关系如下：

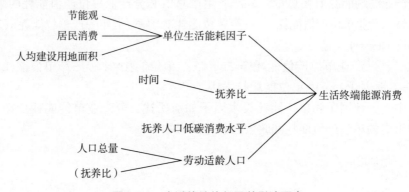

图 6-13　生活终端能耗及其影响因素

生活终端能耗=劳动适龄人口×[1+抚养人口低碳消费水平×抚养比/(1-抚养比)]×单位生活能耗因子

单位生活能耗因子=节能观×居民消费×人均建设用地面积

即生活终端能耗是人口和单位人口消耗的乘积，并引入人口年龄结构因素。单位生活能耗因子即衡量单位人口的消耗程度，受节能观、居民生活消费和人均建设用地面积三个因素的影响，居民消费即国民收入支出直接用于居民消费的部分。人均建设用地面积如前所述。节能观是居民对于生活中节能的看法，该变量实际上包含了除去居民人均建设用地面积外所有影响单位生活能耗因子的变量，但根据文献，居民节能的观念对单位生活能耗因子影响最大，因此以节能观代之，具体数值将从模型调试中得出。

3. 碳排放折算因子

对于系统动力学中终端能源消费总量对碳排放量的折算因子，利用 IPCC 规定各种燃料的折算因子，并分别乘以权重，从而加和各类因子得到综合折算因子，其中权重取 2005 年各类能源消耗占终端总能源的比重，最终计算得到该综合折算因子为 0.676 左右。在考察能源排放折算因子的过程中也看到，天然气的碳排放折算因子为 0.448，而焦炭的折算因子高达 0.8556，不同类型的能源碳排放强度差别较大。另外，2005 年长三角地区终端能源消耗中高碳排放的原煤、焦炭等分别占能源消耗总量的 34.06% 和 12.48%，低碳排放的能源如天然气等，比重仅为 0.17%，可见能源结构的改善直接影响着碳排放的结果（见表 6-3）。

表 6-3　长三角地区能源消费类型和相关碳排放系数

能源类型	碳排放折算系数	2005 年能源消费结构（%）	能源类型	碳排放折算系数	2005 年能源消费结构（%）
原煤	0.7559	34.06	煤油	0.5714	2.03
洗精煤	0.7559	1.20	柴油	0.5919	13.02
其他洗煤	0.7559	0.29	燃料油	0.6182	8.54
型煤	0.7559	0.63	液化石油气	0.5040	3.89
焦炭	0.8556	12.48	炼厂干气	0.4600	2.18
焦炉煤气	0.8556	1.30	天然气	0.4483	0.17
其他煤气	0.3545	2.77	其他石油制品	0.5860	8.23
原油	0.5860	0.23	其他焦化产品	0.6446	0.53
汽油	0.5919	8.33	其他能源	0.7999	0.11

资料来源：《中国能源统计年鉴》，《2006 年 IPCC 国家温室气体清单指南》第二卷"能源"。

除此之外，碳中和和碳捕获技术以及土地利用变化的碳吸收已经在其他部分论述过。

第二节　模型调试及检验

根据上文对系统动力学模型构建和相关内容的阐释，运行模型并进行调整。

一、量纲一致性检验

为考察模型的可靠性和科学性，系统动力学模型需要经过一系列模型检验。

量纲一致性是系统动力学模型的基础原则，其意义在于保证模型中各个相关要素的连接具有现实意义，而非勉强的拼凑，尤其是对于某些不确定的参数要保证其在方程中的意义。本书中应用软件对本系统动力学模型进行检验，通过量纲一致性检验（见图 6-14）。

图 6-14　量纲一致性检验

二、模型语法和语义检验

模型语法检验内涵在于检验模型中的反馈回路是否具有现实的反馈意义，是否有循环论证的存在，即是否存在语法错误（Syntax Error）；而语义检验则检查模型中是否有没有定义或者没有使用的变量存在，即模型是否存在语义错误（Semantic Error）。本模型通过该检验（见图 6-15）。

图 6-15　模型语法、语义检验

三、模型调试和真实性检验

反复调试目的在于增强模型现实模拟的真实性,并通过真实性检验。系统动力学模型的模型调试分为两个层面,结构调整和参数调整。由于模型结构建立在前文的论述基础上,因此此处就模型参数进行个别调整。模型调试的主要的参考变量是 GDP、能源消耗总量、碳排放总量和资本存量在 2005~2009 年间的真实值。主要调整和设置变量是:出生率变动,预期寿命变动,节能观,碳排放折算因子,分产业单位能耗变动。其中,出生率变动设置为 0.009,预期寿命变动设置为 0.002。碳排放折算因子调整为 0.61。三产能耗变动率 2005~2009 年均采取保证三产终端能耗符合理论值的设置方式,一产单位能耗变动在 2010年前为 0.91,之后调整为 0.97;二、三产单位能耗变动设置时间表函数,其中二产能耗变动从 2010 年起设置为 0.94,2020 年为 0.96,此后每十年增加一个百分点,其余年份线性内插,作此设置考虑分产业单位产值能耗下降能力边际递减;三产能耗变动从 2010~2050 年保持 0.98。

节能观按照生活能耗排放实际值计算设置,节能观越低表示居民生活越倾向于节能。其中 2005~2009 年出自模型理论值,节能观从 2005 年的 3.14E-05 下降到 2009 年的 2.4E-05,五年期间年平均下降 6.4%,假设未来到 2050 年节能观指标年平均下降 2.8%,则得到图 6-16 中虚线部分预测值。

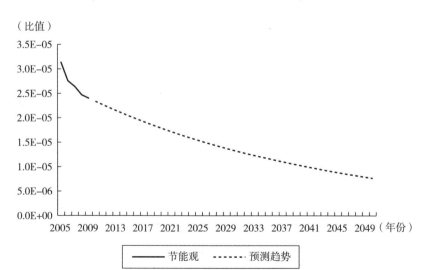

图 6-16　节能观指标取值及预测趋势

真实性检验则是以现实为基础，检查模型相关结论是否符合现实状况或模型中若干参数的变动所引起的变化是否有现实意义，因此，按照上文论述对模型调整后进行真实性检验。

真实性检验的参照主要是：第一章人口预测中的相关人口预测数值和其他指标的真实值。

由于系统动力学模型预测起点为 2005 年，根据第一章所做的人口预测，在这里模型检验主要选取如下变量进行真实性检验：GDP、能耗总量和碳排放总量检验期为 2005~2009 年（见表 6-4），人口总量（2005~2050 年）。从表中可以看出 2005~2009 年期间，GDP、能耗总量和碳排放总量除去 2005 年 GDP 预测外，相对误差均在 5% 以内，模型模拟结果良好。

表 6-4　基础模型真实值与模型预测值对照

年份	GDP（亿元）			能耗总量（万吨）			碳排放总量（万吨）		
	真实值	SD 拟合	相对误差（%）	真实值	SD 拟合	相对误差（%）	真实值	SD 拟合	相对误差（%）
2005	34710	37387	7.71	20306	20282	-0.12	12286	12372	0.70
2006	39602	41180	3.98	22122	21619	-2.27	13236	13187	-0.37
2007	45499	45309	-0.42	24091	23363	-3.02	14269	14251	-0.12
2008	50600	49861	-1.46	25432	24593	-3.30	14904	15002	0.66
2009	55884	54878	-1.80	26609	25538	-4.02	15427	15578	0.98

对于人口总量检验，参照数据为第一章长三角地区人口预测在四种预测情景下的预测均值。预测结果如图 6-17 所示，系统动力学模型对于人口总量的预测值对照参考模型，在 2005~2050 年期间相对误差均在 4% 以内，预测结果良好。按照系统动力学模型长三角地区在 2005 年为 1.415 亿人，到 2050 年将达到2.76 亿人，在 2005~2050 年期间长三角地区人口将持续集聚。

这里需要指出的是，系统动力学模型更多的是考察结构和发展趋势，并不致力于高精度的拟合，而本书研究的目的也恰恰是在结构和趋势基本吻合现实的情况下考察改善系统中某些指标的手段和方式，在这一基本理念下，模型通过检验进入模型结论挖掘。

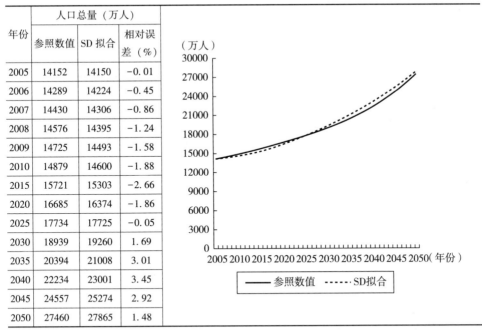

年份	人口总量（万人）			
	参照数值	SD 拟合	相对误差（%）
2005	14152	14150	-0.01
2006	14289	14224	-0.45
2007	14430	14306	-0.86
2008	14576	14395	-1.24
2009	14725	14493	-1.58
2010	14879	14600	-1.88
2015	15721	15303	-2.66
2020	16685	16374	-1.86
2025	17734	17725	-0.05
2030	18939	19260	1.69
2035	20394	21008	3.01
2040	22234	23001	3.45
2045	24557	25274	2.92
2050	27460	27865	1.48

图 6-17 人口总量的误差检验及预测曲线

四、敏感性检验

敏感性检验主要用于当某类参数根据现实状况比较难以确定其数值的情况下，根据模型关键变量的变动决定其赋值方式，即用敏感性检验改变其赋值区间以观察其值对模型的关键指标影响是否显著，如果影响并不显著，那么该赋值的精确度相对于模型就不是很重要，因此可以大致估计。在本书中选取常数变量抚养人口低消费水平指标在 [0.5，0.8] 区间随机均匀分布，失业率在区间 [0.01，0.08] 随机均匀分布，二产就业弹性在区间 [0.05，0.1] 随机均匀分布，三产就业弹性在区间 [0.2，0.8] 随机均匀分布，一产就业弹性在区间 [-2，0.001] 随机均匀分布，非劳动年龄劳动力比重在区间 [0.02，0.2] 随机均匀分布，劳动力参与率在区间 [0.7，0.9] 随机均匀分布，进行多变量敏感性检验。

由图 6-18 可以看出对可持续的人口集聚指标、人均碳排放、单位 GDP 碳排放和碳排放总量从 50%~100% 的可能取值区间。除了最初若干年份有影响外，随着时间递增，变量随机取值的影响对可持续的人口集聚指标、单位 GDP 碳排放两项指标将逐渐收敛。对于碳排放总量和人均碳排放影响范围不大，因此上述变量在各自取值区间范围随机变动均没有对四项指标趋势造成过大影响，上

可持续的人口集聚
——以长三角地区的人口导入和碳减排实现机制为例

述指标取值通过敏感性检验。

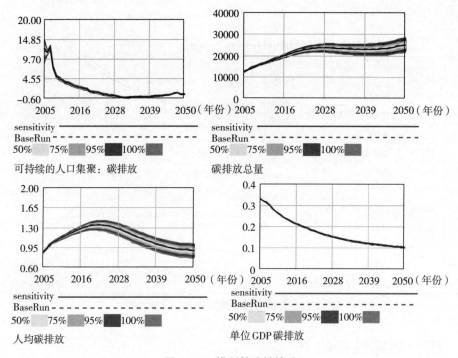

图 6-18　模型敏感性检验

第三节　长三角未来人口—环境关系模拟

长三角地区人口—碳排放关系的系统动力学模型有如下一些特征：一是该模型的本质是一个基于碳消费的模型，不涉及"供给层面"，因此该模型是一个高度开放的模型，这也与传统研究区域可持续性的生态容量有根本的区别。二是模型在对人口—碳排放关系研究中对各个子系统进行了高度的抽象和提炼，因此，尽管是描述了镶嵌在复杂的区域系统中的人口—环境关系，但仍然是一个有限的系统动力学模型。

在了解模型的基本属性后，我们进入对长三角地区人口—环境关系模拟的查考，在本书中关于长三角地区未来状况的模型为"基础模型"（Base Run）。这个基础模型是基于现有的区域系统状况和一些有较大可能性发生的变化而形成的人口—环境关系模拟，模拟期间为 2005～2050 年，预测期间较长，其预测精度都会下降，但本章更关注的是较长时期中结构性的发展和变动，预测期拉长有助于完整地刻画人口—环境关系态势。

一、人口、经济和能源消费

1. 人口

如图 6-19 所示刻画出了人口、经济和能源及其直接影响要素的预测期变动状况。在 2005~2050 年，人口总量不断上升，人口出生、死亡、迁移和人口总量均表现出类似的时间变化趋势，即人口集聚的程度将不断上升，由此带来的人口出生和死亡程度也不断地上升，这与第一章所预测的人口发展趋势基本一致。对照人口和经济增长曲线可以看到 2005~2050 年期间，按照现状发展，人口增长曲线较经济增长更为陡峭，人口增长具有较大潜力，随着时间的推移，人口增长速度加快，而经济增长随着时间变动增长速度有减缓的趋势。

2. 经济

深入考察经济指标 GDP，从 2005 年的 37387 亿元增长到 2050 年的 241955 亿元，也就是说长三角按照目前的基本发展状况，未来 45 年经济总量的年平均增长率将在 4.24% 左右，经济变动主要取决于投入要素和投入要素的产出弹性的变动。随着劳动力的产出弹性逐渐上升，GDP 变动经历了增长速度由快变慢的过程，而期间资本存量基本表现出线性增长，资本存量从 2005 年的 74511 亿元增长到 2050 年的 700020 亿元，资本存量的增长速度快于经济增长速度，年平均增长率为 5.1%。

劳动力投入随着经济规模的扩大，也从 2005 年的 8993 万人增长到 2050 年的 1.41 亿人，经济中单位劳动力要素的投入年平均增长速度为 1.009%，另外，系统动力学模型中长三角地区常住人口总量的年平均增长速度为 1.517%。也就是说按照目前的发展方式，区域人口集聚快速于人口进入经济、产生经济贡献的速度，长三角地区经济体对于集聚人口进入城市、促使人口为城市经济做出贡献的吸纳力不足，集聚人口将对长三角地区的经济和社会发展造成一定的压力。另一个经济增长的技术要素——全要素生产率从 2005 年的 0.566 上升到 1.114，年平均增长率达到 1.516% 左右。

按照 C-D 函数特征对各个要素对经济增长的贡献（党耀国等，2000；何锦义，2006）进行计算，基本公式是：

全要素生产率对经济增长贡献＝全要素生产率的变动率/经济变动率
劳动力对经济增长贡献＝劳动力产出弹性×劳动力变动率/经济变动率
资本对经济增长贡献＝资本产出弹性×资本变动率/经济变动率

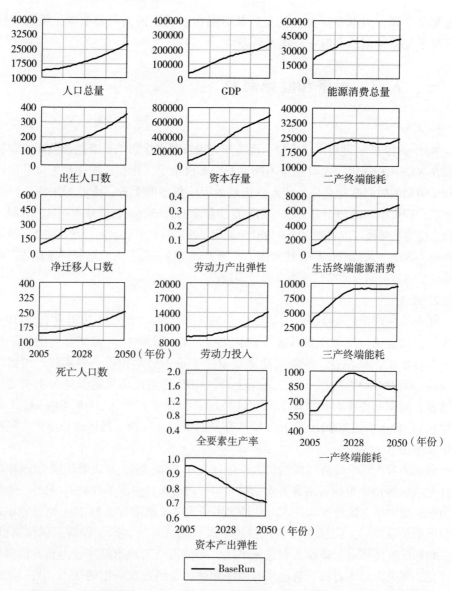

图6-19 人口(单位:万人)及相关要素变动,经济(单位:亿元)及相关
要素变动和能源消耗(单位:万吨)及相关要素变动

通过计算,如图6-20所示,2005～2050年长三角地区的经济增长过程中,将在前30年左右依赖资本投资的贡献,而劳动力对经济增长的作用也将随着劳动力产出弹性的提高越来越凸显出来,全要素生产率在2005～2040年期间对于经济的贡献持续快速升高,虽然在2040～2050年期间出现了波动,但将于2037

年前后超过资本对经济增长的贡献，也就是说，未来长三角地区经济发展将越来越受到包含制度、创新、科技等内涵在内的全要素生产率的影响，而劳动力也将发挥更大作用。

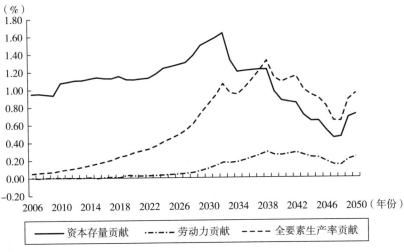

图 6-20　经济增长的要素贡献度

3. 能源消费

观察图 6-18 可以看出终端能源消耗的变动主要受到一产终端能耗变动、二产终端能耗变动、三产终端能耗变动和生活终端能耗变动变化的影响。在 2005~2050 年预测期间，终端能源消耗从 20282 万吨增加到 41289 万吨，年平均增长率为 1.59%，增长经历了从 2005~2028 年的加速期，过渡到 2028~2050 年的稳定期。其中 2028~2039 年能源消费小幅下降，之后表现为缓慢地上升，就绝对数量来看，这种曲线发展形势受到第二产业能耗曲线的影响。

就能源消费的构成可以看出（见图 6-21），第二产业能耗仍然是区域能耗的主要部门，但其比重逐渐下降，从 2005 年的 75% 下降到 2050 年的 58.7%；第一产业能耗所占比重从 2005 年的 2.92% 下降到 2050 年的 1.96%；而第三产业和生活能耗所占比重逐步上升，越来越成为区域能耗增加的主要力量所在，其中生活能耗占比迅速从 2005 年的 5.7% 上升到 16.3%，而第三产业能耗从 2005 年的 16.4% 上升到 2050 年的 23%。

一产终端能耗从 592 万吨增加到 811 万吨，年平均增长率为 0.7%，其变动呈现倒 U 形，时间拐点位于 2027 年前后（见图 6-22），考察第一产业终端能耗可以看出单位能耗技术因子是引起一产终端能耗变动的主要原因，可以预见，随着产业结构的调整和高科技农业的发展，一产能耗最终突破经济规模的限制实现能耗的下降。

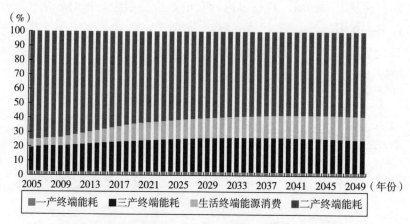

图 6-21   2005~2050 年长三角地区能源消耗总量结构变动

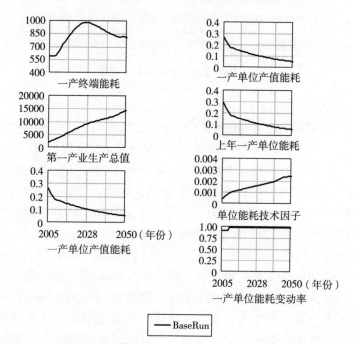

图 6-22   第一产业终端能耗（单位：万吨）及相关因素变动趋势

第二产业能耗表现为一波峰、一小波谷的 N 形趋势，但总体上其产业能耗在快速进入 2025 年的波峰后，基本表现为稳定波动，其小波谷位于 2039 年前后，预测期间第二产业能耗年平均增长率为 1.04%，低于能源消费总量的增长。期间二产单位产值能耗也在不断下降，主要受到技术、土地和单位能耗变动率的影响。对于第二产业能耗表现可以看出，对于城市的工业化进程本身就是资源密集型的发展过程，技术、创新、制度等要素难以抵挡庞大的经济发展对能源造成的压力，但是随着城市扩张发展期的结束、城市进入稳定的成熟发展期，基础设施等得到完善后，第二产业对于能源的消耗将保持稳定（见图 6-23）。

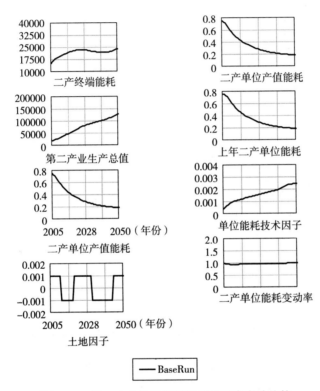

图 6-23　第二产业终端能耗及相关因素变动趋势

第三产业能耗均经历了从快速上升到平稳过渡时期，其趋势过渡时间点位于 2027 年前后，预测期间年平均增长率为 2.36%，高于能源消费总量的增长率。第三产业单位产值能耗在预测期间保持下降，同第二产业单位能耗增长因素一样，受到技术、土地和单位能耗变动率的影响。能耗增长的主要原因依然是第三产业规模的增长，这与区域经济发展加速时期交通、仓储等能耗较大行业的迅速发展有关，随着城市功能日益完善，土地经济密度的提高，第三产业能耗增长也将进入稳定（见图 6-24）。

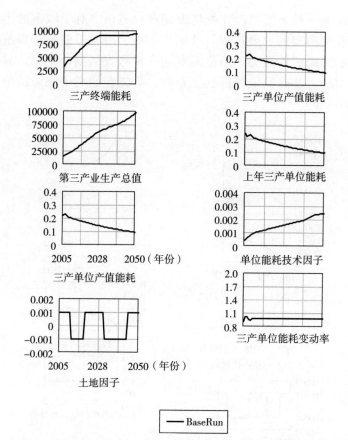

三产终端能耗

三产单位产值能耗

第三产业生产总值

上年三产单位能耗

三产单位产值能耗

单位能耗技术因子

土地因子

三产单位能耗变动率

——BaseRun

图 6-24　第三产业终端能耗（单位：万吨）及相关因素变动趋势

　　生活终端能耗正在成为区域能源消耗的重要构成，并且这种趋势将逐渐加剧，这一结论尽管被诸多学者提出，而又再次在本章的区域系统模型中得到证实。由图 6-25 可知，生活能耗从 2005~2019 年的迅速增加是由于单位生活能耗因子和人口增加的共同作用，之后单位生活能耗因子逐步下降，生活能耗增加主要受到人口增长的影响。其中，单位生活能耗因子受人均建设用地面积、节能观和居民消费程度的影响，在 2005~2050 年期间节能观保持下降，居民消费持续上升，而使单位生活能耗因子在 2020 年减缓了增长趋势并随后进入稳定的主要是人均建设用地面积停止了快速上升，进入较为平稳发展阶段，由此，可以充分证明，紧凑型发展不仅对于生活能耗的降低有着重要的作用，并且是影响生活能耗最为关键的因素。

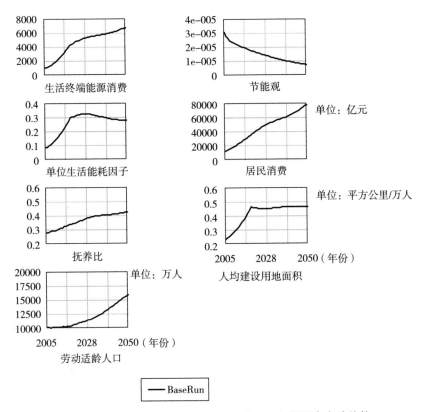

图 6-25　生活终端能耗（单位：万吨）及相关因素变动趋势

二、可持续性的一阶观测与二阶观测

在本书中衡量考察可持续的人口集聚状况主要有四个指标：可持续的人口集聚指标、碳排放总量、人均碳排放和单位 GDP 碳排放。这是因为观察碳排放总量和人均碳排放在时间序列上的曲线发展和变动趋势，是一种关于可持续性的一阶观测，在这种变化下，我们可以直接看出环境指标的状况，其发展是否有所改善，从而知道人口—环境关系的好坏。然而，有这样一种发展，尽管目前或者有限的时间内，环境指标看似还在恶化着，但是其恶化的速度在不断地下降，未来有实现环境指标真正改善的可能性，这样的观测可以称为关于可持续性的二阶观测，也正是书中提出并系统论述的可持续的人口集聚的指标。

另外，二阶观测还有一个重要意义就是可以了解到可持续性是在何种情况下实现的，是以牺牲经济发展或抑制人口集聚实现的，还是在人口集聚的情况下实现的，对这两种情况做区分更有利于了解区域发展和可持续性的提高是属于牺牲型还是智慧型，是属于粗放经济发展还是集约的精明增长，是属于抑制减少型还是人口、经济、环境和谐共生。了解关于可持续性的二阶观测，对于进入加速工业化和城市化的发展中国家，尤其是其内部最为发达的地区，是十分重要和有意义的，如果说人口集聚和经济增长体现着发展的公平性和必然性，那么就有必要在发展中国家进行关于可持续性的二阶观测，给发展中国家足够的发展和改善环境的空间和时间，同时也必须使这些发展具有可持续的自觉性。因此，对于长三角地区历史发展及未来的发展状况有必要从一阶和二阶两个层面进行观测。

1. 可持续性的一阶观测

按照系统动力学模型预测，如图 6-26 所示。

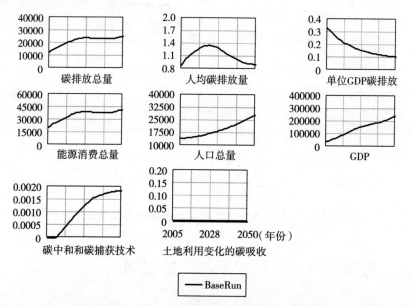

图 6-26　碳排放总量（单位：万吨）及其相关要素变动，人均碳排放量（单位：万吨/万人）及其相关要素变动，单位 GDP 碳排放（万吨/亿元）及其相关要素变动

2005~2050 年期间碳排放总量将随着能源消耗增加上升，其基本趋势同能源消耗总量的变动（由于土地利用变化产生的碳吸收作为重要的控制变量，在基础模型中并未引入，因此预测期间该指标均为 0），因此促成其下降的主要因素是影响能源消耗总量相关要素。另外，由于根据假设只有 R&D 指标占比超过 1.2%左右，碳中和和捕获技术才能得到发展并对碳减排做出贡献，因此，碳中和和捕获技术在 2011 年 R&D 占比超过 1.2%后开始对碳排放总量发挥减排的作用。

人均碳排放变化受到人口总量和碳排放总量的影响，表现为倒 U 形变动，从 2005 年的 0.87 万吨/万人增加到 2022 年的 1.35 万吨/万人，期间年平均增长率达到 2.6%，之后 2022 年到 2050 年属于相对缓慢下降期，年平均下降率为 1.43%，到 2050 年人均碳排放变化值为 0.902 万吨/万人，接近 2005 年水平。单位 GDP 碳排放则在 2005 ~ 2050 年期间保持下降，并且下降速度逐渐减慢，从 2005 年的 0.3309 万吨/亿元下降到 2050 年 0.1039 万吨/亿元，年平均下降率为 2.54%。

2. 可持续性的二阶观测：可持续的人口集聚指标

可持续的人口集聚指标，受到人口变化率和碳排放变化率的影响，其波动趋势基本同碳排放变动趋势相同。

观察图 6-26 可知，可持续的人口集聚指标在预测期大部分时间都大于 0，并且在 2023 年之前处于"不可持续的人口集聚"状态，吻合第五章对于历史状态下长三角区域人口—碳排放关系的计算，即可持续的人口集聚的指标计算。

按照图 5-12 的可持续的人口集聚坐标示意图，都属于不可持续的发展。然而，2023 年该指标均小于 1，表示存在方向性的改进，即相对的弱压力状态，人口—碳排放关系开始出现改善的可能性；在 2023 年以前可持续的人口集聚指标大于 1 时，都属于不可持续的人口集聚。在 2029 ~ 2039 年期间该指标小于 0，也就是实现了可持续的人口集聚，这里吻合了碳排放总量的浅 "N" 形趋势。在图 6-27 中分别以颜色的深浅表示了这种人口—环境关系的压力状态，颜色越深，表示压力越大。

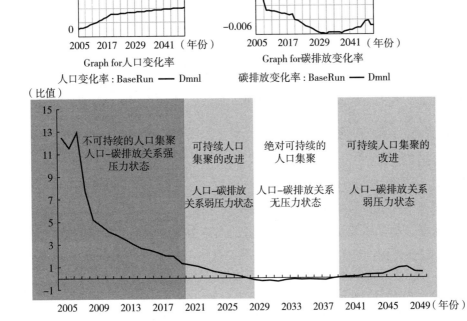

图 6-27　2005 ~ 2050 年可持续的人口集聚：碳排放指标发展趋势

对长三角地区而言，随着人口集聚，碳排放总量的增长将先低于人口的集聚速度，之后将会出现人口持续集聚、但同时碳排放总量下降的局面。也就是说，按照目前的发展趋势，长三角地区有望将人口—环境压力维持在可持续的人口集聚的弱压力状态，甚至实现可持续的人口集聚。另外，需要指出的是，尽管实现了可持续的人口集聚，即方向性的改善和变动，有向好的趋势，但并不表示区域人口—环境关系的状态在绝对数值上是友好的，当然通过不断地促进可持续的人口集聚，我们的发展始终是面向可持续发展的，是走在可持续发展的道路上的。

三、本节小结

通过基础模型对现实的模拟及未来趋势的预测，我们至少可以得到如下的观点。

第一，长三角地区未来的经济增长将依然依赖于资本增长，而科技要素将对经济增长发挥越来越大的作用。但长三角地区人口集聚的速度和经济增长的速度，均快于经济中劳动力投入的增长速度，这就告诉我们，长三角地区未来不仅面临着较大的生态环境压力，也面临着提高经济对劳动力吸纳能力的挑战。如果说人口集聚在某种程度上恶化了人口—环境关系，那么没有经济产出和发展的人口集聚就是更大意义上的灾难。

第二，长三角地区未来的能源消耗和碳排放总量均有可能实现稳定甚至下降，从而使人口—环境关系变为弱压力状态，甚至实现良好共生。这种情况发生在经济保持 4.2% 的年平均增长速度和人口集聚保持 1.517% 的年平均增长速度下，因此，我们可以说长三角地区有潜力甚至有能力实现可持续的人口集聚。

第三，对于长三角地区而言，生活能源消费、第三产业能源消费的增长速度将面临快速上升，但第二产业能源消耗依然占比 50% 上，这主要与人口规模和经济规模直接相关。按照模拟，长三角地区实现可持续的人口集聚主要依托紧凑型发展和精明增长两个基本观念，也就是说依靠更为紧凑的土地利用、更新消费观念、技术和制度创新等就能够实现并保持可持续的人口集聚。这种发展如前所述，是智慧型、精明型的，并非牺牲发展换取环境质量的改善或提高。

第四，实现全面的科技渗透，不只是对于城市部门，发展高科技农业也是环境友好型经济增长的体现，作为城市部门的支撑，高科技农业要面向高产出、低（碳）排放的目标发展。

第五，这些结论提示我们，对于一个地区的人口—环境关系采取可持续性的一阶观测和二阶观测是十分必要和有意义的，因为这不但是采取宽容和公平的视角为发展中国家创造了更多发展的空间和时间，也更加提示出可持续发展可以、也需要保持智慧，因此对于发达国家同样是有意义的。

在对基础模型发展趋势了解之后，研究进入模型挖掘和深入分析，以下讨论将就实现可持续的人口集聚相关要素或要素集合进行分类讨论，即考察有效的可持续性手段和措施，主要讨论要素和要素组合包括：经济结构、就业、支出、土地利用、技术、政策和制度、效率、观念和时间等。主要观测指标是：人口总量、GDP 以及可持续性的一阶指标和二阶指标，即碳排放总量、人均碳排放和可持续的人口集聚指标。简言之，本书将在一定人口集聚程度和经济规模下讨论区域系统的可持续性，既要考察人口—环境关系的友好状态，又要考察可持续变化的智慧性问题。

第四节　政策调整模型

事实上，对于上述基础模型我们看出，按照目前某些发展趋势，到某些年份以后（模型给出的参考年份是 2020 年），可能出现人口—环境关系的弱压力，甚至无压力状态，但尽管这样，我们仍无法肯定按照区域承载力或是其他的标准，这些状态是否真的能被"撑得住"。所以，就给了我们在现有基础上不断改善人口—环境关系的动力、不断地促进区域可持续性增强的动力，才能使我们为了看不见的"承载力"而做出最大的努力。究竟要如何做，这就是本章研究政策调整模型的重要意义。本章的最重要意义在于回答：可持续的人口是否能够实现，其实现可能性和程度有多大，实现可持续的人口集聚有何种路径和方式。

政策调整模型是本书的重要研究目标和关键研究内容所在，在进入模型之前，有必要对政策调整模型做一些说明，从而使其结果不致产生误导。

一、关于政策调整模型的说明

系统动力学模型的构建包括结构和要素两个方面，其功能正是受结构所决定的，对要素和结构的调整意味着如果对现实做类似的政策制度控制或其他手段可能对系统产生何种影响。作为"政策实验室"的系统动力学作用正在于此，即在现实模型的基础上对模型进行有目的的调整以测试政策的可能结果及有效性。

因此，基础模型（BaseRun）是按照前文理论、并在相关数据技术分析基础上构建起来的、基于现实模拟和对未来预测的模型。在对该模型的表现进行分析的基础上，随后将在基础模型的结构框架基础上变动若干参数和参数组合，考察政策制度手段、经济手段和技术手段等对于可持续的人口集聚指标、碳排放总量和人均碳排放的影响，根据第三章概念架构中的十大途径构造共 11 个政策调整模型，这些调整模型几乎囊括了该系统动力学中所有控制变量。另外，这 11 个政策调整模型也仅仅是这一个区域系统中可以得到的结论的一小部分，事实上，各种手段的组合又会生成更多更复杂政策调整模型，但是由于工作时间限制，本书挑选了相对较为基础的 11 个模型进行论述和分析。

最后需要特别强调的是，本书的目的在于通过这 11 个模型分析以判断何种手段措施对于实现人口—碳排放关系的向好发展是有效的，只要说明手段具有方向性的改善即可，不需要知道精确的改善程度，例如，我们如果在调整模型中设置土地紧凑利用程度为 10% 会实现可持续性的观测的改善，那么我们就说提高土地的紧凑利用对于人口—环境关系的改善是有效的，但这并不是说一定要紧凑程度改进 10% 或者某个具体数值，精确的研究本身不是系统动力学的长处，也不是本书所要研究的内容。

因此，根据上述内容，我们的主要研究目的在于知道某些手段比较有效即可，为了服务于这个目的，我们在调整模型时候为了使得模型变化与基础模型的对比看起来更明显、细节更容易被发现，从而提示给我们更多的信息，将对若干参数做出可能超出常规范围的调整，但这并不意味着说我们认同了这种超出常规范围的参数。例如，在设置第三产业比重时，为了使产业结构调整这一措施的效果尽可能的明显，调整第三产业比重至 77%，目的仅限于观察第三产业结构比重上升对于区域人口—环境关系的改善是否有效，并不代表 77% 这一参数有实际的操作价值。政策调整时取值失真，只是为了凸显影响的变动情况，参数究竟有多么失真并不重要，因为这本身不是本书考察的内容，本章考察是政策指标上升或下降对于环境的影响。

对于本章政策调整模型得到的结论该如何使用？需要保持十分谨慎的态度，即在政策建议方面只要求措施与政策调整参数的变动方向一致，而不要求绝对数值的一致。

二、经济结构调整模型（EcoStrRun）

经济结构调整模型意义在于考察不同的经济结构对于可持续性的影响问题，主要依靠调整经济结构要素改变基础模型，并与基础模型结论形成对比得到结论。经济结构要素组合包含：第一产业比重、第三产业比重以及第一、第二、第三产业就业弹性系数。按照第一、二、三产业协调发展和粮食安全的原则，调整基本原则是保证第一产业比重不低于 3%，第二产业比重不低于 20%，对第三产业进行调整。对就业弹性的调整基本按照文献中对于第二、三产业可能的取值进行调整，对第一产业就业弹性调整主要考虑到随着农村剩余劳动力的持续转出，第一产业至少不再出现"就业排挤"。具体参数调整如表 6-6 所示。

从表 6-5 可以看出，经济结构模型 1（EcoStrRun1）和经济结构模型 2（EcoStrRun2）的区别在于是否进行了就业弹性系数的调整。根据文献知道，经济结构调整从结构效应上影响着碳排放的总量，因此单独对产业结构效应进行检验是必要的。分产业就业弹性提高，尤其是第一产业就业弹性的提高代表着农村剩余劳动力的减少、劳动生产率的提高，也反映着城市部门对于劳动力的吸引和吸纳作用；第二、三产业就业弹性提高在某种程度上将意味着城镇劳动力岗位的增加，根据模型中的净迁移公式将吸引更多迁移人口，从而有可能增加生活能源消费，在促进就业结构向第三产业调整的同时可能存在环境恶化的可能。这也就是说，设置经济结构模型 1 和经济结构模型 2 的意义，除了用于检验实现可持续的人口集聚的手段，还在于判断提高就业弹性、促进就业向城市部门转变，这种就业结构调整是否会降低可持续性。

表 6-5　经济结构调整模型和基础模型参数对比

参数	基础模型	经济结构调整模型 1	经济结构调整模型 2
第一产业比重	6%	3%	3%
第三产业比重	40.3%	77%	77%
第一产业就业弹性	-1.1959	-1.1959	0.01
第二产业就业弹性	0.0958	0.0958	0.3
第三产业就业弹性	0.2992	0.2992	0.5

1. 可持续性的一阶观测

观察碳排放总量指标，可以清楚看到 EcoStrRun1 与 EcoStrRun2 基本重合，并与 BaseRun 曲线的发展趋势基本保持一致，但 EcoStrRun1 与 EcoStrRun2 曲线的整体水平低于 BaseRun 曲线，即经济结构调整模型的碳排放总量曲线比基础模型的碳排放总量曲线在 Y 轴上向下移动了，2005~2050 年期间经济结构调整模型的碳排放水平平均仅相当于基础模型的 81.5%（见图 6-28）。也就是说经济结构调整并没有改变碳排放总量的曲线发展的形态，但是在碳排放水平上使曲线整体下降了近 82% 的水平，即经济结构调整也许不能阻止碳排放水平上升的趋势，即无法改变具有某种增长率的增长态势，但是在同样的增长率下，使初始碳排放和最终碳排放均减小相同的倍数，这是我们期待看到的。

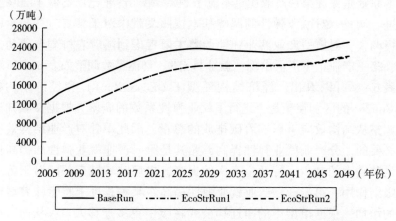

图6-28 经济结构调整模型与基础模型的对比之碳排放总量

观察人均碳排放和单位 GDP 碳排放也出现与碳排放总量类似的特征，经济结构调整模型中人均碳排放曲线和单位 GDP 碳排放曲线的发展趋势与经济结构调整模型中该指标发展趋势一致，但是经济结构调整模型的位置低于基础模型，2005～2050 年期间经济结构调整模型中的人均碳排放指标平均相当于基础模型该指标的 80.68%，单位 GDP 碳排放指标平均相当于基础模型该指标的 79%（见图 6-29）。发生在可持续一阶观测的现象告诉我们，结构调整产生的可持续性不仅发生在总量上，还发生在单位指标上。

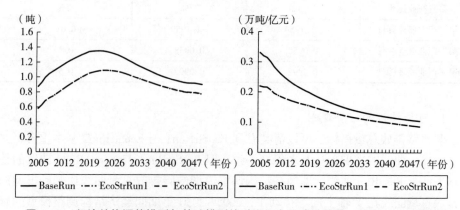

图6-29 经济结构调整模型与基础模型的对比之人均碳排放量、单位 GDP 碳排放

2. 可持续性的二阶观测

其他参数不变的情况下，变动分产业就业弹性和产业结构对于可持续的人口集聚指标的影响（见图 6-30），在图中剔除 2005 年可持续的人口集聚指标，因为 2004 年的碳排放量是模型外生变量不受模型调控的影响，因此 2005 年的碳排放变动率在模型调试的时候不具有参考意义。图中，EcoStrRun1 与 EcoStrRun2 基本重合，而在 2005~2050 年期间 EcoStrRun2 曲线所代表的可持续的人口集聚指标均略高于基础模型，而 EcoStrRun1 曲线所代表的可持续的人口集聚指标在 2005~2043 年期间均略高于基础模型，但 2043 年之后开始低于基础模型该指标；同时经济结构调整模型也与基础模型几乎一致地从 2025 年开始进入人口—环境弱压力范围，甚至出现若干年份可持续的人口集聚指标为负值，即实现了可持续的人口集聚。这也告诉我们，在经济结构调整的相当长一段时间内，可持续的人口集聚指标可能会上升，但并不影响人口—环境关系的基本压力状态，同时，随着经济结构调整的完成，经济结构调整的结果将使可持续性的二阶观测下降，这需要我们的耐心，但不需要过多担心。

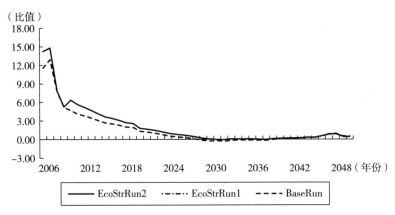

图 6-30 经济结构调整模型与基础模型的对比之可持续的人口集聚指标

另外，该结论也显示了，可持续的人口集聚指标随着时间发展可能对经济结构调整显得并不敏感，这主要是因为经济结构调整同时改变了可持续的人口集聚的分子和分母部分，即同时改变了人口集聚度和碳排放变动率，通过就业等方式提高人口变动率的同时，也通过经济规模和人口规模提高了碳排放的变动率。因此，在这种情况下，对一阶指标的考察决定着我们是否有为了人口—环境关系而改变产业结构的必要。

3. 智慧型的经济发展

智慧型的经济发展，考察的是人口—环境关系的改善发生在何种人口和经济背景之下。事实证明如图 6-31 和图 6-32 所示，一阶观测到的可持续性的提高，发生在人口集聚水平略有上升、经济水平略有提高的情况下，即图中人口发展和经济发展曲线在经济调整模型的两种情况下均略高于基础模型，这告诉我们一个振奋的消息，在一阶环境曲线时间序列上的发展态势基本不变，而人口集聚水平略强、发展程度略高的情况下，通过经济结构的调整，便可以降低一阶环境指标的水平，即实现一个可持续的结果。

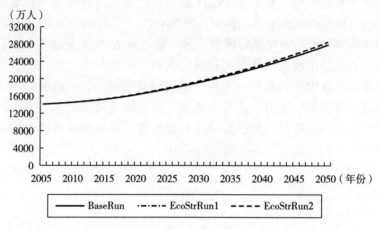

图 6-31　经济结构调整模型与基础模型的对比之人口总量

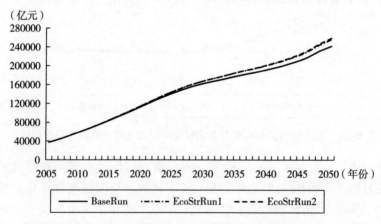

图 6-32　2005~2050 年经济结构调整模型与基础模型的对比之 GDP

另外，前面提出促进就业结构的第三产业转移可能会引起不可持续的结果，在对经济结构调整模型 1 和经济结构调整模型 2 的对比中得到证明，无论是可持续的一阶观测（碳排放指标和人均碳排放指标）或是可持续的二阶观测（可持续的人口集聚指标），对于就业结构的产业调整并不敏感，这点由 EcoStrRun1 和 EcoStrRun2 在三项观测指标上均表现出基本重合而体现出。因此鼓励长三角地区持续发挥劳动力比较优势、发展劳动密集型产业并不会对人口—碳排放关系造成明显的恶性影响。

　　事实上已有周天勇等（2010）在其研究中也指出，第三产业转型是经济发展的象征，这一过程中经济总量上升，而吸纳更多的人口。长三角地区以上海为主要核心，其发展将更加全球化、国际化，而全球城市也将出现不同程度的劳动力分化，从而增加对低端服务业的需求，因此从发展方向和定位来看，经济转型中人口集聚并促进可持续的人口集聚是具有一定的可能性的[①]，而强制低端劳动力退出市场则会影响城市的长远发展[②]。

　　至此，通过经济结构调整模型和基础模型的对比，可以明确不断提升产业能级、调整产业结构并促进就业结构向城市部门转型，不仅从其直接能源消耗所产生的碳排放和人均碳排放上说是有利于可持续发展的，从其产生的人口集聚效应来看也并没有显著地影响可持续性的一阶观测，而这种调整更可以称为一种智慧型的经济发展的调整。

三、就业调整模型（EmpRun）

　　就业对于碳排放的影响学术界缺少有针对性的系统研究，一般促进就业（而非上述的就业结构调整）往往直接促进了人口集聚，从而可能从生活能源消费增加的方面对区域的人口—环境关系产生压力；另外促进就业可能增加产出规模，从而增加能耗和碳排放。因此设置就业调整模型，考察促进长三角地区常住人口就业是否会造成环境恶化，或是否有人口—就业—环境协调发展的权衡手段。

　　1. 敏感分析和模型对比

　　就业调整模型设置三个主要调控变量：失业率、劳动参与率和非劳动年龄劳动力比重。设置敏感性检验，失业率、劳动参与率和非劳动年龄劳动力比重分别在［0，1］区间上随机均匀变动，结果发现，人口总量、可持续的人口集聚指标和单位 GDP 碳排放对该三组指标相对不敏感，而人均碳排放、碳排放总量和 GDP 对该三组指标变动十分敏感（见图 6-33）。因此可以认为就业调整模型的控制变量主要通过经济、就业等途径对人口—环境关系产生影响。

　　由于劳动参与率和非劳动年龄劳动比重的本质是衡量在就业岗位有限、劳动就业促进与环境友好发展略有冲突的情况下，究竟是优先提高经济活动人口中老年人口比重还是提高劳动年龄人口中劳动年龄人口经济参与比重这一问题，

　　① ［美］丝奇雅·沙森. 全球城市：纽约、伦敦、东京［M］. 周振华等译. 上海：上海社会科学院出版社，2005：442.

　　② 王太拓. 时评：强制低端劳动力退出北京，不利于城市长远发展［EB/OL］. 高端财经网，2010-08-04.

可持续的人口集聚

——以长三角地区的人口导入和碳减排实现机制为例

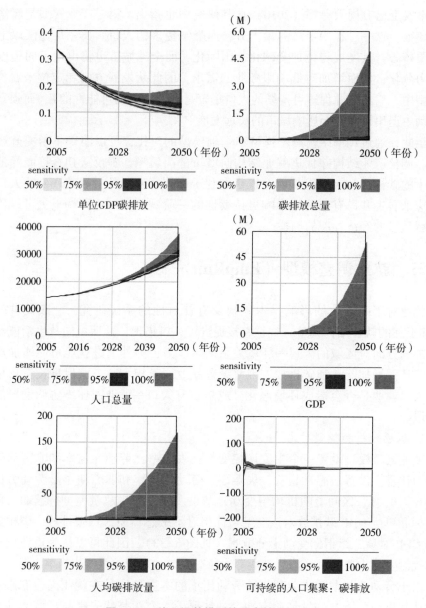

图 6-33　就业调整模型的要素敏感性分析

可以试图从模型结合实际进行分析。本章假设政策分别对这两个指标做增加和减少九个百分点的努力，如表 6-6 所示，在其他变量不变的基础上拟合系统动力学模型，共得到四个模型，结果分别列入对应单元格。

表 6-6 就业调整模型中要素的组合变动

变量相对于基础模型的变动		非劳动年龄劳动力比重（9.506%）	
		高 18.506%	低 0.506%
劳动参与率（80.85%）	高 89.85%	人口（-0.08%），可持续的人口集聚（13.95%），人均碳排放（8.23%），碳排放总量（8.16%），GDP（9.01%），单位 GDP 碳排放(-0.76%)（1）	人口（-0.0031%），可持续的人口集聚（0.16%），人均碳排放（0.37%），碳排放总量（0.37%），GDP（0.39%），单位 GDP 碳排放（-0.02%）（2）
	低 71.85%	人口（0.0047%），可持续的人口集聚（-0.22%），人均碳排放（-0.48%），碳排放总量（-0.47%），GDP（-0.49%），单位 GDP 碳排放（0.01%）（3）	人口（0.45%），可持续的人口集聚（-3.17%），人均碳排放（-7.03%），碳排放总量（-6.62%），GDP（-7.2%），单位 GDP 碳排放（0.63%）（4）

根据该表，在就业调整模式中我们基本可以得到如下结论：

第一，单纯以环境的可持续性，即可持续的一阶观测和二阶观测来看，降低就业无疑是"环境友好"的。这是因为在人口变动对就业调整保持刚性的同时，就业升高通过提高 GDP 而提高能耗以及人均能耗，并恶化可持续的人口集聚的指标。但是降低就业，却不"智慧"。面临这一残酷现实，我们需要做一些艰难的选择，即发展和环境友好的权衡，发展程度和环境友好程度的权衡。

第二，单位 GDP 碳排放直接受到 GDP 变动的影响、与 GDP 的规模直接相关，当 GDP 受到就业影响增高时，单位 GDP 碳排放下降；当 GDP 下降时，单位 GDP 能耗则上升，如果说单位 GDP 能耗在这种情况下反映的只是 GDP 的变动问题，那么在就业调整模型中可以忽略考虑此变量。

第三，尽管人口对就业结构调整模型表现出刚性，但无法忽视一个现象，当劳动参与率较高时人口集聚程度下降，这是因为劳动参与率较高直接增加了就业岗位需求，从而阻碍人口迁移。对于非劳动年龄人口劳动力比重来说，其值的下降意味着提供给劳动力的就业岗位的增多从而有促进人口迁移的作用。

第四，根据第三点，可知非劳动年龄人口劳动力和劳动参与率对人口—环境关系有非对称的影响，即在维持劳动力投入基本不变的情况下，增加非劳动年龄人口劳动力、减少劳动年龄人口劳动力或是减少非劳动年龄人口劳动力、增加劳动年龄人口劳动力两种情况，对环境产生的影响是不同的。观察系统动力学模型可知，非劳动年龄人口比重增加起到的是减少劳动年龄劳动力就业岗位供给的作用，同时劳动参与率下降则意味着就业岗位需求的下降；而劳动参与率增加起到的则是增加劳动年龄劳动力就业岗位需求的作用，同时非劳动年龄人口比重下降则意味着就业岗位的相对增加；因此，尽管两种情景在就业供求上是平衡的，前者有经济规模收敛的作用，后者则有经济规模扩张的趋势。简言之，由于增加非劳动年龄人口劳动比重对移民有着替代作用，从而有收缩经济趋势。

2. 现实的情况

表6-6, 高发展、高环境破坏和没有增长的环境改善都不是我们想要的, 从现实情况中, 我们可以找到一些选择发展情景的依据。首先, 按照上文促进劳动力就业结构向第三产业转移, 有产业升级意义, 且没有产生严重的环境破坏, 那么由于第三产业相较其他产业是就业吸纳型产业, 为顺应此趋势, 认为就业率应该是提高的, 因此, 排除表6-6中的情景 (4)。其次, 长三角地区劳动力经济参与率较高, 2005年达到80.85%, 随着教育水平的不断提高, 进入劳动年龄的人口往往由于教育原因推迟进入劳动力市场, 因此劳动力的劳动参与率存在着很大的下降可能性, 而这部分劳动力受过教育也大大地提高了人力资源质量, 也就是说劳动力的劳动参与率不大可能也不应该过高, 因此, 排除表中情景 (1) 和情景 (2)。最后, 随着老龄化程度的加深, 平均预期寿命的提高, 不少学者指出我国退休政策滞后于人口发展和社会发展, 丧失了大批老年人力资源, 而开发这些老年人力资源顺应发展和提升人力资本的需求。因此表中情景 (3) 符合上述原因。

在做出艰难的现实性抉择后再看表6-6中的各个情景, 发现情景 (3) 基本维持了经济水平和环境人口状态, 只是各项指标略有下降, 而人口集聚性略微增强, 而情景 (3) 至少有一个带有可持续性的转变, 就是在人口集聚的背景下人均碳排放和碳排放总量均实现了降低。

至此, 可以得出结论, 为了维持社会稳定、保持一定的就业水平和生产水平, 在一定程度上提高非劳动年龄劳动力的比重, 同时提高教育水平、鼓励低劳动年龄人口晚进入劳动力市场, 一方面不会对生产造成过大影响、并对经济扩张冲动起到了一定的收敛抑制作用, 同时对环境相对具有友好性。事实上模型提示我们, 在劳动参与率上升空间有限的情况下, 开发老年人力资源、提高老年人口的经济参与程度不仅有利于区域人力资本的积累, 即"建设生产型老龄社会"不仅对未来长三角地区经济的可持续发展是有意义的, 更是一项环境友好型的举措。另外, 观察表6-6也可看出, 人口在未来将维持一定的集聚水平, 这种集聚水平对于分年龄人口就业结构和劳动参与程度表现并不敏感, 而是主要受到经济、土地等其他因素影响, 因此改变劳动参与程度或是分年龄劳动力的就业模式, 实际上不会产生太大的人口集聚压力。

另外, 之前在"实现可持续的人口集聚的十大路径"中, 我们所提出的"促进就业"是一个基于促进人力资本提升的假设, 由于本章并未直接引入相关的人力资本变量, 因此只能从上文中间接地为这一"路径"提供一些支撑。

四、支出调整模型 (SpeRun)

支出调整模型的目的在于考察经济支出结构的环境友好型方式, 经济支出结构在本书中主要包括，经济用于居民消费和政府消费的支出、企业生产性投资、技术性投资。特别的，关于研发经费作用有一个基本假设：对于碳减排有实际意义的研发经费不是全社会研发经费的绝对数量，而是研发经费占 GDP 的比重；当该比重大于 2005 年长三角地区实际研发经费占 GDP 比重 1.25% 时则有利于降低能耗和碳减排，否则则没有减排效果。

支出调整模型主要要素组合是：居民消费占 GDP 比重、政府消费占 GDP 比重、政府研发经费支出占政府消费比重和企业研发经费占总研发经费比重（在系统动力学模型中分别简称为居民消费比、政府消费比、政府研发比和企业研发占比）。主要考察的变量是人口总量、GDP、R&D 占 GDP 比重、可持续的人口集聚指标、碳排放总量和人均碳排放。模型设置 SpeRun1、SpeRun2、SpeRun3、SpeRun4 四种情况下具体参数设置如表 6-7 所示。其中，政府消费比是表函数，其基本变动是从 2005 年的 10.9% 增长到 2050 年的 17%，调整变动为从 2005 年的 10.9% 增长到 2050 年的 20%。

由表 6-7 可知，SpeRun1 的意义在于考察消费和积累对于环境友好型发展的不同作用；SpeRun2 意义在于生产性积累和用于研发的资本对于可持续性的作用；SpeRun3 综合了 SpeRun1 和 SpeRun2 的参数调整，意义在于调整生产性投资和其他支出的关系对于可持续性的作用；SpeRun4 用于与 SpeRun2 和 SpeRun3 形成对照。

表 6-7　支出调整模型和基础模型参数对比

参数	基础模型	SpeRun1	SpeRun2	SpeRun3	SpeRun4	政府消费比表函数
居民消费比（%）	32.25	40	32.25	40	32.25	BaseRun ———— SpeRun4 ············ SpeRun3 — — — SpeRun2 —·—·—· SpeRun1 —··—··—
政府消费比（%）	表函数（17）	表函数（20）	表函数（17）	表函数（20）	表函数（20）	
政府研发比（%）	5	5	10	10	10	
企业研发占比（%）	50	50	70	70	70	

1. 人口、经济和技术背景

人口、经济背景如前所述是判断一个带有可持续性的发展是否是智慧型、带有增长效能的。在本章中，五种情景下人口增长情况如图 6-34，人口基本上没有随支出结构调整模型发生明显变动，其中 SpeRun1 人口是唯一高于基础模型的情景，其基本趋势都是人口将在 2005~2050 年持续增长，人口数量基本上有如下顺序：

SpeRun1>BaseRun>SpeRun2>SpeRun4>SpeRun3，即促进消费有助于人口集聚，而当增加 R&D 时，消费对于人口的集聚效应会减弱。这主要是由于将国民支出更多地用于消费，不利于经济的增长，从而会降低城市化率，但城市化率降低意味着城镇人口减少，从而人均建设用地面积增加，有助于提高迁移率。

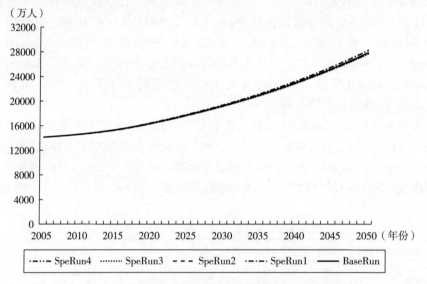

图 6-34　2005~2050 年支出调整模型的人口背景

在支出调整模型的四种情况下，均保持基本一致的增长形态，其中：SpeRun2 > SpeRun4 > SpeRun3 > BaseRun > SpeRun1，即尽可能地减少消费，并更大限度地投资于研发技术有助于增长经济（见图 6-35）。

由于 R&D 占 GDP 比重是重要的环境影响因子，不同情景下产生的技术投资是不同的。其中，BaseRun<SpeRun1<SpeRun2<SpeRun3 = SpeRun4，可见任何用于增加政府消费和直接研发比重的手段都会提升 R&D 占 GDP 比重，而不会因为投资减少了生产性积累或产出而降低 R&D 比重，SpeRun3 = SpeRun4 也说明了当政府研发比、企业研发占比和政府消费比重稳定时，R&D 占 GDP 比重也就稳定了，不受到居民消费的影响（见图 6-36）。

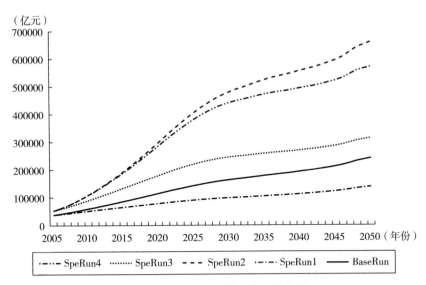

（亿元）

图 6-35 支出调整模型的经济背景

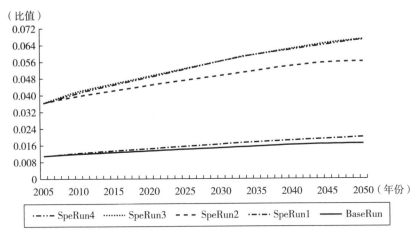

（比值）

图 6-36 支出调整模型的技术背景

2. 可持续性的一阶观测

在五种情况下，碳排放总量从 2005～2050 年发展趋势基本相同（见图 6-37），都是近似于"N"形的发展，区别在于位于图中靠下位置的曲线波动程度较小。SpeRun1 模拟出的碳排放总量曲线位于最低位置，即其碳排放水平最低，对照经济曲线可以看出，两者内部曲线位置相对应，因此该图说明减少生产性积累、降低增长速度，有利于减少总碳排放。

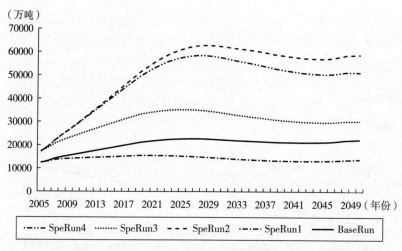

（万吨）

图 6-37 2005～2050 年支出调整模型与基础模型的对照之碳排放总量

从人均能耗的发展趋势来看，SpeRun1 仍然位于最低位置，同碳排放总量基本发展趋势一样，这是因为人口变动对各项支出结构调整指标并不敏感，因此人均碳排放的变动主要来源于碳排放的变动（见图 6-38），当然因为水平过低原因，在某种程度上磨平了某些曲线特征。

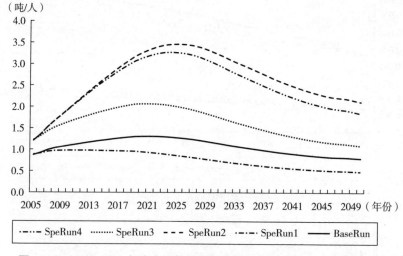

（吨/人）

图 6-38 2005～2050 年支出调整模型与基础模型的对照之人均碳排放量

当人口状况对于调整手段刚性的时候，人均指标就不能给出更多的信息。考察单位 GDP 碳排放就变得更为重要，由图 6-39 发现，五种曲线下单位 GDP 碳排放的大小排序为：SpeRun2<SpeRun4<BaseRun<SpeRun3<SpeRun1，可以看

出位于 BaseRun 两端的情景分别代表密集投资型（研发投资比重均高于基础模型）和密集消费型，相对来说，密集消费型（消费比重均高于基础模型）情景单位产值碳排放较大、GDP 较低。同时 SpeRun2<SpeRun4 和 SpeRun3<SpeRun1，两组变量在前者增加了政府消费后者增加了研发比，两组的共同之处在于实际上都增加了 R&D 占 GDP 比重，如图 6-34 已显示。

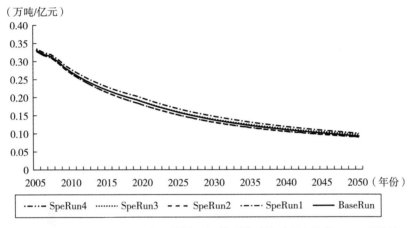

（万吨/亿元）

图 6-39　2005~2050 年支出调整模型与基础模型的对照之单位 GDP 碳排放

通过对可持续性的一阶观察，可以看出，当经济减少消费时，经济规模迅速增加、人口略微有所减少，但是能耗总量和人均能耗也会显著提高。单位 GDP 碳排放的变动则表现为相对 GDP 规模小、相对密集消费型经济的单位 GDP 碳排放较大，这就是说一方面碳排放的经济效率受到经济规模的影响，体现出明显的规模效率递减，即随着经济规模的增加、单位 GDP 碳排放有减少的趋势，另一方面，技术也起到了积极作用。

3. 可持续性的二阶观测

由于人口变动对支出调整模型几乎没有变动，因此可持续的人口集聚指标基本同碳排放总量的变动率趋势一致，由图 6-40，可持续的人口集聚指标在 SpeRun1 情况下最先进入负值区域，也是"停留"在负值区域最久的曲线。如前论述，经济规模较小的支出调整模型，相对较可持续。其中，关于可持续的人口集聚的基本顺序为：SpeRun1<SpeRun3<SpeRun4<BaseRun<SpeRun2，该项指标显示了最大限度地增加消费有助于实现可持续的人口集聚。

通过上述观察，在支出调整子系统中，简言之，第一，就经济支出而言，改变国民经济支出结构、适当地鼓励居民消费和政府消费等消费性支出，不仅是经济增长可持续的源泉，更有利于环境友好型发展。第二，技术对环境的两面性在模型中也得到充分的体现，一方面技术进步增加经济产出、加速了环境

可持续的人口集聚
——以长三角地区的人口导入和碳减排实现机制为例

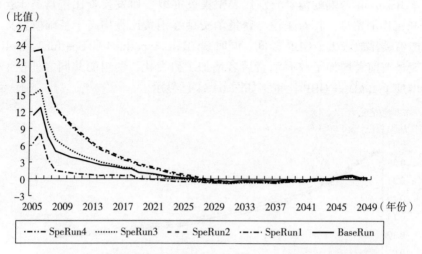

图 6-40　支出调整模型与基础模型的对照之可持续的人口集聚指标

恶化，另一方面直接的环保技术也有利于人口—碳排放关系的改善，因此，对于一个经济体而言单纯增加企业和政府对于研发经费的支出而不改变国民经济支出结构将对环境造成较大压力，要实现其投资方向实现环境友好型转变，即增加对于科技、人力资本和生态环境支持的投资、同时适当增加居民和政府支出而不是增加物质生产和生产性资本的投资将更有利于环境和可持续发展。

五、土地利用调整模型（LanRun）

土地利用调整模型主要目的在于衡量土地的紧凑利用和土地不同利用方式是否对环境有着显著的影响。主要考察指标是：建设用地减少而用于林地的比重、建设用地年变化，前者在于考察土地的不同利用方式和紧凑程度，后者是考察发展的紧凑程度。

研究设置 LanRun1 和 LanRun2，主要调整参数"建设用地减少而用于林地的比重"和"建设用地年变化"。调整如表 6-8 所示。表 6-8 中 WITH LOOKUP（time）表示变量对于时间函数。建设用地变动的函数 IF THEN ELSE（Time >= 2020，0.02，0.08），意为 2005～2019 年期间建设用地年变化取 0.08，2020～2050 年取 0.02。LanRun1 和 LanRun2 的差异正在于增加建设用地和减少建设用地的变动。如前所述，为了观察较为明显，研究特别夸大了参数的调整，因此调整模型并非真实模型的预测。

表 6-8　土地利用调整模型参数设置

模型/参数	建设用地减少而用于林地的比重	建设用地年变化
BaseRun	建设用地减少而用于林地的比重 = WITH LOOKUP (time, [(2005, 0)-(2050, 0.1)], (2005, 0), (2050, 0)	IF THEN ELSE (Time > = 2020, 0.02, 0.08)
LanRun1	建设用地减少而用于林地的比重 = WITH LOOKUP (time, [(2005, 0)-(2050, 0.1)], (2005, 0.001905), (2012, 0.0381), (2021, 0.06048), (2029, 0.07381), (2036, 0.08143), (2044, 0.09048), (2050, 0.09952)	IF THEN ELSE (Time > = 2020, 0.02, 0.08)
LanRun2	建设用地减少而用于林地的比重 = WITH LOOKUP (time, [(2005, 0)-(2050, 0.1)], (2005, 0), (2050, 0)	IF THEN ELSE (Time > = 2020, 0.08, 0.2)

1. 人口、经济背景

可持续性的一阶观测主要包括总量观测（碳排放总量）和单位观测（人均碳排放量和单位 GDP 碳排放量观测）两个方面。

在土地调整模型中，人口背景曲线形状发生了明显的改变（见图 6-41）。在 LanRun2 设置下人口迅速的集聚，呈现几何增长趋势，而 LanRun1 模型设置下人口相较基础模型变动平稳，人口表现一定的集聚程度，但增长速度大幅下降。

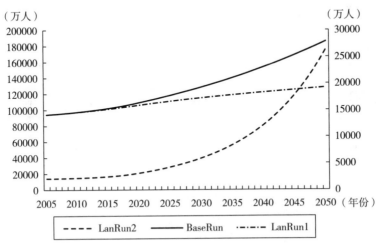

图 6-41　土地利用调整模型人口背景（BaseRun，LanRun1 次坐标轴）

在经济背景中，曲线形状也发生了明显的改变（见图 6-42）。在 LanRun2 设置下经济呈现几何增长趋势，增长不断加速，而 LanRun1 模型设置下经济增长到 2027 年前后表现出缓慢下降的趋势。

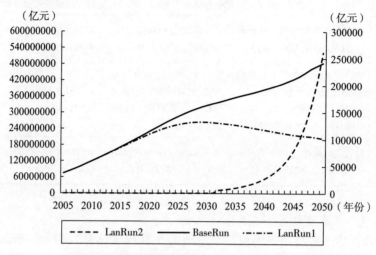

图 6-42　土地利用调整模型经济背景（BaseRun，LanRun1 次坐标轴）

　　土地背景下曲线形状相较基础模型发生了明显的改变（见图 6-43）。在 LanRun2 设置下土地如同经济、人口一样呈现加速的几何增长趋势，产生了 "超越极限" 的发展，而 LanRun1 模型设置下城市建设用地缓慢增长到 2020 年前后开始较为快速地下降。

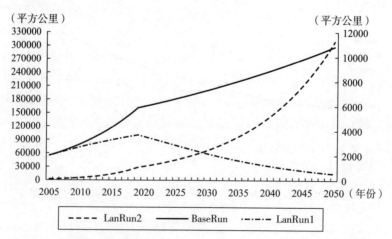

图 6-43　土地利用调整模型土地背景（BaseRun，LanRun1 次坐标轴）

2. 可持续性的一阶观测

由图 6-44 可以看到，在 LanRun2 情景中碳排放总量依然是高数量级的几何增长，在 2040 年前后进入迅速增长时期。LanRun1 情景下碳排放量尽管在 2005~ 2020 年左右保持了缓慢上升，但其数值低于基础模型代表的碳排放数值，并且在 2020 年之后到预测期结束碳排放量持续下降。

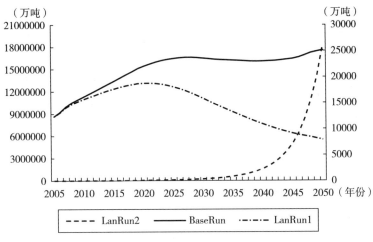

图 6-44　土地利用调整模型和基础模型对比之碳排放
（BaseRun，LanRun1 次坐标轴）

　　对于人均碳排放指标而言，在 LanRun2 中依然是几何型增长，到 2005 年人均碳排放指标已经是 2005 年的 118 倍。在 LanRun1 情况下，人均碳排放指标从 2009 年前后开始与基础模型差距越来越大，并先于基础模型于 2018 年前后迎来人均碳排放的下降，并且下降速度快于基础模型（见图 6-45）。

　　就单位 GDP 的碳排放而言，LanRun1 情景的单位 GDP 碳排放最低，并且和基础模型一样，保持单位 GDP 碳排放下降的趋势。LanRun2 情景下，单位 GDP 碳排放只经历了 2005~2015 年前后的小幅下降，之后出现了上升的趋势。这也说明了碳排放对城市摊大饼式的扩张型战略及其经济是边际递增的，即随着城市规模越发扩大，单位 GDP 碳排放将不断增长（见图 6-46）。

　　3. 可持续性的二阶观测

　　对于可持续的人口集聚指标（见图 6-47），在预测期 LanRun2 情景下可持续的人口集聚指标也经历了下降但该指标始终大于 1，即位于强压力的人口—碳排放关系状态，并在 2020 年前后出现了持续上升的趋势。对照 LanRun1 和 BaseRun 模型可知，LanRun1 情景从 2021 年前后将进入长期的可持续的人口集聚状态，并且可持续的人口集聚指标大于 1。

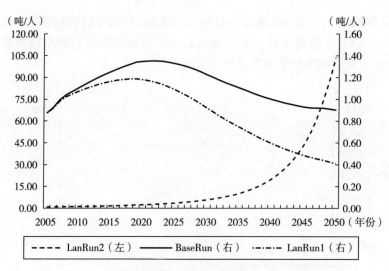

图 6-45 土地利用调整模型和基础模型对比之人均碳排放量
（**BaseRun**，**LanRun1** 次坐标轴）

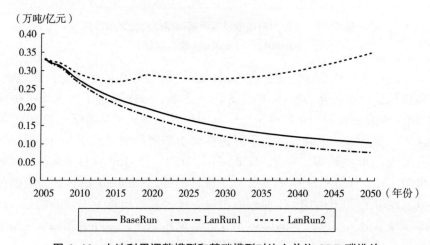

图 6-46 土地利用调整模型和基础模型对比之单位 GDP 碳排放

　　至此，本书考察了土地利用的变动对于可持续的影响。可以看出，城市不加收敛地扩张自身建设用地规模，将面临着系统崩溃的结局，即在经济和人口庞大的规模下，对环境的压力如碳排放也将变得异常大并持续增长、不可控制。对于"建设用地减少而用于林地比重"指标，其内涵不仅是通过土地利用方式的转变增强土地碳汇能力，更意味着紧凑式的发展，即在土地规模相对减小的情况下的发展，本书一个重要的结论便是通过土地利用的调整可以实现并长期维持可持续的人口集聚，尽管相较基础模型，紧凑式的发展使人口和经济水平

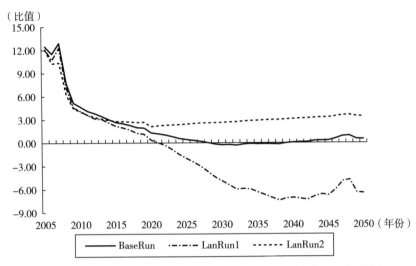

图 6-47　土地利用调整模型和基础模型对比之可持续的人口集聚指标

都相对基础模型下降，并且在经济规模中改变了基础模型倾向于 GDP 持续增长趋势，可能造成 GDP 的下降，但是，笔者认为这一现象提示我们，区域 GDP 的持续上升，尤其是区域内城市部门的 GDP 的持续上升，并不是无限上升扩展的，随着土地资源的稀缺性表现得越发明显，可能对城市经济带来冲击。如果积极面对城市土地资源有限这一现实状况，促成紧凑式的发展则有可能在发展的情况下促进人口—环境关系的改善。

六、人口要素调整模型（DemRun）

人口要素调整模型不同于其他调整模型是处于政策调控的目的，人口要素由于其特殊性，在人口调整模型中可能无法直接就人口要素进行某些可能有违道德观和自然律的改变，但是却可以为我们提供对可能的人口要素变动造成的人口—环境关系的转变的描述，从而可以为我们提供对人口—环境关系更全面的认识，并以人口要素可能发生的趋势及对人口—环境的影响进行相关人口政策工具的调整。

在本章的研究中，人口要素的调整模型将主要考察两个要素的变动：社会抚养人口比重和人口预期寿命变动。

具体设置参数如表 6-9 所示，其中 DemRun1 模型对人口预期死亡率提高到 0.02，而基础模型和 DemRun2 模型的该值维持不变。DemRun2 模型对社会人口抚养比提高，从 2005 年的 40% 上升到 2050 年的 73% 左右，而基础模型和 DemRun1 该值维持不变。

表 6-9　人口要素调整模型参数设置

参数	预期寿命变动	社会抚养人口比表函数（变动趋势）		
基础模型	0.002			
DemRun1	0.02			
DemRun2	0.002			

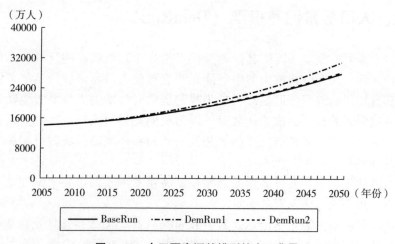

1. 人口、经济背景

考察不同的人口要素变化背景下人口集聚程度可以看出（见图 6-48），当提高区域人口预期寿命的变动水平时，死亡人数下降，直接增加区域人口，因此 DemRun1 曲线高于其他两条曲线。另外，对比基础模型和 DemRun2 模型也可以看出，提高区域人口抚养比对区域人口的集聚程度有微弱的提高趋势，这主要是由于抚养人口增加直接降低了区域就业岗位的需求，从而有提高区域人口迁移程度的趋势。

图 6-48　人口要素调整模型的人口背景

由于经济增长程度受到劳动力投入的影响，从这一角度看 DemRun1 模型相较基础模型增加了人口总量和劳动力的绝对数量，因此其描述的经济系统相对水平较高，同时经济增长速度也快于基础模型。DemRun2 由于增加抚养人口、减少了区域劳动力供给，因此经济水平相较基础模型低，并且增长速度也下降了（见图 6-49）。

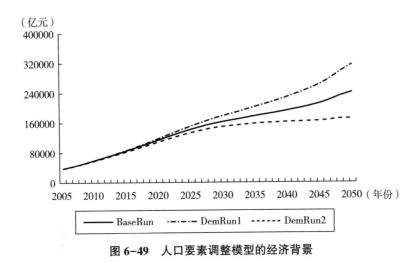

（亿元）

图 6-49　人口要素调整模型的经济背景

2. 可持续性的一阶观测

考察不同模型的碳排放总量发现，对于经济规模和人口规模相对都较大的 DemRun1 模型，无疑碳排放总量相对是最大的，而 DemRun2 由于较小的人口规模和经济规模，碳排放程度也最小。同时三条曲线的发展趋势也是不同的，在三条曲线都经历了由 2005~2025 年前后时间段的增长期，之后 DemRun1 模型经过一段平稳时期最终又开始了新一轮的碳排放的增长，而基础模型经历了波动之后，碳排放总量也有增长的趋势，DemRun2 模型所描述的碳排放总量则一直保持下降的趋势（见图 6-50）。随着时间的推移，人口预期寿命提高带来的碳排放的增加和抚养人口比重的上升带来的碳排放减少将愈加明显。

考察人均指标是考察人口集聚效率的关键，如图 6-51 所示，在三种情况下，人均碳排放指标均呈现出倒 U 形发展，也就是说人口要素调整模型并没有改变人均碳排放曲线的样式。

在人口要素调整模型中，DemRun2 情景下人均碳排放最低，DemRun1 情景下人均碳排放最高，也就是说，在人口要素调整模型中，人均碳排放量随着人口规模的增长有边际递增的倾向，人口增长膨胀对人均碳排放有"规模效应"。另外，人均寿命增加使得人口规模上涨从而增加了人均碳排放量，社会的抚养比上升却能够降低人均的碳排放。这对我们认识人口总量、人口结构对于人均

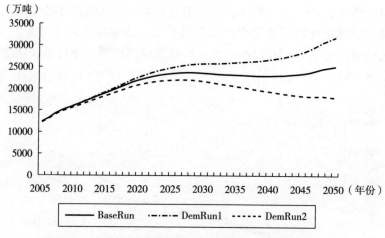

图 6-50 人口要素调整模型和基础模型对比之碳排放总量

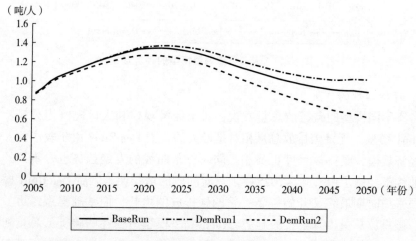

图 6-51 人口要素调整模型和基础模型对比之人均碳排放

碳排放这样的单位量的变动的影响有重要的启示作用。

考察单位 GDP 碳排放发现，在三种情况下，单位 GDP 碳排放并没有明显区别，在 2005~2050 年期间均呈现下降的趋势。也就是说在人口要素调整的情况下，单位 GDP 碳排放并没有表现出明显的规模效应，DemRun1 较高的经济产出并没有带来较明显的碳排放效率的改善（见图 6-52）。

3. 可持续性的二阶观测

观察人口要素调整模型下的可持续性的二阶状态（见图 6-53），即考察可持续的人口集聚指标，发现各种情况下可持续的人口集聚指标发展趋势基本一致，

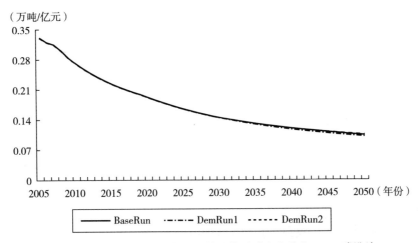

图 6-52　人口要素调整模型和基础模型对比之单位 GDP 碳排放

但是可持续的人口集聚指标的水平是不同的，即 DemRun1 该指标相对最高，而 DemRun2 该指标相对较低，且从 2026 年左右 DemRun2 模型进入绝对的可持续的人口集聚状态后，预测期间 DemRun2 基本维持着可持续的人口集聚的人口—环境关系面貌，而 DemRun1 在预测期间只有可持续的人口集聚的方向性改进，并没有出现实质性的可持续的人口集聚的改善。

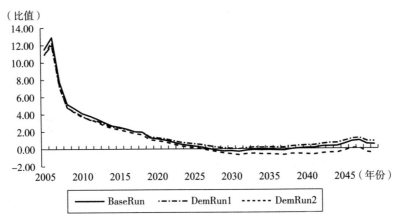

图 6-53　人口要素调整模型和基础模型对比之可持续的人口集聚指标

通过上述模型分析和对比知道，人口死亡率的下降将引起区域的碳排放的增加和一系列人口—环境关系的恶化。然而，这一结论的意义不在于说建议提高人口死亡率，而是随着人口健康水平的提高、人均寿命的延长，区域的碳排放、相关单位碳指标将会恶化，也就是人口—碳排放关系将面临相对较高的压力，知道了这个实情有利于我们在生活和生产等其他各个方面调整自身行动，来应对由于人口健康带来的人口—环境压力。

　　另外，长三角地区正在发生着老龄化、劳动力比重未来可能下降的人口结构的转变，即模型中刻画社会抚养比不断上升的 DemRun2 模型所描述的现象，将对人口—环境关系有着积极的作用，尽管这种情况下降低了社会的生产力，但是却显示出长期的可持续的人口集聚的状态，即社会抚养比的上升可能对环境来说是有利的，这也是因为老年人口对迁移的替代作用和低消费的生活习惯。当然，这也提示我们，应对老年社会一个重要的方面是提高社会的生产力、积极创建生产型老龄社会，而这一点在就业调整模型中已经得到论证。

七、技术调整模型（TecRun）

　　广义地说整个区域系统的人口—环境的关系的调控因素或多或少都与技术要素有关系。按照前文论述，模型中直接描述技术的因子有：碳中和技术、单位能耗技术因子和技术对全要素生产率的影响。其中碳中和技术和单位能耗技术因子是模型的内生变量，均由 R&D 占 GDP 比重决定，由模型看出这两个要素对于碳减排有着重要的意义。另外，模型中涉及的技术分为三类，第一类是在碳排放终端上对已有的碳排放产生吸收作用，如碳中和技术，事实上模型中认为"碳排放折算因子""土地利用变化的单位碳吸收"等变量均属于技术因子范畴，因为能源的开发和利用技术直接影响碳排放，而关于林地的单位土地碳吸收也受到相关的生物技术的影响；第二类是提高能源利用率的技术，从而从能源消耗的角度减轻碳排放，如单位能耗技术因子；第三类是提高生产率的技术，如全要素的技术因子，按照环境友好程度来看，这类技术最有可能产生不利于人口—环境关系的影响，因为按照之前的研究发现经济规模的扩张往往大大增加了碳排放和人均碳排放的程度。因此，本章将主要从这些变量中出发构建技术调整模型来看技术要素对于人口—环境关系塑造的影响程度。

　　对于第二类技术而言，由于土地技术、碳排放折算因子和碳中和技术位于模型流程的尾部，即对碳排放总量是乘积因子，并且三者均没有对其他变量影响的反馈回路，因此在其他要素不发生变动的情况下，三者提升的程度就是对碳排放减缓的程度。由于作用路径和结果是显然的，技术调整模型在此不再考虑该要素。在技术调整模型中将主要用到的控制变量是提高生产率技术和提高能源利用率技术，即全要素的技术因子和单位能耗技术因子，将两者较基础模型分别提升 50% 左右，查看系统的相应变化，在表 6-10 中描述了技术调整模型将设计的两个子模型。

表 6-10　技术调整模型参数设计

模型/参数	初始	调整
TecRun1（全要素技术因子）	8e-005	12e-005
TecRun2（单位能耗技术因子）	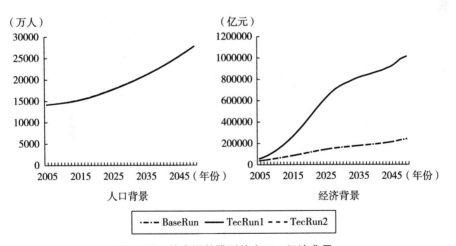	

1. 人口、经济背景

如图 6-54 提高生产率的技术因子和提高能源利用率的技术因子所产生的人口和经济背景是不同的。相较基础模型，提高能源利用率没有改变基本的人口、经济状态和发展态势，即，技术的发展并没有"减"人口；而提高生产率的技术大大地加速了经济增长，并提高了经济水平，其增长速度也有增强的趋势。

图 6-54　技术调整模型的人口、经济背景

2. 可持续性的一阶观测

对于提高生产率和能源利用率的两类技术对人口—环境关系的影响最主要在于是否扩大了生产规模，在 TecRun1 中碳排放总量就被大大增加了，而 TecRun2 相较基础模型，碳排放总量和人均碳排放均下降，并且随着时间的发展

TecRun2 和基础模型之间的差别越来越大，也就是说要使能耗技术发挥明显的作用必须给其一定的时间。由于两类模型人口态势基本一致，因此人均碳排放程度与碳排放总量在两类技术情景中表现出相同的规律（见图 6-55）。

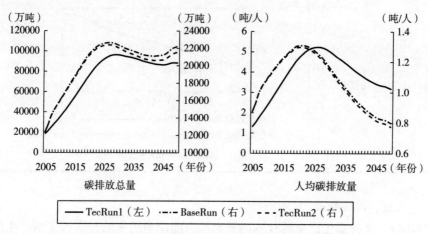

图 6-55　调整模型和基础模型对比之碳排放总量和人均碳排放量

对于单位 GDP 碳排放三种情景下，提高生产率技术的方式下相对单位 GDP 碳排放较小，能源利用率提高的方式下单位 GDP 碳排放相对基础模型较高。即通过提高生产率技术和提高能源利用率技术的使用，碳排放的经济效率相对提高（见图 6-56）。

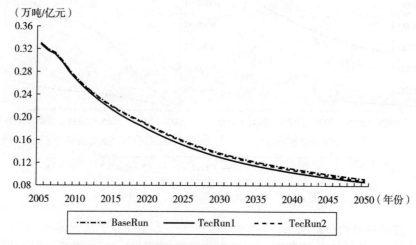

图 6-56　调整模型和基础模型对比之单位 GDP 碳排放

3. 可持续性的二阶观测

在两种技术因子提升的情况下，可持续的人口集聚指标相对基础模型发生了变化，其中能源利用率提高技术相较基础模型略微降低了可持续的人口集聚指标，即对于人口—环境关系的二阶观测是有积极影响的。在生产率提高技术下，可持续的人口集聚指标相较基础模型在 2005~2027 年显著提高了，并且进入弱人口—环境压力（可持续的人口集聚指标位于 [0，1] 区间）从基础模型的 2022 年延后到 2027 年，但从 2029 年开始，出现提高生产率情景下的可持续的人口集聚指标迅速下降低于基础模型和提高能源利用率情景，同时处于"绝对可持续的人口集聚"阶段时间也相对延长（见图6-57）。

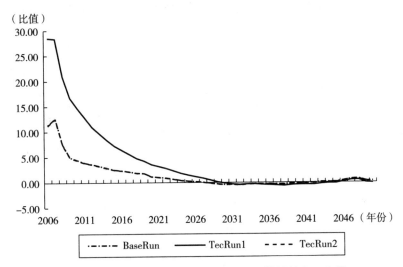

图 6-57　调整模型和基础模型对比之可持续的人口集聚

通过上述分析发现，提高能源利用率和提高全要素生产率对于最终人口—碳排放关系的影响是不同的。能源利用率对于人口—环境关系的塑造是保守式的，即对原有关系并没有发生过多实质性的转变，所有指标均在基础模型的基础上略有改进，同时由于提高能源利用率情景基本没有改变原有的人口、经济面貌，但同时对环境指标有所改善，因此该种情景是环境友好式的发展，并且给人口—环境关系加上了更多的安全保障。

全要素生产率的提高超出之前研究的预判，因为全要素生产率直接提高经济产出，从各项指标上看对环境将产生"灾难"。但事实是，提高全要素生产率的同时也提高了碳排放的经济效率，即降低了单位 GDP 碳排放指标，这种对于单位 GDP 碳排放的降低不同于城市不断扩张产生的单位 GDP 碳排放的降低，因为城市扩张产生的单位 GDP 碳排放依赖于 GDP 规模扩张，当城市扩张受到限制，而经济规模无法无限扩张时单位 GDP 碳排放将失去下降的动力，而提高劳动生产率对于单位 GDP 碳排放的影响并不受空间或其他资源如土地的限制，因此这样改变是有保障的。另外，只要时间足够长，提高全要素生产率将在可持续性的二阶观察上产生好于原有模型以及提高能源利用率情景下的人口—环境关系，即随着人口集聚，提高全要素生产率的情景将维持使碳排放总量得到更多的改善。

八、政策参数调整模型（PolRun）

同技术对于模型的影响一样，统观整个系统动力学模型，任何一个外生性控制变量从广义上讲都与相关的政策制度安排有关系，甚至模型结构如产业结构等也是受到特定的政策制度安排的。

本章将要研究的是，设计模型时直接考虑到的政策因子共有两个：迁移制度因素和人口生育政策。其中，迁移制度因素主要意义在于衡量户籍等制度对人口迁移产生的影响对于人口—环境关系是否有塑造作用，该值越大则相关政策越鼓励人口集聚、人口净迁移率越大。人口生育政策主要衡量以计划生育为代表的人口政策对人口出生产生的影响对于人口—环境关系是否有塑造作用，该值越大，则相关政策越鼓励人口生育、人口出生率将越高。因此在政策参数调整模型中分别设置表 6-11 的模型及参数。

表 6-11 政策参数调整模型的参数设置

模型/参数	人口生育政策影响	迁移制度因素
BaseRun	1	0.006
PolRun1	2	0.006
PolRun2	1	0.012

1. 总量飞涨

按照参数，事实上政策调整模型描述正是人口政策调整后的状况。按照文献和之前各个子系统的描述，预判是提高人口规模和人口集聚程度会造成环境压力，确实如图 6-58 所示，提高生育、加速迁移，区域经济会不断增长，也会突然遭遇人口规模迅速上升和环境迅速恶化的现实。

除了鼓励生育和迁移的人口政策同时恶化着人口—环境关系这一点，选取迁移制度因子和人口生育政策因子两个政策还有其他的意义，迁移制度因子直接作用于迁移率，即将迁移政策放松程度翻一倍，迁移率也直接上升 200%。对于人口生育政策因子来说，直接作用于出生率的变动率，由于出生率的变动原设置为 0.009，当人口生育政策因子上升 200% 时，出生率上升了（1+0.009×

2)/(1+0.009)= 0.9%左右。这就给政策评估和执行的指标一个提醒，一个政策作用于变动率还是绝对数，对最终结果有非常大的影响。

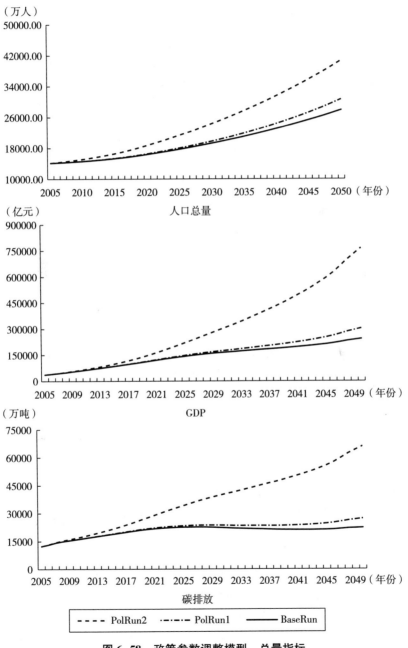

图 6-58　政策参数调整模型：总量指标

可持续的人口集聚
——以长三角地区的人口导入和碳减排实现机制为例

2. 单位尺度上的人口—环境关系

进入单位尺度上观察人口—环境关系，即考察人均碳排放和单位 GDP 碳排放的变动，由图 6-59 可以看出，迅速膨胀的人口规模不仅从总量上恶化了碳排放，也在单位尺度上成为非环境友好型人口增长。在人均碳排放变动的曲线中看出，人口快速增长不仅使得原有的基础模型中倒"U"形人均碳排放这一相对环境友好的模式变得面目全非，在迁移政策调整模型下，人均碳排放经历了较为平稳的 2030~2045 年期间变动之后，2045 年后可以预见又将开始一轮新的增长，期间几乎没有经历明显的人均碳排放下降阶段。对单位 GDP 碳排放，三种情况下基本重合，迁移制度调整模型中单位 GDP 碳排放相对较低，这至少说明了快速的人口集聚和庞大的经济规模没有使碳排放丧失经济效率。

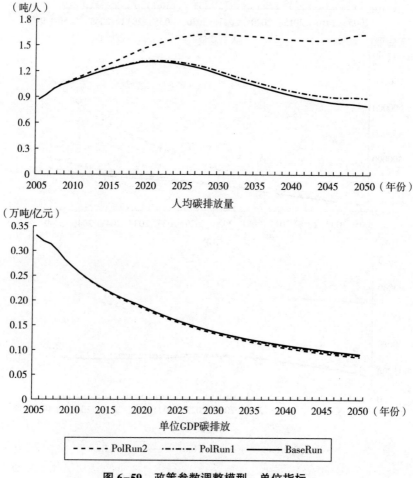

图 6-59　政策参数调整模型：单位指标

　　观察可持续的人口集聚指标可以看出（见图6-60），在2005~2017年前后，政策参数调整模型中的可持续的人口集聚指标要低于基础模型，尽管2005~2017年三个模型的可持续人口集聚指标都大于1，即都处于人口—环境关系的强压力状态。但是这种趋势是短暂的，之后两个政策参数调整模型便一直维持在基础模型之上，并且迁移政策调整模型所代表的情景没有进入绝对的可持续的人口集聚状态，即可持续的人口集聚指标在预测期没有小于0。

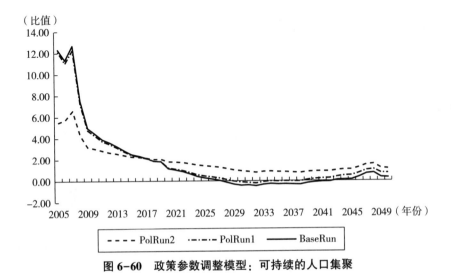

图6-60　政策参数调整模型：可持续的人口集聚

　　通过上述研究提示我们：第一，城市或区域为经济增长、为维持世界加工工厂、为维持国家乃至世界经济地位、为不断鼓励人口增长和迁移对环境是不友好的，不是说不该鼓励迁移，而是以经济增长为目的的鼓励迁移对环境有极大的压力，这样做达到了经济增长的目的，但是迅速地恶化了人口—环境关系，增强了区域的不可持续性；第二，上文中的研究有提到为使区域可持续性得到发挥，对某项措施的调整需要时间和我们的耐心等待，在此从反面说明了时间是重要的，因为我们需要足够的时间去检验一个区域的可持续性，例如，迁移政策调整模型中可持续的人口集聚指标在2017年以前的良好表现是不可靠、不稳定也是经不住时间检验的。当然，我们说全面的考察一个区域的可持续性，从总量到单位、从一阶到二阶，也是必要的。

　　通过文献我们知道人口集聚会对环境造成压力、会促进经济增长等，而本章的目的就在于更为直观地明确地将这些活生生的数据摆在我们面前，即在现有发展形势下，展示出人口集聚所产生的人口—环境关系的压力，这是一个控制了其他变量的理论结果。我们不必为此过多地担心，不只是因为这是一个理论研究，更是因为本书中其他的模型正是在为这一个可能产生的人口—环境压力做积极修正和改善的工作。

九、政策结构调整模型（PstRun）

一项直接的环境制度，如"十二五"规划中降低能源消耗的规划，是否有利于碳减排、是否能够实现可持续的人口集聚受到许多因素的制约。最主要的是其制约力和执行过程中的有效性。因此本书设计政策结构调整模型，之所以与之前的政策参数调整模型作区别，是因为在下面的研究中将改变模型结构对现实状况进行分析。

1. 模型建构与解释

政策结构调整模型主要研究的对象是能源，即一项有约束力的能源政策是否对人口—环境关系有积极的改善作用。

政策设计主要基于如下考量，假设单位 GDP 对于能耗的需求有自身下降的趋势，但经济倾向于保持这种趋势，只有特殊的作用，如一项能源消耗规范的约束，才会改变单位 GDP 对于能耗需求原有的趋势。本书主要涉及的指标是：分产业能耗变动率。

假设前述的分产业单位 GDP 能源消耗有保持自身原有发展趋势的惯性，但有一项较有约束力的能源政策要求单位 GDP 能耗每隔五年下降到原来的 80%，由于这类约束和检验政策往往是对上一年总的经济表现行为做评估再对当年的分产业行为做调整，因此某经济体会每年（当年为 t 年）对上一年（t-1）和五年前（t-5）的单位 GDP 能耗做对比，当单位 GDP 能耗（t-1）>单位 GDP 能耗（t-5）×80% 时，则 t 年分产业能耗变动率由于政策约束会适当降低，调整为 0.8；当单位 GDP 能耗（t-1）≤单位 GDP 能耗（t-5）×80% 时，t 年分产业能耗变动率则倾向于维持自身的状态，则保持原有分产业单位能耗变动。

针对该过程修改模型结构，该过程的流程图如图 6-61。在政策调整模型的 11 个模型中，政策结构调整模型是其中唯一改变了模型结构的调整模型，关于结构调整实际上也是区域系统发展中一个重要的考虑因素，因为一项政策往往会改变一些已有的因素关系和作用方式的传导路径。但另一方面，这些政策传导往往具有时滞性等，而这些情况在本处研究中都不考虑。

由于本书研究只是在原有基础模型的基础上引入了该假设，因此除了上述结构修改，其他参数和结构均不变。设置政策结构调整模型（PstRun）与基础模型进行对照。

模型设计的主要结构和方程如下：

一产能耗政策变动＝IF THEN ELSE（一年前单位 GDP 能耗 ≤ 五年前单位

GDP 能耗×0.8，一产单位能耗变动率，0.8）Units：Dmnl；（基础模型，一产能耗政策变动 = 一产单位能耗变动率）

二产能耗政策变动 = IF THEN ELSE（一年前单位 GDP 能耗≤五年前单位 GDP 能耗×0.8，二产单位能耗变动率，0.8）Units：Dmnl；（基础模型，二产能耗政策变动 = 二产单位能耗变动率）

三产能耗政策变动 = IF THEN ELSE（一年前单位 GDP 能耗≤五年前单位 GDP 能耗×0.8，一产单位能耗变动率，0.8）Units：Dmnl；（基础模型，三产能耗政策变动 = 三产单位能耗变动率）

五年前单位 GDP 能耗 = DELAY FIXED（单位 GDP 能耗，5，0.62）Units：万吨/亿元

一年前单位 GDP 能耗 = DELAY FIXED（单位 GDP 能耗，1，0.57）Units：万吨/亿元

单位 GDP 能耗 = 能源消费总量/GDP Units：万吨/亿元

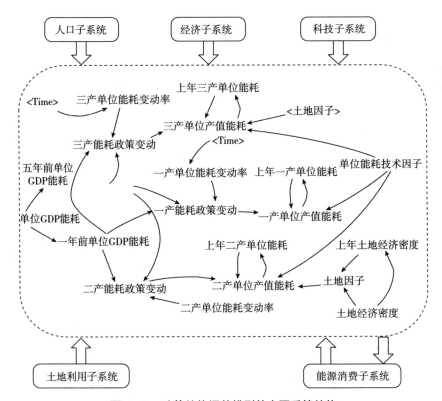

图 6-61　政策结构调整模型的主要反馈结构

由模型反馈路径可知，该政策调整在两种情况下均不涉及人口和经济状况变

动，而通过之前模型设置知道，政策只是为某项指标划定了宏观目标和规定，当现实中该指标运行没有突破政策规定时，政策并不会起到模型修正作用。也就是说政策是否起到作用最先需要考察分产业单位 GDP 能耗是否变动。

经过模型运行，如图 6-62，在模型的假设前提下，政策对三次产业能耗发挥

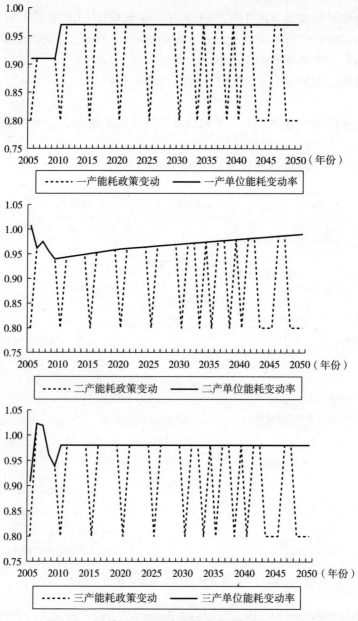

图6-62　政策对分产业能耗变动的约束作用（比值）

了约束作用，这些都体现在图中单位 GDP 能耗的变动率受到政策影响而在自身
趋势和政策规划中不断波动，其中，分产业单位能耗变动率是没有政策规划时
的分产业能耗的变动率取值，也即是此基础模型中的取值。正是因为这些政策
影响而产生的变动，从而有可能改变区域的人口—环境关系。

　　2. 可持续性的一阶观测

　　无论从总量指标或是单位指标都看出具有政策约束的情景使人口—环境关
系从一阶尺度上得到持续的改善。对于碳排放总量上，有效的政策控制甚至使
碳排放总量在基础模型中的基本形式，即先上升后平稳，在期末略有上升趋势
的形态转变为在波动中长期下降的状态（见图 6-63）。

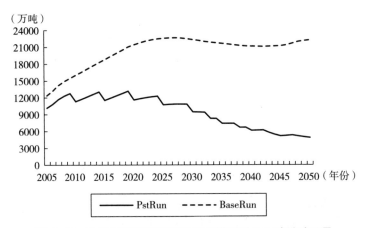

图 6-63　政策结构调整模型与基础模型对比之碳排放总量

　　人均碳排放变动（见图 6-64）也表现出同总量变动基本一致的规律，人均
碳排放在有政策约束的情况下，几乎没有出现如基础模型中所示的 2005 ~ 2020
年期间的明显的上升阶段，在局部的波动中逐渐下降。

　　单位 GDP 碳排放同基础模型态势基本一致，2005 ~ 2050 年一直保持下降，
但各个年份的单位 GDP 碳排放水平均低于基础模型中单位 GDP 碳排放量，并且
这种差距随着时间在逐渐地拉大（见图 6-65）。

　　3. 可持续性的二阶观测

　　在有政策规范的模型中，可持续性的一阶观测表现出良好的人口—环境关
系，即在人口和经济与基础模型保持一样的增长态势的同时，各项环境指标均
有明显的改善。对于可持续性的二阶观测（见图 6-66）也显示出可持续的人
口集聚指标较基础模型有了波动性的下降，即在政策的规范下，能够维持长期
的人口—环境关系的弱压力甚至是绝对的可持续的人口集聚状态。

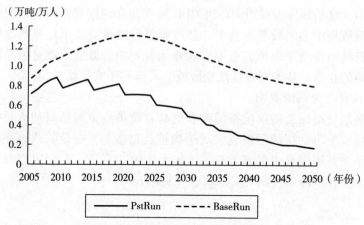

图 6-64　政策结构调整模型与基础模型对比之人均碳排放

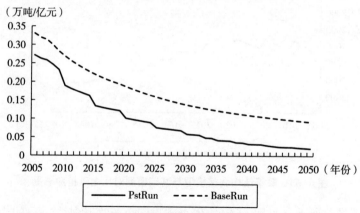

图 6-65　政策结构调整模型与基础模型对比之单位 GDP 碳排放

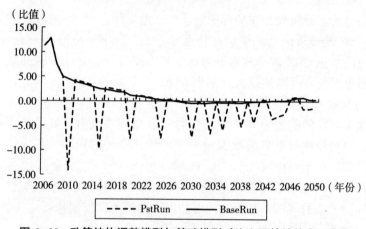

图 6-66　政策结构调整模型与基础模型对比之可持续的人口集聚

通过政策结构调整模型的构造看出，一项具有约束力的、有效的政策规范有助于实现可持续的人口集聚，甚至助推智慧型的经济发展，当然前提是各个产业，尤其是微观企业主体有按照政策规范生产的行为。也就是说，一项环境政策最重要的是对企业的规范性是否有效，而这里非常丰富的内涵，不再涉及。但是反观政策结构调整模型中显示的曲线形态，也可以看出这些人口—环境的改善是存在波动和反复的，这些波动体现着系统中有自身原有的不可持续的趋势，因此可以看出真正的可持续发展需要修正这些趋势、使人口—环境关系的曲线变动平滑，也就真正形成了一个具有环境自觉性的生产和生活方式。因此，下文将进入观念领域的讨论。

本处以能源消费政策为研究对象是一个示范，系统中还有许多可以延伸和引入政策规范的地方，如碳排放的直接规划、经济规划、人口规划等，本处不再分别论述。同时，本书设计并非十分精致，比如，本书并没有考虑到改变能耗可能对经济规模、企业生产成本和生产行为造成的影响，以及企业在执行环境政策中可能的道德风险问题等，这些方面也都非常值得研究。但如前所述，本处研究范围仅限于针对已有约束效力的政策对人口—环境的影响。

十、观念调整模型（SenRun）

观念的改变在罗马俱乐部著名的《增长的极限》中被认为是实现全球可持续发展的最重要保障之一，社会的消费观、生产观和生活观是人口—环境关系的重要指导。观念的转变虽然需要长期过程，但一旦发生则相对环保成本低、具有持久稳定性（见表6-12）。

表6-12 观念调整模型参数设置

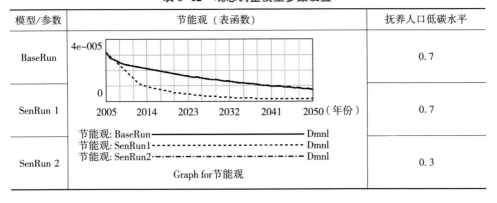

在本书中有两个关于环境观念的指标，一是节能观，二是抚养人口低碳消

费水平。因此将设置 SenRun1 和 SenRun2 模型分别代表节能观的调整和抚养人口低碳水平的调整。其中，节能观按照本章之前的论述是一系列根据现实情况的拟合值，该值越小表示人们的观念越倾向于节能。抚养人口低碳消费水平代表的是衡量抚养人口相对于劳动年龄人口的低碳消费水平，该值越小表示抚养人口相对于劳动力人口的低碳消费意识越强。

1. 可持续性的一阶观测

单就节能来说，增加节能观念和较低的抚养人口低碳消费水平并没有改变观念调整模型相对于基础模型的人口规模和经济规模。当然，人口节能观念的形成可能会通过降低消费对经济规模造成影响，然而为简化模型，本书忽略了这一反馈回路。因此模型中，两个观念调整模型均没有影响人口规模和经济规模。当人口群体具有更高的节能意识，如图 6-67，将降低碳排放的水平。

同样，对于人均碳排放和单位 GDP 碳排放，更节能的观念将降低单位指标水平。这些观测是发生在人口规模和经济规模对基础模型不变的情况下，因此可具有可持续性。

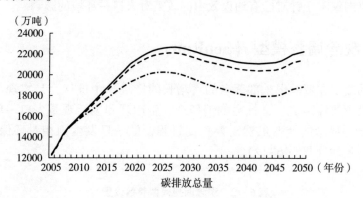

碳排放总量

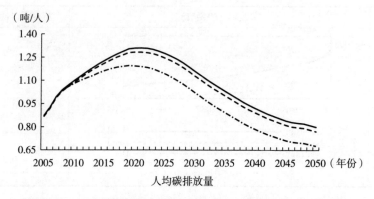

人均碳排放量

图 6-67　观念调整模型与基础模型对比之可持续性的一阶观测

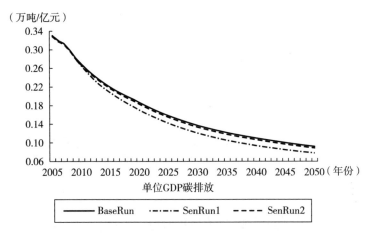

图 6-67　观念调整模型与基础模型对比之可持续性的一阶观测（续）

　　另外，观察碳排放总量和人均碳排放指标发现，即使开始实行环境教育、提高节能观念，但是在庞大的人口规模和经济规模下，碳排放总量和人均碳排放总量也将经历 2005~2020 年前后的一段上升时期才开始下降。

　2. 可持续性的二阶观测

　　观察可持续的人口集聚指标也发现，提倡落在实处的节能观有利于可持续的人口集聚指标的改善，并能提早使人口—环境关系进入可持续的人口集聚的改进的区域，实现相对的可持续的人口集聚（见图 6-68）。

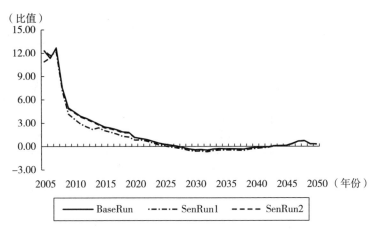

图 6-68　观念调整模型与基础模型对比之可持续的人口集聚

　　在本研究中也发现，提高抚养人口低碳消费水平这一相对指标尽管对于可持续的人口集聚指标的改进效果不甚明显，确实，在维持劳动年龄人口的生活能源消费水平的基础上，单纯降低抚养人口的相对能源消费能耗比重可能对于速率上的判断收效甚微，这是因为如果劳动年龄人口生活能源消费水平较高，即使降低抚养人口的相对消费比重，但抚养人口绝对消费水平依然可能会上升。然而，在一阶观测上是降低抚养人口的相对能源消费能耗比重有利于人口—环境关系改善的，这一点对于长三角地区面临着长期的老龄化，以及对于青少年从教育阶段灌输的节能思想是十分有启示意义的。

　　另外特别指出，本处所研究的节能观是体现在行动中的节能观，而不仅仅是停留于精神层面的思考，比如购买物品时候选择低能耗商品、服务，比如生活中坚持垃圾分类这些小的环保举动。至于这些小的节能行为相对的节能程度如何衡量并不属于本章研究的讨论范围。

十一、效率调整模型（EffRun）

　　在系统动力学模型中，还有一些变量衡量着经济的效率和规模效应，如资本折旧率、资本形成比、劳动力产出弹性和经济的规模效应。这些效应直接影响着经济规模和最终的碳排放，然而这些变量是否对于人口—环境关系有超出我们预判的情况，这将是本处研究的主要内容。研究设置三个模型 EffRun1、EffRun2、EffRun3，参数设置如表 6-13 所示：

表 6-13　效率调整模型参数设置

模型/参数	基础模型中的初始值	模型值	各个模型中劳动力产出弹性的表函数
EffRun1	资本形成比（0.0906），资本折旧率（0.85）	资本形成比（0.02），资本折旧率（0.9）	
EffRun2	规模效应（1）	规模效应（1.1），劳动力弹性表函数+0.1	
EffRun3	劳动力弹性表函数	劳动力弹性表函数从 0.3~0.6 变动	

　　其中，资本形成比和资本折旧率的作用都是增加或减少资本存量，因此归为一类在 EffRun1 中调整；EffRun2 目的在于调整规模效应值到 1.1，由于规模效应=资本产出弹性+劳动力产出弹性，因此相应为劳动力产出弹性增加 0.1，以保证资本产出弹性不变；EffRun3 用于调整经济内部结构，将劳动力产出弹性提高而降低资本产出弹性。

　　1. 人口、经济背景

　　人口、经济背景依然是可持续性观测的基础了解内容。对于经济而言（如

图 6-69），通过模拟发现，提高经济规模效应即提高规模效应参数，降低资本损耗即缩小资本折旧率和提高资本形成效率等，将会使经济规模迅速上升，不过对于这两项会使得经济规模超出正常数量级这点我们需要保持谨慎的判断，这是因为本身参数调整在"政策调整模型的说明"中已经指出，为了保障结果能被有效地观察到均采用"夸张"的调整方式。但是，我们至少可以知道这两个内容的调整会大大地促进产出的增长。另外，在目前的发展情况下，如果降低资本产出弹性而提高劳动力产出弹性将使经济规模缩小、增长速度减缓。

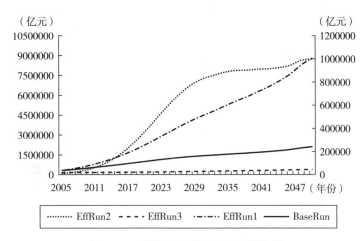

图 6-69　效率调整模型下的经济背景

说明：EffRun2 为主坐标轴，其他为次坐标轴。

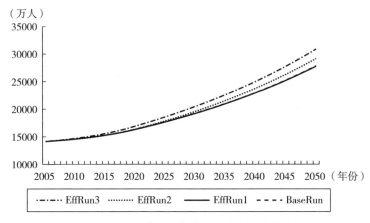

图 6-70　效率调整模型下的人口背景

对于人口背景而言，图 6-70 显示了提高劳动产出弹性的情况下，人口集聚程度上升，而提高产出规模、提高资本的利用效率等较基础模型会降低人口规模。

这些作用都随着时间的递增而表现得越来越明显。这是因为人口迁移程度在模型中主要受到两方面的影响。第一，经济效率的提高主要通过提高人均 GDP 影响城镇化率；第二，经济效率或其他要素也通过影响人均建设用地面积、就业机会，来影响人口净迁移水平。在效率调整模型中究竟是哪种情况为主导影响着人口规模，通过在模型中人口规模相关影响因素的变动我们可以发现：尽管 EffRun3 模型所代表的经济水平是最低的、城镇化水平也相对最低，但由于人均建设用地面积较大从而对人口净迁移率起到了积极的提高作用，因此 EffRun3 模型的人口规模相对较大（见图 6-71）。其他模型 EffRun1 和 EffRun2 则通过较高的经济水平带动城市化率增长，并增强区域的就业机会吸引因子的途径，来增强区域对于外来人口的集聚和吸引作用，所以相对于基础模型，这两个模型所代表的人口规模也相对略大。另外，在模型中也看到由于分析相对较为直观 EffRun1 按照前面分析对人口有增长作用，但在图 6-70 中几乎看不到这种增长，这就是变量调整相对较小的缘故，所以我们才会采取"夸张"的调整手法。当然这种手法对于本书研究也不是绝对可行的，比如，如果某些变量对系统关键指标的影响就是刚性的，则夸张的调整手法就没有意义了。另外，如果本身变量的变化就有一定限制，如劳动就业率本身在 75% ~ 80%，其最大的上升空间也不过到 1，则夸张的调整手段的使用也会受到限制。

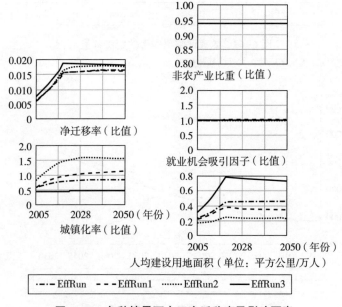

图 6-71　各种情景下人口净迁移率及影响要素

2. 人口—环境关系的表现

在上述背景下考察总量指标和人均指标（见图 6-72），庞大经济规模的 EffRun2

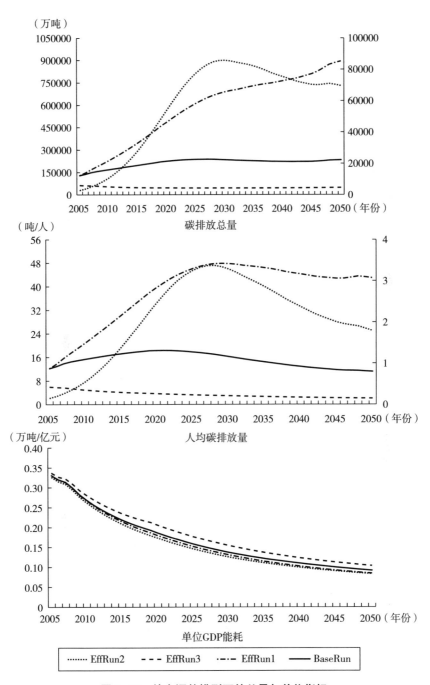

图 6-72　效率调整模型下的总量与单位指标

注：EffRun2 主坐标轴，其他次坐标轴。

模型碳排放规模和人均碳排放规模也远远超出其他模型。调整为依靠劳动力拉动的模型 EffRun3 碳排放和人均碳排放规模都最小。在曲线发展模式上，对于人均碳排放，EffRun2 表现出明显的倒 U 形变动，而 EffRun3 持续下降。预测期间对于单位 GDP 碳排放效率调整模型，与基础模型差异不大，趋势也相同，都处于下降的趋势，其中 EffRun3 相对较小。

3. 可持续的人口集聚指标

对于可持续的人口集聚指标，在三种调整模型和基础模型的对比下发现随着时间具有收敛的倾向，即尽管 2025 年以前相对 EffRun2 表现出最强的人口—环境压力关系，但之后便与其他模型一起进入弱的人口—环境压力区域，并且下降速度也远远快于其他情景。另外，EffRun3 在 2005~2030 年前后的时间长期处于人口—环境关系的弱压力阶段（见图 6-73）。

如前所言，设置效率调整模型以观测不同发展方式的人口—环境关系，结果显示增加经济的生产资本的积累及其产出弹性会快速增加经济规模，而当经济出现规模效应时，经济产出将超越一般情况下的数量级。在这些经济背景下也展示出人口和经济对环境的强压力状态，但是另一方面，在庞大规模的经济体中，也有其展现可持续性的一面，即 EffRun2 的可持续的人口集聚指标迅速降到四种情况中的最低。基础模型中长三角地区劳动力对经济增长的贡献较小，当提高劳动力对经济增长的贡献时，也是环境友好型的行为。

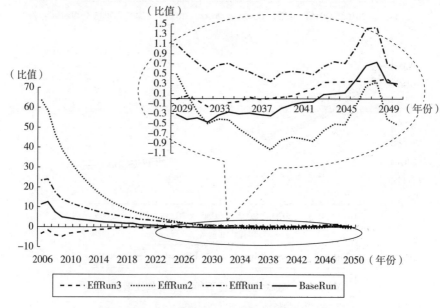

图 6-73　效率调整模型下的可持续的人口集聚

十二、时间调整模型（TimRun）

　　之前的论述中一直有一个对人口—环境关系影响的关键因素反复重复，即时间，前述过时间之所以重要是因为我们要给促进可持续性的手段足够的时间和耐心等待可持续的结果发生，也因为对某些貌似可持续的状况也需要更多的时间去检验。本处将论述的时间与之前不同，要说的是行动的时间，即我们上述诸多的带有可持续性的手段和措施，究竟该什么时候行动。为解决这个问题，本处研究设置时间调整模型，由于手段措施众多，将选取"建设用地减少而用于林地比重"指标为对象，以研究之前提到的环境友好的土地利用措施应该开始实施的时间。

　　设置两种情景，TimRun1 和 TimRun2 情景，具体指标如图 6-74。已知提高"建设用地减少而用于林地的比重"是一种环境友好的行为，TimRun1 设置在 2005~2015 年期间该指标为 0.1，其余时间为 0；TimRun2 设置在 2040~2050 年期间该指标为 0.1，其余时间为 0，基础模型中该指标为 0。

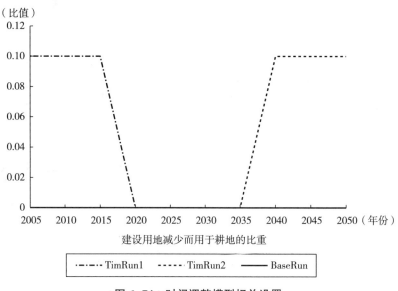

图 6-74　时间调整模型相关设置

1. 立即行动的有效性

　　图 6-75 表示了时间调整模型中的总量指标系列，它们包括了人口总量、GDP 总量和碳排放总量。这三个图在时间调整模型的影响下产生相对于基础模型的变动说明了立即采取行动的必要性。

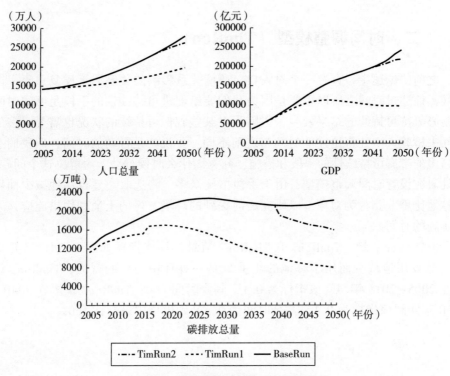

图 6-75 时间调整模型的总量指标变动

时间调整模型以土地调整为基础，假设社会现有部分城镇土地通过紧凑式的发展，例如，可以有部分城乡接合部的较为闲置的建设用地用于林地开发，这个想法的初衷是出于环境友好。那么，为了环境友好的目的，我们是应该马上开始林地建设的行动还是等到 25 年以后再行动？显然是前者，提前行动！仅仅 25 年的差异，我们可以看看在这个系统的两种情况下究竟发生了哪些变化。

首先，这个模型可以和之前的"土地利用调整模型"进行对比，正是因为土地利用调整模型对人口—环境关系的影响的"良好"表现，并且这种表现较为明显，所以我们在时间调整模型中使用土地利用进行模型调整。在本处的时间调整模型中，人口规模和经济规模在 TimRun1 中均有下降，并且随着时间的递增，这种下降更加明显，当然这和"土地利用调整模型"的结果是一致的。另外，需要注意的是，在时间调整模型中，人口和经济规模相对基础模型的这种下降是发生在土地利用模式转变结束之后，并在那之后才明显地表现出来。

其次，就碳排放的关系来说，代表提前行动的 TimRun1 模型快速降低了区域的碳排放总量，并长期维持相对基础模型较低的区域碳排放水平。再观察TimRun2 模型，其行动的起点上碳排放总量和经济总量相对于 TimRun1 模型已经高出许多，可以预见，如果经济发展和碳排放都有一定的惯性，那么，不变的手段已经无法达到本应有的效果。

2. 立即行动的稳定性和可持续性

考察随着时间的递增，时间调整模型对于单位指标的影响，包括了人均碳排放和单位 GDP 碳排放。

由图系列 6-76 可以看出，仅仅 2005~2015 年期间的环境友好型土地利用方式的转变便将单位 GDP 碳排放水平和人均碳排放水平下降到了较低位置，这种下降在调整结束之后继续保持，甚至人均碳排放随着时间的递增依然在下降。晚行动的 TimRun2 模型的手段也体现出了一定环境友好的收效，但是无论从总量还是单位指标上都差于 TimRun1。

另外，不同于总量指标的是，单位指标对于时间调整的反应是立即的，而总量指标是在调整期间结束后才表现出变化的。这也提醒我们对于不同的变量对于某项政策的调整反应是不同的，有些变量会表现出明显的时滞反应。即，政策对于某些指标影响需要针对具体问题分类安排，切忌一概而论地说保护环境就是调整土地利用，调整产业结构，等等，很多变量在系统中远远超过我们直观的理论想象。

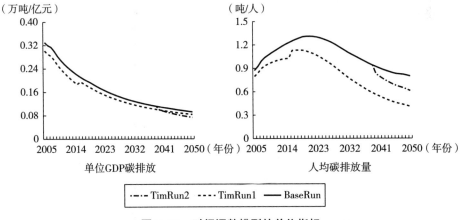

图 6-76 时间调整模型的单位指标

观察可持续的人口集聚的指标，TimRun1 在土地利用转变阶段，在可持续的人口集聚指标上高于基础模型，这是因为受到土地利用的调整，人口下降速度快于碳排放的下降速度，但是随着土地利用模式调整的完成，TimRun1 模型进入长期的绝对的可持续的人口集聚，也就说，再重复一次，一项促进可持续性的手段，可能需要时间来表现其可持续性。另外，TimRun2 从 2040 年开始进入调整时期，其可持续的人口集聚指标就迅速降低，甚至在 2048 年之后还低于

可持续的人口集聚
——以长三角地区的人口导入和碳减排实现机制为例

TimRun1，从这个层面说，也有其后发优势。但是，依然需要时间来表现其可持续性（见图6-77）。

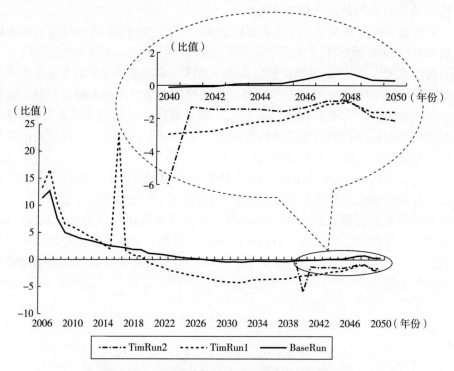

图 6-77　时间调整模型的可持续的人口集聚指标

　　至此，我们不得不说，首先，土地利用的调整对于人口—碳排放关系的改善真的是一个非常有益的手段，许多促进环境友好的手段可能需要更久的时间表现出人口—环境的友好性，甚至这些手段在短期可能出现副作用，如降低经济规模等，这就需要权衡的抉择，当然也需要其他手段的配合来尽可能减少改善环境对人口、经济系统造成的冲击。在 TimRun1 中也确实看到，经济规模受到了土地调整的影响，但这个影响的发生并不是立即体现出来的，是在接近土地调整期结束的 2015 年前后，经济规模才开始偏离原有的基础模型中的曲线趋势表现出下降，这就提醒我们，这些环境友好手段的社会经济"副作用"需要我们采取具有预见性的补救措施，补救也要有时间观。

　　另外，快速行动有利于提高措施的有效性并降低可能的成本，包括时间成本和物质成本等，例如说有一个碳的水池，需要降低 20% 左右的碳，如果我们现在行动，可能五年就能实现目标，但是随着碳水池的膨胀，二十年后要降低 20% 左右的碳，可能就需要五年以上的行动了。

当然，我们只是单纯从碳排放的结果来看是否要快速行动，如果说一项环境危害如有毒气体严重影响到人类生存，就无须做这些学究，行动越快越好。因此本书研究并不针对这类特殊情况。

十三、合作和组合：来自模型的启示

至此，本书关于系统动力学模型的挖掘和模型的探讨基本结束，但是从研究中我们也得到了一些其他的启示，这些启示是实现可持续的人口集聚的必要条件，是在任何手段中都应该首先考虑的。

1. 合作

长三角地区作为中国经济最为发达的地区，包括江苏省、浙江省和上海市，经济规模和人口规模是压在这片地区环境身上"荣誉"的大山。以行政区为划分的安排、相邻的地理优势难免让这三地在经济方面有互补，但更多的是竞争，长三角地区产业重复、产业链转移严重滞后便是直接的表现。既已如此，在环境发展中，放弃竞争，甚至为了区域人口—环境关系的改善，做出自己暂时的牺牲是否有可能性。这就需要协商、需要合作、需要互信，需要在人口—环境关系中谋求共同的利益，更需要相关的道德乃至法律明文规范。在公平、平等的情况下合作改进人口—环境关系，这个问题不仅是长三角的，更是全国的，乃至全球的。

事实上，在"区域环保合作"方面，长三角两省一市已经展开相关合作。2008年，长三角地区签订了《长江三角洲地区环境保护工作合作协议（2008～2010年）》，确定提高区域环境准入标准、水域治理、大气污染控制等。并于2009年召开了长三角地区环境保护合作第一次联席会议，以期加强区域在环境经济政策创新、环境监管联动机制和加强大气污染控制等三个方面的合作。2010年上海世博会更是彰显出了"绿色世博""低碳世博"等理念。另外也可以看出区域经济合作与环境保护合作是紧密联系的，区域内部合作是打造低碳发展区、增强区域整体竞争力的重要保障[1]。当然，我们说合作，也是要真正对环境有改善作用的合作，而不是"故步自封"的合作，因此，需要建立在一定的政策模型分析基础上就区域若干重要环境问题展开有效率的合作。

2. 组合

在所有的调整模型中可以看到鲜有哪个手段是一劳永逸或是能解决所有问题的，一项环境友好政策可能会有短暂的"负效果"，或者在随后的发展中会表现出来，这就需要城市、区域决策者提高预见性，及时制定环境友好型措施的组合，

---

[1] 高振宁. 区域环保合作是解决现阶段长三角地区环境问题的迫切需要 [J]. 环境保护，2009（7A）：30-31.

当然这项组合的行动对象不仅限于某地，更对广阔的区域上有意义，如江苏省在改变土地利用的同时，能否在经济和贸易层面得到上海市更多的帮助等。有利于人口—环境和谐发展的措施不是一个，而是一揽子互相补充互相促进的政策，也不限于一地，而是需要区域性的通力合作。

本章小结

本章中我们在调整政策时使用了夸张的手段，对于这一调整手段的使用原因和限制，我们在"效率调整模型"中也进行了简要的论述。这一手法也是提醒我们如何看待和使用本章所得出的结论。精确的数值显然不是本研究所想要说明的，本书研究仅在于得到某种参数或政策调整上升或下降这两种情况下对于模型主要参数的影响。在此基本前提下我们简要回顾本章的主要工作。

首先，本章在可持续的人口集聚概念架构基础上发展并实践了可持续的一阶观测和二阶观测，对可持续发展进行较为全面和深刻的观察。一个地区所表现出的发展机制在复杂系统的多因素共同作用下显现出复杂的联系。在社会经济整体发展机制的影响下，从总的发展趋势来看虽然人口集聚过程中碳排放仍然是持续增加的，这从一阶导数上可以发现这一个结论；但从二阶导数上看，则可能表现出某些因素有利于区域碳减排的可持续的改进。正如我们曾经论述了时间和耐心的重要性，关于一项措施实施后的一阶观测和二阶观测为我们是否该用足够的耐心去等待转型效果和政策效果的重要依据。同时，在环境政策中可能面临着一些不利于经济增长的要素，这需要各种手段的对冲和互补，而这些手段选择的基本依据也是根据可持续性的一阶观测和二阶观测。

其次，本章在模型中证实和应用着本书的核心命题可持续的人口集聚的同时也提出了可持续的智慧性问题。

当然本章还给我们一个重要的理念启示，对于存在于社会庞大系统中的人口—环境关系中任何所谓变量之间的相互作用，都是内嵌于非常复杂和丰富的社会系统背景之中的，变量关系的改变会通过方方面面的途径和作用方式反馈回要素本身，再重新塑造着要素的外在表征。因此，单纯说是否存在环境库兹涅茨曲线，或者人均碳排放是否有倒 U 形变动趋势等等此类说法，脱离了反馈性的思考都是不够科学严谨的。

系统动力学的人口—碳排放模型为我们提供了非常丰富的环境友好型促进措施"指南"，在其中本章也深入挖掘了关于人口集聚和碳减排分析的主要结

论。可以说这些结论的发现是非常有意义且丰富的，此处将相关重要结论简略
总结为如下清单（见表6-14），大约包括以下的基本结论。

表6-14　第六章研究的主要结论清单

模型	主要变量	主要结论
基础模型 （BaseRun）		（1）人口、经济持续上涨，而能源消费总量随着时间发展有稳定的趋势； （2）劳动力投入经济的速度慢于经济增长速度和人口集聚速度； （3）资本对经济的贡献最大，2037年前后被技术因素超过，劳动力贡献不断上升； （4）第二产业是能耗主要部门，但生活能耗和第三产业能耗将越来越占据主导地位； （5）第一产业能耗最终将突破经济规模限制实现下降，第二、三产业能耗趋势同总能耗、生活能耗将上升； （6）碳排放总量同能源消费趋势，人均碳排放U形趋势，单位GDP碳排放不断下降； （7）2005~2023年处于不可持续的人口集聚态势，2021~2029年可持续的人口集聚的改进，2029~2041年绝对的可持续的人口集聚，2041年以后可持续的人口集聚的改进
经济结构 调整模型 （EcoStrRun）	产业结构、分产业就业弹性	（1）碳排放总量、人均碳排放和单位GDP碳排放均下降； （2）更低的可持续的人口集聚指标； （3）人口总量和经济总量上升，智慧型的经济发展； （4）调整就业结构不会恶化得到的成果，因此为适应产出而将就业向第三产业推进，相对于通过调整产业结构得到的结果，也不会表现出弱化可持续的人口集聚
就业调整 模型 （EmpRun）	劳动参与率、非劳动年龄劳动力比重	（1）就业促进主要通过经济对环境产生影响，人口总量对此表现出刚性； （2）降低就业是环境友好的，但却不智慧； （3）增加非劳动年龄人口劳动比重对移民有着替代作用，从而有略微收缩经济趋势； （4）促进劳动年龄人口晚退出劳动力市场，低劳动年龄人口接受教育晚进入劳动力市场，相对是环境友好的，并只是略微降低了经济水平和人口水平，也符合创建"生产型老龄社会"的大趋势
支出调整 模型 （SpeRun）	居民消费比、政府消费比、政府研发比、企业研发占比	（1）尽可能减小消费，增强研发，但主要生产性投资会带动大幅度的经济增长； （2）尽可能增加消费使碳排放和人均碳排放最小； （3）出于经济增长和环境友好的考虑，适当鼓励居民和政府的消费性支出，同时增加经济支出用于环保型的技术投资，适当降低生产性投资
土地利用 调整模型 （LanRun）	建设用地减少而用于林地比重、建设用地年变化	（1）增加建设用地，人口、经济快速上升，减少建设用地而用于林地，人口、经济将随着时间推移，比基础模型降低； （2）城市快速扩张，生态环境崩溃； （3）用于林地建设将实现长期的可持续的人口集聚

续表

模型	主要变量	主要结论
人口要素调整模型（DemRun）	社会抚养人口比重、人口预期寿命变动	（1）人口预期寿命的延长会增加人口规模和经济产出； （2）抚养人口比重上升降低产出，而这种表现要到 2025 年前后才能被观察到，老龄化有环境友好意义； （3）随着时间的推移，人口预期寿命提高带来的碳排放的增加和抚养人口比重上升带来的碳排放、人均碳排放减少将愈加明显； （4）我们即将经历的抚养比上升将使得环境维持着可持续的人口集聚，而随着人口预期寿命的提高，会削弱这种趋势； （5）面对这些可能人口现实，从其他的政策手段上积极应对
技术调整模型（TecRun）	全要素技术因子、单位能耗技术因子	（1）提高能源和全要素的技术没有"减"人口，提高全要素技术因子大大增加了产出规模； （2）提高全要素生产率大大增加了总碳排放和人均碳排放的数量级；降低能耗技术在短期效果不明显； （3）提高能源技术并没有更大程度地改变"可持续的人口集聚"指标的状态，而提高全要素生产率技术短期使得指标恶化，长期看却更久地维持了绝对的"可持续的人口集聚"的状态； （4）提高能源利用率大大降低了碳排放
政策参数调整模型（PolRun）	迁移制度因素、人口生育政策	（1）人口政策，提高生育、加速迁移，区域经济会不断增长，也会突然遭遇人口规模迅速上升和环境迅速恶化的现实； （2）人均碳排放也被恶化，但是单位 GDP 碳排放不变； （3）看似迁移使得区域的"可持续的人口集聚"指标下降较大程度，但长期维持在不可持续的状态，没有实现可持续性的人口集聚； （4）以经济增长为目的的人口迁移确实对环境是不友好的
政策结构调整模型（PstRun）	改变模型结构，引入"分产业能耗的政策变动"	（1）一项有约束力的政策安排，将在不改变人口、经济规模下，实现智慧型经济发展； （2）碳排放的总量、单位指标均改善，可持续的人口集聚指标降低； （3）人口—环境的改善是存在波动和反复的，这些波动体现着系统中有自身原有的不可持续的趋势，真正的可持续发展需要修正这些趋势，使人口—环境关系的曲线变动平滑，也就真正形成了一个具有环境自觉性的生产和生活方式
观念调整模型（SenRun）	节能观、抚养人口低碳消费水平	（1）没有改变经济和人口规模，节能观念也需要时间才能表现出明显的一阶观测指标的改善； （2）降低抚养人口相对于劳动力的低消费水平，有改善但相对影响不大，并且几乎没有变动可持续的人口集聚的状态，但对于青少年和老年环保教育有启发意义； （3）节能观念使人口—环境关系提前进入并更长期地维持绝对的可持续的人口集聚

续表

模型	主要变量	主要结论
效率调整模型（EffRun）	资本折旧率、资本形成比、劳动力产出弹性、经济的规模效应	（1）规模效应使得经济、能耗成倍增长，人口却变动甚微，可持续的人口集聚指标下降潜力大； （2）增加资本存量的措施，也增加了经济和能耗，对人口变动影响较小； （3）提高劳动产出弹性会降低经济规模和能耗
时间调整模型（TimRun）	对于减少建设用地用于林地比重的行动时间	（1）从前面的模型知道：给一个环境友好型措施足够的时间（降低能耗技术）表现其作用，许多措施的负效果也要时间才能表现（减少土地对于经济），这就给我们充足时间做准备；还有些措施如提高迁移，短期可能表现为可持续的人口集聚的指标下降，但实际长期都是不可持续的人口集聚，全面结合现实分析多么重要； （2）较早的行动将有助于更大程度的降低碳排放、单位 GDP 碳排放和人均碳排放，也会更长久地维持可持续的人口集聚状态； （3）随着技术发展，可持续的人口集聚指标落后地区存在一定的后发优势； （4）较早的行动将维持更低的碳排放水平，降低时间成本、经济成本，使手段更有效等； （5）不同的变量对于某项政策的调整反应是不同的，有些变量会表现出明显的时滞反应，政策针对特殊问题分类进行安排
合作和组合	合作：从经济发展到环境保护的一体性合作； 组合：政策间优势互补、抵消负的经济社会效果的组合	

另外，能源结构及碳中和和碳捕获技术没有计入模型，这是因为这两项技术直接位于能源转换为碳排放的末端，由于不涉及反馈回路，因此，显而易见的结果是，两者将在人口集聚程度和经济规模不变的情况下，实现碳排放总量的下降。对于这样的判断显然有失偏颇，但这也不能否认碳中和和碳捕获技术以及能源结构是降低碳排放，实现人口—碳排放友好转变的重要手段。

第七章
实现可持续的人口集聚的
结论与政策启示

第一节　实现可持续的人口集聚的结论

本书最初受到罗马俱乐部"世界模型3"的启示展开，也正是因为对其结论中"抑制""减"的马尔萨斯主义倾向的相反思考而不断深入下去。人口—环境关系，表现为人口数量的增减与环境的改善、恶化之间的组合，但任何组合的结果却绝不仅仅是人口和环境之间的问题。人口—环境关系的表现可能有人口—环境之间本身存在的关系、也可能是间接存在的关系、甚至可能并不存在关系，例如，调整模型中生育、迁移、人口结构等人口要素对于人口—环境关系的影响都得到了详细的阐释，这些是直接的人口—环境关系；就业和产业结构对人口—环境关系的影响往往刻画着间接的人口—环境关系；而城市"摊大饼"行为等对人口—环境关系的影响，则证明着可持续的人口集聚往往与人口没有关系。这就是说，可持续的人口集聚往往不是人口原因，而实现可持续的人口集聚也不能仅仅依靠人口手段。

对于发展中国家，经济发展仍然是首位，人口集聚也是不可避免的现象，因此，本书提出"智慧型的经济发展"。经济结构调整是实现智慧型经济发展的一个手段，但是"组合"的启示告诉我们：通过其他手段的有效组合和优势互补往往也会实现智慧型的经济发展。

调整模型最重要的意义在于证明，可持续的人口集聚是可以实现的，从绝对的可持续的人口集聚、相对的可持续的人口集聚到智慧型的经济发展都可以通过一定的手段促成。这就是说，实现可持续的人口集聚存在可能性，本书也为我们提出了可能的政策方向性选择。下文就将从调整模型的结论中挖掘政策性的启示。

第二节 实现可持续的人口集聚的政策意义

人口—环境关系的友好越来越成为发展的重要影响要素，更影响着未来的国际竞争力。按照 Huber 提出的生态现代化理论，工业社会的高级阶段即"超工业化过程"是一种生态导向的工业化，生态也将成为一种消费需求。事实上，我国"以经济建设为中心"的发展目标使得人口—环境关系被政策和制度所忽视①。因此，政策制度安排的可持续性是本书中最为关注的，也是本书大量工作的目的。

回归本书，伴随着人口集聚，人口—环境关系深深卷入区域复杂系统中，环境可持续性的增强受到带有可持续性的人口和经济活动行为的影响，同时环境持续性又改变着人口、经济和环境之间的关系。即我们既有能动性，又受到某些客观规律的限制。人口的分布、集聚和减少都和自然禀赋、历史前提有相对应的客观适应和均衡，并不是随意可以改变的，因此，在这个长期的相当需要耐心的过程中，不确定因素随时间的延长而增加。不合理的政策规划可能会影响一代人到数代人的生活水平；政策也具有滞后性使一项小政策在若干年后产生极大的社会影响，而这样的影响往往还不容易被观测到；同时政策可能产生难以预计的影响程度和难以划定的影响范围，尤其是在错综复杂的社会巨系统中，政策有效性和合理性的挖掘更是困难重重。因此，对待某项政策是否有意义时，我们往往需要在不安中等待着政策的效应发挥，然而社会系统在时间尺度上具有一维性决定了社会政策不能对政策对象进行直接的实验，当我们发觉某项政策其实并不合理或并不全面时，我们已经不得不付出了相当的代价。这就提示出一个有效的好的政策工具集需要政策实验。本书研究的实质意义就在于对政策进行实验，提炼出好的政策，降低政策运行中的不确定性，最终用于改善区域的人口—环境关系，并应对人口—经济中可能遇到的环境问题。

本书以长三角为例，因为政策设计中也以长三角的基本人口社会背景为基础构建促进区域人口—环境关系改善的政策，从而完善长三角地区作为中国最重要的人口功能导入区的示范和启发作用。另外，政策也尽可能多的具有一般借鉴价值。

---

① 李勇进等. 中国环境政策演变和循环经济发展对实现生态现代化的启示［J］. 中国人口·资源与环境，2008（5）：12-18.

第三节 "好"政策的特征和设置原则

一、"好"政策的基本特征

我们要求促进可持续的人口集聚的政策工具集是一个"好"的政策，即具有如下特征：

1. 效果特征

所谓"好"政策，其基本特征体现在实施效果上，即在实施之后在不至于过多地降低区域经济规模和社会生活水平并不至于造成过多的社会波动和不稳定的情况下，能够有效地改善人口—环境关系，即本书中的人口—碳排放关系。这种改善一般体现为对可持续性的一阶观测指标的改善上，也即实现了绝对的可持续的人口集聚，或至少能够达到可持续的人口集聚的改进，又或者延长了区域停留在可持续的人口集聚的改进或绝对的可持续的人口集聚的状态的时间。即政策实施的结果是促成了人口—环境关系可持续性的智慧型转变，这是本书研究中政策工具集的基本要求导向。

2. 一揽子的政策集合

第六章几乎囊括了本书研究的系统动力学模型中所有的外生控制变量，共设置了11个调整模型，而这些模型给出的结果是：几乎鲜有哪一样政策能够达到这种人口—环境关系可持续性的智慧型转变的要求。也就是说，现实中想要通过某种措施的设置实现一个好的人口—环境—经济关系，只是一种完美的理想。

实现人口—环境关系可持续性的智慧型转变，又并非不可能。受经济政策中货币政策和财政政策相互作用的启发，于是，这就启示我们用更多的思考去构建一揽子促进可持续人口集聚的政策工具集，通过这个工具集中各个政策的优势互补、抵消各自的副作用乃至优势互相增强来最大限度地促成智慧型的经济发展。

3. 适用性

本书研究产生于对长三角地区的人口—环境关系的模拟，充分了解其中的人口社会背景有助于我们对本政策工具集适用范围和适用程度的理解。全书通篇，尤其是第五章和第六章非常细致地介绍了各个指标和系统形成的基本社会系统背景。这里简要地概括这一背景就是：人口持续的集聚和导入，经济快速增长，人民生活水平提高，有一定的节能环保意识，经济发展受到资本投资的带动，同时各个层面的技术也在不断地提高。

模型虽然产生于这样的背景，但在系统的调整模型中也看到了经济和人口关系的变动，这些模型所发生的变动大大地增强了所得到的政策措施的启示作用。

4. 多样性

这是本书中设计政策工具集目的的最大特色，即该政策工具集突破了以往的"为了……所以要……做"；而是采取"为了……所以要……做"和"如果发生……可以……做"相结合的形式，即引入了针对不同的发生状况所应该采取的措施方案，这样的政策工具集在现实生活中具有更多的使用价值和实用性，即是针对发展中如果出现了一些情况应该用何种手段积极的应对，以改进人口——环境关系。

二、政策集设置原则

首先，必须要强调本章的目的是设置政策措施及其集合，给予实际操作层面的决策和行动以理论支撑，但并不涉及政策在执行过程中的不确定性以及由于操作造成的政策目标与结果的偏差，也就是政策的最终表征效果并非本章的探讨范围。

根据一般政策设置的基本原则，本书指出促进可持续的人口集聚的政策工具集应该体现以下原则[①]：

1. 价值观体现

政策工具集产生于一定的社会背景，需要在符合当前基本发展观和发展实情的情况下制定，超出现实状况和能力的政策并不具有实施价值。本政策工具集体现着中国目前发展中的人口国情和科学发展观的内涵，应该满足该原则。

2. 目标明确性

政策目标的明确性是说政策有明确的评估参考。以往某些关于可持续发展的研究正是因为目标不明确，对现实状况的判断不明晰，甚至没有定义清楚可持续的内涵而造成其最终政策措施的提出不仅没有针对性，甚至可能是错误的。

---

① 谢明. 政策分析概论 [M]. 北京：中国人民大学出版社，2004：411.

3. 可操作性

政策需要可操作性加以落地实施，这是政策最基本的原则所在。这一原则是建立在政策的目标明确性上，同时也要求政策在符合区域实施该政策的能力和条件的基础上制定，而非空中楼阁。

4. 时效性

时效性要求政策体现其作用效果的时间不能太长，即政策检验时间不能过长，否则政策效果将具有非常大的不确定性，也破坏了政策的可操作性。

第四节　实现可持续的人口集聚的政策工具集

对于不断地促进区域可持续性的增强、促进人口—环境关系不断地改善这一过程，学术界已有许多的定性研究提出了若干政策。在下文中，笔者也将提到一些被学术界广为提倡的手段。但不同的是，除了这些手段是经过前文严谨的政策调整模型定量模拟得到，更大的区别在于，在本书中对于每种手段，包括常见手段在内，将对于这些手段的作用和作用程度做出明确的分析和归类。

因此，根据第六章末所总结的研究结论清单（见表6-15），这些结论清单为促进可持续人口集聚政策工具集的提出提供了最重要的理论支撑和参考。简单地将这些结论中的政策内涵总结如下：

第一，一些政策和措施能够促成智慧型经济发展的转变，即在不改变甚至略有增加人口规模和经济规模的情况下，实现人口—环境关系的改善，包括一阶观测和二阶观测。例如，在保障基本粮食产出和产业协调发展的同时，积极促进产业结构的第三产业转移，进而促进高科技农产品的供给和提高服务产品的消费；再如，形成稳定的、良好的、全社会普遍的节能环保观念和实施一项有规范力的环境政策，都能够在至少不改变社会产出、不影响人们社会生活满意度、不影响社会稳定的情况下，实现可持续的人口集聚或其改进。

第二，有些手段虽然不能保障智慧型的经济发展转变，但对于促进人口—碳排放关系改善状况的效果非常显著，并且是持久有效的。例如，推动紧凑型社会建设，对林地实行一定的保有量，甚至对城乡接合部的闲散城市建设用地"退建还林"，放任城市"摊大饼"的行为是严重不利于可持续发展的。再如积极发展提高能源利用率的技术，其效果在短期内可能不明显，但随着时间的推进将对人口—环境关系发生增强的改善；另外，发展技术并没有"减人口"，即产业升级和技术发展并没有恶化人口的就业状况。

第三，还有一些手段需要我们做出权衡，即在这些手段的作用下扩大经济规模和增强人口集聚的可持续性并不能两全，这种情况其实是现实生活中大多数促进环境友好型发展所面临的重要尴尬问题。在本书中，类似手段如，适当地减少生产性投资，而将国民经济更多地用于环保型技术和居民消费等，会降低经济水平，但同时也是环境友好的转变。提高全要素生产率大大增加了产出，也破坏了人口—环境关系。另外，在本书中关于能耗技术因子并没有表现出所谓乐观的"技术万能"，即不断扩张经济，而将实现可持续发展的任务单纯地交给技术去完成，是不可能达成的。这是因为技术内生于经济增长，本身是经济增长的成果，因此要求技术做出超越经济的程度来改善人口—环境关系是不现实的，这点也完全与《增长的极限》中对于技术的分析考察吻合。当然，一项好的人口—环境关系促进型技术，即环保技术，确实能够扩大可持续的时间范围和成果。

第四，还有一些我们正在积极倡导的措施，并非出于人口—环境关系的改善，而是出于其他方面发展的目的，这些政策与人口—环境的可持续的关系也是需要明确的。如果这些政策并没有对环境造成明显的影响，那么我们可以说出于其他社会发展的目的，这种手段是"相对"环境友好的。在本书中，类似的手段例如，提高第三产业就业比重、促进就业结构向第三产业转变、适当地提高第二产业就业弹性，结束第一产业劳动力挤出的局面，并没有表现出显著的环境不友好，因此，出于社会稳定、促进就业的目的，在区域建设环境友好型社会的过程中是可以推行的。再如，开发老年人力资源，使老年人口推迟退出劳动力市场，促进生产型老龄社会的建设，鼓励低年龄劳动力人口延长教育年限、充分积累人力资本、推迟进入劳动力市场，也没有表现出明显的环境不友好特征。

第五，本书特别提出了来自模型的一些启示，这些启示是在采取任何人口—环境友好型手段下都应该考虑的因素：时间、合作和组合。因为政策发挥效果需要时间，而一项看似没有恶化人口—环境关系的政策长期看却可能严重破坏环境；另外，对于一项措施我们及早行动会快速地降低为实现人口—环境友好转变的时间成本和其他成本，并使碳排放维持在较低的水平上。区域性的合作则是关系到上述所有政策结果是否能落实的最重要原因，而不合作对环境的结果往往是零和博弈甚至是负和博弈。组合即是政策最大限度发挥环境、社会、经济效能的办法，即通过政策的优势互补、劣势相抵来最大化政策效用。

第六，正是因为时间的重要性，笔者建议对于人口—环境关系的相关政策手段的研究应需要尽可能拉长研究和观察期，从而观测从政策执行到效果消失的全过程，以便对期间可能发生的任何状况做好充足的应对措施，而时间过短的政策研究往往很容易造成误判。通过这一点我们还可以间接得到这样的启示，对区域发展做出长期的规划对于人口—环境关系是有必要的，因为提早规划有助于节能观念的培养、有助于政策发挥效果。这一点也在米都斯等的最新著作《地球的治理方法》中被提出。

另外，政策安排还需要针对具体问题分类安排，切忌一概而论地说保护环境就是调整土地利用、调整产业结构等等问题的罗列。区域系统的分析和政策调整模型的安排告诉我们，很多变量在系统中远远超过我们直观的理论想象。

本书也直接将现有发展趋势放大来观察其对环境可能造成的影响，如在系统中量化了现有的人口老龄化、社会抚养比上升、人口加速迁移、人口生育政策放松等政策调整和人口结构要素调整可能造成的人口—环境关系的改变，从而提示我们为这些趋势的到来和增强做出相应的对策调整和政策安排，因此，这些放大的程度可能超乎常理，但并非为说明这些手段要做到何种程度，但这些手段是有意义的，并且比其他手段更有意义，这些内容正是本书想要说明的。

按照上述分析，本书提出几点拙见以期发挥本书研究成果的社会效应，并与长三角地区和相关区域治理者共享，同时本书由于不涉及具体的操作，对于提出的政策只是一个概念性的建议，如提出创建生产型老龄社会，但并未深入探讨如何去构建。

第五节　若干尝试性的政策建议

一、以紧凑策略带动生产发展

紧凑的城市建设是提高区域土地利用和增强单位土地经济效率的重要途径，而本处更加强调的是紧凑的方式以及与紧凑结合采取的组合行动。

首先，长三角作为中国最发达的区域有着经济扩张和区域面积扩张的动力，在这一过程中土地不合理利用不仅占用了生态友好的林地，更破坏了城市经济的规模效应。为此要构建更为紧凑型的发展，将国民经济向生产性投资倾斜来促进紧凑型的区域建设，同时将区域闲置的城乡结合部地发展为林地，并在城市中努力扩大绿化面积。这一行为就是将生产性投资增加造成的环境不友好，和土地利用转变造成的经济规模降低两者副作用相互抵消，来促进区域的人口—环境—经济共同的协调发展，建设智慧型经济发展的区域。

二、以产业结构升级策略促进国民经济向消费倾斜

产业结构升级策略是一个智慧型的策略，即能在提高产出、促进人口集聚的同时，降低碳排放程度，实现可持续的人口集聚，因此不得不强调，这是一个在任何情况下都可以坚持的人口—环境加上经济的友好型政策。国民经济更多用于非生产性的消费和研发投资是一项环境友好的行为，但也会较大幅度地降低社会生产规模。

事实上，我们鼓励消费不仅是因为环境友好的原因，更是因为我们经济发展中一个不可持续的要素就是居民消费过低，投资过高，虽然这点在书中没有涉及。但是国家各项政策出台为实现经济的可持续性而倡导提高内需，但内需却依旧存在很大的开放空间，反观之，便是经济阻力。

在倡导环境友好型发展中，提高内需的举措是对环境有益的，要促成这一事件的发生，可以从产业结构调整的角度。我们一直也提出促进产业结构升级是现代化的表现，但本书用真实的模型和数据告诉我们，促进产业结构升级会带动经济规模上升，对碳排放减少有利，同时第三产业的发展为内需和消费提供了增长的动力。这也即是我们在第三章中实现可持续的人口集聚的理论手段中提到的：促进投资向着环保型技术和居民消费倾斜，促进经济向着第三产业和高科技农业转移，促进生产向着非物质产品的服务产品和农业产品倾斜。

三、以投资向研发倾斜策略伴随效率提高

降低生产性积累将会较为快速地使产出大规模地下降，尽管这一方式是友好型的，但是失去了我们发展中国家要维持"可持续发展"的原则。但是有效调整模型显示，提高资本效率，即提高资本的形成比例、降低资本折旧，提高全要素生产率会促进经济规模大幅度地上升，而随着资本效率和全要素生产率的上升碳排放也大规模增加，显示出较强的人口—环境压力关系。将更多的研发投资，主要是环保型的研发投资和资本效率的提高进行组合，则有可能在经济增长的同时，实现人口—环境的友好发展。

四、以创建生产型老龄社会策略带动人力资本积累

在人口预测中我们看到，不仅是中国，长三角地区将面临更为严峻的人口老龄化现实，这一过程将使我们更多地去思考人口结构变化造成的人口—环境、

人口—经济关系的改变，以及我们可以去采取的行动。本研究告诉我们，提高老年人就业如果对于劳动力就业有挤出作用，同时也对迁移人口发挥着替代作用，那么对环境将是一个友好的趋势，并且也基本不会太大的影响经济规模。

因此，条件是必须通过老年人力资源开发的相关有效措施，使老年人口融入经济中持续发挥生产要素的作用。同时，加强青年劳动力人口的教育和培训，从该角度促进其推迟进入劳动力市场，这样就能使社会劳动力结构变动具有可持续性，并促进了整个社会长期的人力资本积累，并带来经济持续和环境友好的源泉。

五、以规模经济和低能耗技术开发策略伴随劳动力产出提高

目前长三角的发展以资本投资带动，促进劳动力产出弹性的提高，是一项有节能环保意义的举措，但是同时经济规模也会下降。另一个实情是，目前长三角地区经济并没有发挥足够的经济规模效应，但是该规模效应一旦发挥将使得人口—环境处于强压力的状态。如果在发挥规模效应的同时，提高劳动力人力资本及其产出弹性就能够使经济更具有持续性，也有利于人口—环境关系。

另外，随着经济的转型，过程中可能出现由于经济规模的变动调整而对环境造成压力，发展低能耗技术是将这一过程中环境压力风险降低的重要保障。但是鼓励技术投资的同时，我们也指出了由于生产效率提高型技术主要提高动力是企业，而节能环保技术主要推动者是政府部门，因此对这两类投资应该尽可能分开考虑。

六、鼓励迁移和就业转移、生育政策转变策略伴随收缩性措施

人口迁移是实现人力资本提升最直接快速的方式，也是劳动力实现优化配置、提高经济效益的重要方式，然而在这一过程中却可能增加区域的碳排放，同时也需要经济提高对迁移人口的吸纳能力，即之前提到的扩大第三产业吸纳劳动力的能力。

长三角地区还将面临的一个人口调整和趋势就是人口自然增长率上升，这是由于逐步放开的生育政策和平均预期寿命越来越长造成的，而这一过程也会造成人口—环境压力的增加。

人口增加具有扩张性，扩张经济规模，也扩大了碳排放，这就需要我们适时地采取收缩性措施，就是我们之前提到的包括土地利用转变、经济支出方式

的转变，以收缩的措施应对扩张的本能。

七、以环境政策助推环境风尚、依靠技术但不依赖技术

随着城市化的发展，居民生活碳排放和第三产业碳排放将随着其在经济中能耗比重的上升，而成为区域重要的碳排放部门。当经济实现前文所述的可持续的产业结构的转变，那么对于那个时候成为碳排放的主要部门的第三产业，我们又能为那个时候的可持续性增强做些什么呢。至少，可以肯定的就是将环境政策对于社会的约束力转变为整个社会的自觉性，微观主体从生活、生产全面实现碳减排，形成碳减排的生产、生活习惯，这是可以一直为之奋斗的方向。

另外，技术可以扩大可持续的范围和成果，如提高能源利用率能够大大地降低碳排放总量，但是技术对环境的作用并不是无限制的改善的，而如果增加的是"增产量"性技术投资，那么将对环境带来新一轮的压迫。

最后还是如何强调也不为过的，加强区域合作，保护环境、尽早行动。

至此，针对长三角地区目前的社会经济状况和人口背景提出的措施和组合，其基本特征是收缩型措施和扩张型措施的组合，以对冲经济、社会的负影响，增强人口—环境关系的可持续性。本书所得到的政策启示远多于本处的罗列，这也是启示我们在不同的情境下，需要精明地对这些政策进行新的组合。

第六节　其他启示与潜在研究

从本书开始进行人口预测的工作到最后政策工具集及一些相关启示的提出，这一过程中得到了四个研究目的之外的关于"谨慎判断"的启示。

第一，长期人口预测往往带有很大的概率特征，随着预测期的延长概率区间也会变大，点预测的精确度将大打折扣，因此，对于长期人口预测需要进行区间预测，对点预测保持谨慎的判断，更为可靠的是对于长期人口预测更多的是观察曲线的增长态势，而非绝对数值。

第二，尽管区域的系统动力学模型描述了非线性的复杂错综的联系和作用，但本质上这仍然是一个高度抽象的有限的系统动力学模型，此外系统动力学的性质决定了其对于长期发展的绝对数值模拟将有偏差，因此，对有关结论需要保持谨慎的判断，对于系统性的研究更多是需要关注结构和趋势的问题。

第三，对于研究概念框架"可持续的人口集聚"的内涵和适用性保持谨慎，

可持续的人口集聚并不意味着"人口越多可持续性越高"。可持续的人口集聚指标只是将人口背景和区域可持续性结合起来考察。

第四，由于时间的重要性，对于人口—环境关系的相关政策手段的研究应尽可能拉长观察期，从而观测从政策执行到效果消失的全过程，以便对期间可能发生的任何状况做好充足的应对措施，时间过短的政策研究往往很容易造成误判，因此对于政策的评估和研究需要保持一定的谨慎。

参考文献

[1] Alfeld. L. E. , et al.. Introduction to Urban Dynamics [M]. Cambridge MA: Productivity Press, 1976.

[2] Saysel, A. K. , et al.. Environmental Sustainability in an Agricultural Development Project: A System Dynamics Approach [J]. Journal of Environment Management, 2002 (64): 247-260.

[3] David I. S. , et al.. Economic Gowth and Environmental Degradation: The Environmental Kuznets Curve and Sustainable Development [J]. World Development, 1996 (24): 1151-1160.

[4] Ehrlich, P. R. , Ann. H. E.. The Population Explosion [M]. New York: Simon and Schuster, 1990.

[5] Boserup, E.. The Conditions of Agricultural Growth: The Economics of Agrarian Change Under Population Pressure [M]. Chicago: Aldine, 1965.

[6] Fan, Y. L. Liu, et al.. Analyzing Impact Factors of CO_2 Emissions Using The STIRPAT Model [J]. Environmental Impact Assessment Review, 2006 (26): 377-395.

[7] Forrester. J. W.. Industrial Dynamics: A Breakthrough for Decision Makers [J]. Harvard Business Review, 1958 (4): 37-66.

[8] Forrester. J. W.. Industrial Dynamics [M]. Cambridge M. A. : Productivity Press, 1961.

[9] Forrester. J. W.. Principles of Systems [M]. Cambridge M. A. : Productivity Press, 1968.

[10] Forrester. J. W.. Urban Dynamics [M]. Cambridge M. A. : Productivity Press, 1969.

[11] Gareth D. L. , et al.. Economic and Environmental Impacts of Pollution Control in a System of Environment and Economic Interdependence [J]. Chaos, Solitons and Fractals, 2002 (13): 693-700.

[12] Grossman G. M. , A. B. Krueger. Environmental Impacts of A North American

Free Trade Agreement [M]. NT: Woodrow Wilson School, Princeton, 1992.

[13] Kahn, H. The next 200 years: A scenario for America and the world [M]. Morrow, 1976: 241.

[14] Houghton, J. T. et al., eds. Climate Change 1995. The Science of Climate Chang [M]. Cambridge, U K: Cambridge University Press, 1996.

[15] Janssen, J. M. et al.. Dynamic Modeling and Control of National Economics [M]. Landon: Pergamon Press, 1981.

[16] Johan A., Delphine F., Koen S.. A Shapley Decomposition of Carbon Emissions without Residuals [J]. Energy Policy, 2002 (30): 727-736.

[17] Simon, J. L. The Ultimate Resource II. Princeton [M]. New Jersey: Princeton University Press, 1996.

[18] Kolstad, C. D.. Environmental Economics [M]. New York: Oxford University Press, 2000: 400.

[19] Mass N. J.. Readings in Urban Dynamics Vol. I. [M]. Cambridge M. A.: Productivity Press, 1974.

[20] Dalton, M. et al.. Population Aging and Future Carbon Emissions in the United States [J]. Energy Economics, 2008 (30): 642-675.

[21] Dellink, R. et al.. Sustainable Economic Structure [J]. Ecological Economics, 1999 (29): 141-154.

[22] Pandey, R. Energy Policy Modelling: Agenda for Developing Countries [J]. Rahaul Pandey Energy Policy, 2002 (30): 97-106.

[23] Rees, W. E.. Ecological Footprint and Appropriated Carrying Capacity: What Urban Economics Leaves Out [J]. Environment and Urbanization, 1992, 4 (2): 121-130.

[24] York, R. E. A. Rosa, Thomas Dietz. STIRPAT, IPAT and ImPACT: Analytic Tools for Unpacking The Driving Forces of Environmental Impacts [J]. Ecological Economics, 2003 (46) 351-365.

[25] Naill, R. F. et al.. An Analysis of the Cost Effectiveness of U. S. Energy Policies to Mitigate Global Warming [J]. System Dynamics Review, 1992 (2): 111-128.

[26] Naill, R. F. A system dynamics Model for National Energy Policy Planning [J]. System dynamics Review, 1992 (1): 1-19.

[27] Schroeder, W. W., et al.. Readings in Urban Dynamics Vol. II [M]. Cambridge M. A.: Productivity Press, 1975.

［28］ Rinaldi, S. et al.. Pollution Control Policies and Natural Resource Dynamics: A Theoretical Analysis ［J］. Journal of Environment Management, 1996 (48): 357-373.

［29］ Shafik N. , S. Bandyopadhyay. Economic Growth and Environmental Quality: Time Series and Cross Country Evidence ［R］. Washington D. C. : Background Paper For World Development Report, World Bank, 1992.

［30］ Shorrock L. D.. Identifying the Individual Components of United Kingdom Domestic Sector Carbon Emission Changes between 1990 and 2000 ［J］. Energy Policy, 2000 (28): 193-200.

［31］ Babu, S. C. Capacity Strengthening in Environmental and Natural Resource Policy Analysis: Meeting the Changing Needs ［J］. Journal of Environment Management, 2000 (59): 71-86.

［32］ The 1st UN World Water Development Report: Water for People, Water for Life ［R/OL］. Kyoto, Japan: The 3rd World Water Forum, http://www. unesco. org/water/wwap/wwdr/wwdr1/pdf. 2003.

［33］ Homer-Dixon, T. F. Environmental Scarcities and Violent Conflict: Evidence from Cases ［J］. International Security, 1994, 19 (1): P5-40.

［34］ UNFPA. The State of World Population 2001 ［R］. New York: UNFPA, http://www. unfpa. org/swp/2001/english/ch01. html. 2001.

［35］ United Nations, Department of Economic and Social Affairs, Population Division. World Urbanization Prospects (The 2009 Revision) ［R］. New York, 2010.

［36］ Ruttan, V. W. Population Growth, Environment Change and Innovation: Implications for Sustainable Growth in Agriculture ［M］. and C. L. Jolly B. B. Torrey. In Population and Land Use in Developing Countries. Washington D. C. USA: National Academy Press, 1993.

［37］ Wackernagel, M. , W. E. Rees. Our Ecological Footprint: Reducing Human Impact on the Earth ［M］. Gabriola Island: New Society Publishers, 1996.

［38］ World Commission on Environment and Development. Our Common Future ［M］. New York: Oxford University Press, 1987.

［39］ ［德］ 恩格斯. 自然辩证法 ［M］. 于光远等译. 北京: 人民出版社, 1984: 521.

［40］ ［德］ 恩格斯. 家庭、私有制和国家的起源 ［M］. 中共中央马恩列斯著作编译局译. 北京: 人民出版社, 2003: 233.

［41］ ［美］ 保罗·艾里奇, 安妮·艾里奇. 人口爆炸 ［M］. 张建中, 钱力

译．北京：新华出版社，2000：322.

[42]［美］丹尼斯·米都斯等．增长的极限：罗马俱乐部关于人类困境的报告［M］．李宝恒译．长春：吉林人民出版社，1997：166.

[43]［美］福格特．生存之路［M］．张子美译．北京：商务印书馆，1981：280.

[44]［美］赫茨勒．世界人口的危机：从社会学角度出发并与不发达地区特别有关的考察［M］．何新译．北京：商务印书馆，1963：307.

[45]［美］赫尔曼·E. 戴利．超越增长：可持续发展的经济学［M］．诸大建等译．上海译文出版社，2006：280.

[46]［美］加尔布雷斯．经济学和公共目标［M］．蔡受百译．北京：商务印书馆，1980：320.

[47]［美］罗伯特·艾尔斯．转折点——增长范式的终结［M］．戴星翼等译．上海：上海译文出版社，2001：394.

[48]［美］讷克斯．不发达国家的资本形成问题［M］．谨斋译．北京：商务印书馆，1966：172.

[49]［美］人口增长与经济发展课题组人口委员会，美国行为与社会科学和教育委员会国家研究理事会．人口增长与经济发展：对若干政策问题的思考［M］．于学军译．北京：商务印书馆，1995：171.

[50]［美］西奥多·W. 舒尔茨．论人力资本投资［M］．吴珠华等译．北京：北京经济学院出版社，1990：239.

[51]［美］唐奈勒·H. 米都斯等．地球的治理方法［M］．穆伟娜译．北京：中国电力出版社，2009：141.

[52]［美］唐奈勒·H. 米都斯，丹尼斯·L. 米都斯，约恩·兰德斯．超越极限——正视全球性崩溃，展望可持续的未来［M］．赵旭，周欣华，张仁俐译．上海：上海译文出版社，2001：207.

[53]［美］阿尔文·托夫勒．第三次浪潮［M］．黄明坚译．北京：中信出版社，1996：290.

[54]［日］藤田昌久，［美］保罗·克鲁格曼等．空间经济学：城市、区域与贸易［M］．梁琦等译．北京：中国人民大学出版社，2005：468.

[55]［英］H. 鲁滨逊．人口与资源［M］．陈锦堂等译．北京：高等教育出版社，1988：254.

[56]［英］阿尔弗雷德·马歇尔．经济学原理［M］．陈瑞华译．西安：陕西人民出版社，2006：1038.

[57]　［英］庇古．福利经济学［M］．金镝译．北京：华夏出版社，

2007：709.

［58］［英］戴维·皮尔斯，杰瑞米·沃福德．世界无末日：经济学·环境与可持续发展［M］．张世秋译．北京：中国财政经济出版社，1996：522.

［59］［英］马尔萨斯．人口原理［M］．王惠惠译．西安：陕西师范大学出版社，2008：268.

［60］白永亮．区域规划与区域经济可持续发展关系分析［J］．理论与实践，2004（2）：90-92.

［61］蔡昉．劳动力短缺：我们是否应该未雨绸缪［J］．中国人口科学，2005（6）：11-16，95.

［62］蔡昉．人口、资源与环境：中国可持续发展的经济分析［J］．中国人口科学，1996（6）：1-10.

［63］蔡昉．人口转变—人口红利与经济增长可持续性——兼论充分就业如何促进经济增长［J］．人口研究，2004（2）：2-9.

［64］蔡昉．专家：计划生育是一代人的政策，长期考虑应调整［EB/OL］.中新网，http：//news. usqiaobao. com/2009-11/03/content_257919. htm. 2009-11-03.

［65］蔡昉等．中国城镇劳动参与率的变化及其政策含义［J］．中国社会科学，2004（4）：68-79，207.

［66］蔡林，高速进．区域可持续发展系统动力学综合协调模型研究［J］.圆桌论坛，2009（4）：67-70.

［67］蔡琳．系统动力学在可持续发展研究中的应用［M］．北京：中国环境科学出版社，2008：226.

［68］蔡运龙，李军．土地利用可持续性的度量：一种现实过程的综合方法［J］．地理学报，2003（3），58（2）：305-313.

［69］蔡运龙等．提高土地生产率是根本——耕地保护再认识［J］．中国土地，2002（10）：11-13.

［70］曹利军，周大杰等．区域可持续发展综合模型框架研究［J］．数量经济技术经济研究，2000（4）：64-67.

［71］曹泽等．中国区域全要素生产率增长的R&D贡献分析［J］．系统工程，2011（1）：57-62.

［72］柴剑峰，邓玲．主体功能区建设的人口再分布研究［J］．经济体制改革，2008（5）：98-102.

［73］柴剑峰．主体功能区人口再分布动力分析［J］．经济体制改革，2009（2）：163-166.

［74］陈继杰．外商直接投资对可持续发展影响的研究综述［J］．经济社会体制比较（双月刊），2006（6）：72-77.

［75］陈佳瑛等．家庭模式对碳排放影响的宏观实证分析［J］．中国人口科学，2009（5）：68-78，112.

［76］陈家瑛．家庭模式变化对碳排放的影响研究［D］．复旦大学博士学位论文，2010.

［77］陈俊武等．中国中长期碳减排战略目标初探——石油能源产品在交通运输等行业中的应用和碳减排［J］．中外能源，2011（7）：1-13.

［78］陈兰．湖北省二氧化碳排放的驱动因素研究［D］．武汉：华中科技大学硕士学位论文，2010.

［79］陈良文．生产率、城市规模与经济密度：对城市集聚经济效应的实证研究［J］．贵州社会科学，2007（2）：113-119.

［80］陈默等．R&D投入能力、企业特征、政府作用与企业低碳生产意愿研究［J］．科技进步与对策，2010（22）：112-116.

［81］陈楠，王钦敏，林宗坚．中国人口经济压力与人口迁移的定量分析［J］．中国人口科学，2005（6）：30-37，95.

［82］陈欣欣等．经济发达地区就地转移劳动力向城市迁移的影响因素分析——基于浙江省农户意愿的调查分析［J］．中国农村经济，2003（5）：33-39.

［83］陈彦玲等．影响中国人均碳排放的因素分析［J］．北京石油化工学院学报，2009（2）：54-58.

［84］陈耀邦．可持续发展战略读本［M］．北京：中国计划出版社，1996：1-359.

［85］陈友华．中国可持续发展人口条件综论［J］．市场与人口分析，2006（3）：22-27.

［86］谌伟．上海市工业碳排放总量与碳生产率关系［J］．中国人口·资源与环境，2010（9）：24-29.

［87］城市经济学精品课程建设小组．城市经济学［EB/OL］．东北财经大学公共管理学院网，http：//classroom. dufe. edu. cn/spsk/c260/wlkj/index. html.

［88］程开明．城市紧凑度影响能源消耗的理论机制及实证分析［J］．经济地理，2011（7）：1107-1112.

［89］程晓民，叶正波．区域可持续发展指标体系的构建［J］．统计与决策，2003（12）：14-15.

［90］程叶青，李同升，张平宇．SD模型在区域可持续发展规划中的应用［J］．系统工程理论与实践，2004（12）：13-18.

［91］程中玲等．人地关系与区域可持续发展 ［J］．安徽农业科学，2006（15）：3830-3831.

［92］迟福林．我国实现可持续发展的政府因素 ［J］．中国老区建设，2007（7）：21-22.

［93］党耀国等．河南省第一产业技术进步贡献率测算 ［J］．系统工程理论与实践，2000（8）：95-99.

［94］邓荣荣，詹晶．低碳试点促进了试点城市的碳减排绩效吗——基于双重差分方法的实证 ［J］．系统工程，2017（11）：68-73.

［95］丁守海．中国就业弹性究竟有多大——兼论金融危机对就业的滞后冲击 ［J］．管理世界（月刊），2009（5）：36-46.

［96］董力三，熊鹰．主体功能区与区域发展的若干思考 ［J］．长沙理工大学学报（社会科学版），2009（1）：121-124.

［97］杜官印.1997～2007年中国分省化石能源碳排放强度变化趋势分析 ［J］．地理信息科学，2010（5）：76-81，92.

［98］杜官印．建设用地对碳排放的影响关系研究 ［J］．中国土地科学，2010（5）：32-36.

［99］杜运伟，黄涛珍．江苏省人口规模、结构对碳排放的影响分析 ［J］．长江流域资源与环境，2013（4）：399-404.

［100］段成荣，杨柯等．改革开放以来我国流动人口变动的九大趋势 ［J］．人口研究，2008（6）：30-45.

［101］段芳敏等．产业结构升级对就业的影响分析 ［J］．统计与决策，2011（14）：133-135.

［102］段平忠，刘传江．人口流动对经济增长地区差距的影响 ［J］．中国软科学，2005（12）：99-110.

［103］樊翠香．科学技术对可持续发展的影响 ［J］．江西金融职工大学学报，2008（21）：34-35.

［104］方创琳．紧凑城市理念与测度研究进展及思考 ［J］．城市规划学刊，2007（4）：65-73.

［105］方琦．城镇居民劳动参与率状况与成因：基于吉林省微观的数据的经验研究 ［D］．吉林大学硕士学位论文，2007.

［106］方时姣．西方生态经济学理论的新发展 ［J］．国外社会科学，2009（3）：12-18.

［107］冯俊．中国城市化与经济发展协调性研究 ［J］．城市发展研究，2002（2）：24-35.

［108］冯玲等．城镇居民生活能耗与碳排放动态特征分析［J］．中国人口·资源与环境，2011（5）：93-100.

［109］冯之浚．低碳经济：中国实现绿色发展的根本途径［J］．中国人口·资源与环境，2010（4）：1-4.

［110］付云鹏等．中国区域碳排放强度的空间计量分析［J］．统计研究，2015（6）：67-73.

［111］高体玉．试论实现环境与经济可持续发展的关键［J］．中国人口·资源与环境，1996（1）：62-67.

［112］高卫东等．经济发展对中国能源碳排放空间分布的影响［J］．辽宁工程技术大学学报（自然科学版），2009（2）：296-299.

［113］葛新权．宏观经济模型技术研究［M］．北京：经济科学出版社，2007：315.

［114］谷国锋．区域经济系统研究中的动力学方法与模型［J］．东北师大学报（自然科学版），2003（4）：88-93.

［115］郭存芝．城市可持续发展能力及其影响因素的实证［J］．中国人口·资源与环境，2010（3）：143-148.

［116］郭志刚．人口、资源、环境与经济发展之间关系的初步理论思考［J］．人口与经济，2000（6）：12-16.

［117］郭志仪．主体功能区必须以科学合理的人口分布为基础［J］．人口与发展，2008（5）：36-37.

［118］何介楠等．湖南省化石燃料和工业过程碳排放的估算［J］．中南林业科技大学学报，2008（5）：52-58.

［119］何锦义．科技进步贡献率测算中值得注意的几个问题［J］．学术问题研究（综合版），2006（2）：18-21，28.

［120］何莉萍．区域可持续发展基本理论研究［J］．现代软科学，2006（2）：38-39.

［121］何有世．区域社会经济系统发展动态仿真与政策调控［M］．合肥：中国科学技术大学出版社，2008：211.

［122］贺菊煌．我国资产的估算［J］．数量经济与技术经济研究，1992（8）：24-27.

［123］贺俊，刘庭等．经济增长、人口增长与人口政策［J］．江淮论坛，2006（5）：22-26.

［124］洪银兴．可持续发展经济学［M］．北京：商务印书馆，2000：449.

［125］胡鞍钢．中国的规模效应与"绿色崛起"［EB/OL］．新华网，http：//

news. xinhuanet. com/theory/2008-06/03/content_8303802. htm. 2008-06-03.

[126] 黄小玉. 对可持续发展度量方式的比较 [J]. 统计与信息论坛, 2003 (1): 31-34.

[127] 黄宗远等. 中国省区物质资本存量的重估 [J]. 广西师范大学学报 (哲学社会科学版), 2010 (1): 74-80.

[128] 季曦等. 城市低碳产业的评估与分析: 以北京为例 [J]. 城市与区域规划研究, 2010 (2): 43-54.

[129] 季应波. 全球二氧化碳排放及其减控技术的综合述评 [J]. 全球科技经济瞭望, 2000 (3): 34-35.

[130] 贾绍凤等. 国外可持续发展度量研究综述 [J]. 地球科学进展, 1999 (6): 596-601.

[131] 贾志科, 任晓鸿. 从 "三种生产理论" 到 "多种生产理论": 科学发展观的一种新启示 [J]. 西北人口, 2006 (5): 36-40.

[132] 姜克隽等. 2050 低碳经济情景预测 [J]. 环境保护, 2009a (24): 28-30.

[133] 姜克隽等. 中国发展低碳经济的成本优势: 2050 年能源和碳排放情景分析 [J]. 绿叶, 2009b (5): 11-19.

[134] 姜照华等. 城镇化率模型构建与预测研究 [J]. 改革与开放, 2011 (2): 129-130.

[135] 蒋耒文, 考斯顿. 人口——家庭户对环境的影响: 理论模型与实证研究 [J]. 人口研究, 2001 (1): 47-55.

[136] 蒋萍, 祝志杰. 可持续性系统模型的构建与阐释 [J]. 统计与决策, 2008 (2): 4-7.

[137] 金东海等. 城市化发展的营力系统分析——兼论我国城市化影响因子与可持续城市化战略选择 [J]. 中国人口·资源与环境, 2004 (2): 59-64.

[138] 郎宝金. 可持续发展的缘由及实现途径 (下) [J]. 北方经济, 2001 (11): 19-21.

[139] 郎一环等. 实现可持续发展的资源与环境政策 [J]. 中国人口·资源与环境, 2003 (6): 35-39.

[140] 李崇勇, 陈森林, 范源. 区域生态经济系统可持续发展评价指标体系研究 [J]. 中国农村水利水电, 2007 (4): 1-8.

[141] 李钢. 实现可持续发展的基本条件 [J]. 北京化工大学学报, 2001 (1): 13~16.

[142] 李国敏等. 城市土地低碳利用模式的变革及路径 [J]. 中国人口·

资源与环境, 2010 (12): 62-66.

[143] 李国志, 李宗植. 人口、经济和技术对二氧化碳排放的影响分析——基于动态面板模型 [J]. 人口研究, 2010 (3): 32-39.

[144] 李建民. 人口, 资源, 环境: 可持续发展 [J]. 人口研究, 1996 (1): 21-25.

[145] 李江苏, 骆华松等. 主体功能区适度人口容量测算初探 [J]. 西北人口, 2008 (3): 1-5.

[146] 李竞能. 现代西方人口理论 [M]. 上海: 复旦大学出版社, 2004: 358.

[147] 李丽林. 中国转型时期: 劳动参与率的测量、变化及其意义 [J]. 中国人力资源开发, 2006 (3): 21-25, 42.

[148] 李林杰等. 中国城市化水平预测的时间序列模型及其应用 [J]. 中国人口科学, 2005 (S1): 2-6.

[149] 李玲. 改革开放以来中国国内人口迁移及其研究 [J]. 地理研究, 2001 (4): 453-462.

[150] 李启平. 经济低碳化对我国就业的影响及政策因应 [J]. 宏观经济, 2010 (1): 39-44.

[151] 李瑞英. 2011 年《中国低碳经济发展报告》发布 [EB/OL]. 中国环境经济智库, http://www.csfee.org.cn/ReadNews.asp? NewsID=821. 2007-07-09.

[152] 李通屏. 人口增长对经济增长的影响: 日本的经验 [J]. 人口研究, 2002 (6): 63-68.

[153] 李通屏. 中国人口压力的定量研究 [J]. 人口学刊, 2004 (1): 17-23.

[154] 李旭等. 社会系统动力学: 政策研究的原理、方法和应用 [M]. 上海: 复旦大学出版社, 2009: 237.

[155] 李颖等. 江苏省区域不同土地利用方式的碳排放效应分析 [J]. 农业工程学报, 2008 (9): 102-107.

[156] 李志强, 周丽琴. 基于区域可持续发展的指标体系构建研究 [J]. 当代财经, 2006 (5): 126-128.

[157] 李仲生. 经济发展与人口增长的理论分析 [J]. 首都经济贸易大学学报, 2008 (2): 70-76.

[158] 李仲生. 人口增长对经济发展的影响——中国人口增长的经济效果分析 [J]. 首都经济贸易大学学报, 2001 (3): 10-13.

[159] 梁星等. 城市增长和城市环境退化的倒 U 形曲线研究——以长三角

为例 [J]. 复旦学报（自然科学版），2004（6）：977-982.

[160] 刘博文等. 基于 LMDI 的区域产业碳排放脱钩努力研究 [J]. 中国人口·资源与环境，2018（4）：78-86.

[161] 刘丙泉等. 城镇化对物流业碳排放变动影响研究 [J]. 中国人口·资源与环境，2016（3）：54-60.

[162] 刘华军. 城市化对二氧化碳排放的影响——来自中国时间序列和省际面板数据的经验证据 [J]. 上海经济研究，2012（5）：24-35.

[163] 刘敏. 经济因素和政策因素与我国乡—城人口迁移规模的相关性研究 [J]. 西北人口，1999（3）：30-32.

[164] 刘全刚. 对影响可持续发展若干因素的分析 [J]. 前沿，2003（8）：32-33.

[165] 刘晓辉，陈忠暖等. 区域可持续发展指标体系研究述评 [J]. 资源环境与发展，2008（3）：17-20.

[166] 刘艳清. 区域经济可持续发展系统的协调度研究 [J]. 社会科学辑刊，2000（5）：79-83.

[167] 刘勇. 土地短缺迫使长三角经济转型 [J]. 中国改革，2006（7）：57-59.

[168] 刘宇辉，彭希哲. 基于生态足迹模型的中国发展可持续评估 [J]. 中国人口·资源与环境，2004，14（5）：58-63.

[169] 刘玉，刘毅. 中国区域可持续发展评价指标体系及态势分析 [J]. 中国软科学，2003（7）：113-118.

[170] 刘玉等. 长江流域区域可持续发展态势与对策 [J]. 长江流域资源与环境，2003（6）：497-502.

[171] 刘铮，李竞能. 人口理论教程 [M]. 北京：中国人民大学出版社，1999：509.

[172] 刘志雄等. 中国低碳经济发展的能源消费分析及比较 [J]. 生态经济，2011（1）：49-54.

[173] 龙文等. 城市人口系统等维灰数递补动态模型探讨 [J]. 安徽农业科学，2007（36）：11740-11741.

[174] 逯进等. 青岛市人口迁移特征及其对经济增长的影响 [J]. 青岛农业大学学报（社会科学版），2009（10）：42-47.

[175] 栾贵勤等. 长三角低碳经济的基本研究 [J]. 前言，2010（13）：76-78.

[176] [英] 罗杰·珀曼，马越，詹姆斯·麦吉利夫雷，迈克尔·科蒙. 自然资源与环境经济学（第二版）[M]. 张涛，李智勇，张真等译. 北京：中国经

济出版社，2002：700.

[177] 罗双喜 . ARMA 模型在我国劳动参与率预测中的应用 [J]. 商业时代，2010 (6)：8-9.

[178] 罗文斌等 . 城市土地经济密度的时空差异及其影响机理——基于湖南省城市面板数据的实证分析 [J]. 城市发展研究，2010 (6)：68-74.

[179] 马小红等 . 北京市未来50年人口变动趋势预测研究 [J]. 市场与人口分析，2004 (2)：46-62.

[180] 马晓哲 . 中国分省碳排放系统——模型和 GIS [D]. 华东师范大学硕士学位论文，2010.

[181] 马延吉 . 区域产业集聚理论初步研究 [J]. 地理科学，2007，27 (6).

[182] 马忠东等 . 劳动参与率与劳动力增长：1982~2050 年 [J]. 中国人口科学，2010 (1)：11-27，111.

[183] 芈凌云 . 城市居民低碳化能源消费行为及政策引导研究 [D]. 中国矿业大学博士学位论文，2011.

[184] 穆光宗 . 可持续发展战略框架中的人口因素：地位及其影响 [J]. 汕头大学学报 (人文科学版)，2000 (1)：9-14.

[185] 穆光宗 . 人口增长效应理论：一个新的假说 [J]. 经济研究，1997 (6)：49-56.

[186] 聂飞，刘海云 . 基于城镇化门槛模型的中国 OFDI 的碳排放效应研究 [J]. 中国人口·资源与环境，2016 (9)：123-131.

[187] 宁淼，王奇，叶文虎 . 区域可持续发展战略规划的理论与方法研究 [J]. 中国人口·资源与环境，2006 (3)：38-42.

[188] 牛高华 . 长江三角洲地区土地利用变化与耕地非农化分析 [D]. 南京农业大学硕士学位论文，2006.

[189] 牛雄 . 主体功能区构建的人口政策研究 [J]. 改革与战略，2009 (4)：42-47.

[190] 潘海啸 . 面向低碳的城市空间结构：城市交通与土地使用的新模式 [J]. 城市发展研究，2010 (1)：40-45.

[191] 潘晓东 . 中国低碳城市发展路线图研究 [J]. 中国人口·资源与环境，2010 (10)：13-18.

[192] 潘玉君等 . "区域可持续发展" 概念的试定义 [J]. 中国人口·资源与环境，2002 (4)：127-129.

[193] 彭欢 . 低碳经济视角下我国城市土地利用研究 [D]. 湖南大学硕士

学位论文，2010.

[194] 彭希哲，任远．人口因素与城市综合竞争力——对上海城市发展的一项研究 [J]．中国人口科学，2002（6）：33-39.

[195] 彭希哲等．我国人口态势与消费模式对碳排放的影响分析 [J]．人口研究，2010（1）：48-58.

[196] 齐敏．我国低碳经济发展水平的评价指标体系与评估研究 [D]．山东师范大学硕士学位论文，2011.

[197] 齐晓娟，童玉芬．中国西北地区人口、经济与资源环境协调状况评价 [J]．中国人口·资源与环境，2008（2）：110-114.

[198] 祁悦等．碳排放空间分配及其对中国区域功能的影响 [J]．资源科学，2009（4）：590-597.

[199] 乔家君．区域可持续发展定量研究：基于人地关系视角 [J]．合肥教育学院学报，2003（4）：1-5.

[200] 乔晓春．对中国人口普查出生婴儿性别比的分析与思考 [J]．人口与经济，1992（2）：21-28.

[201] 乔晓春．对中国人口与可持续发展的几点认识 [J]．人口研究，1997（6）：1-6.

[202] 仇保兴．紧凑度和多样性——我国城市可持续发展的核心理念 [J]．城市规划，2006（11）：18-24.

[203] 任保平．可持续发展实现途径的制度分析 [J]．求实学刊，2005（3）：53-59.

[204] 任宪友．基于可持续发展的适度人口理论探讨 [J]．石油大学学报（社会科学学报），2003（3）：56-61.

[205] 任远，戴星翼．外来人口长期居留倾向的 Logit 模型分析 [J]．南方人口，2003（4）：39-44.

[206] 任远，王桂新．常住人口迁移与上海城市发展研究 [J]．中国人口科学，2003（5）：42-48.

[207] 任远．"逐步沉淀"与"居留决定居留"——上海市外来人口居留模式分析 [J]．中国人口科学，2006（3）：67-72.

[208] 厍向阳，李同升．区域可持续发展系统结构及协调度分析 [J]．西安建筑科技大学学报，2000（2）：132-134.

[209] 申玉铭，毛汉英．区域可持续发展的若干理论问题研究 [J]．地理科学进展，1999（4）：287-295.

[210] 生态屏障、功能区划与人口发展课题组．科学界定人口发展功能区，

促进区域人口与资源环境协调发展——生态屏障、功能区划与人口发展研究报告 [J]. 人口研究, 2008 (3)：1-14.

[211] 史丹. 结构变动是影响我国能源消费的主要因素 [J]. 中国工业经济, 1999 (11)：38-43.

[212] 史红亮等. 我国钢铁行业能源—资本—劳动力的替代弹性分析——超越对数生产函数 [J]. 工业技术经济, 2010 (11)：110-116.

[213] 世界自然保护同盟, 联合国环境规划署, 世界野生生物基金. 保护地球：可持续发展生存战略 [M]. 国家环境保护局外事办公室译. 北京：中国环境科学出版社, 1992：195.

[214] 宋健等. 人口控制论 [M]. 北京：科学出版社, 1985：308.

[215] 宋言奇. 长三角生态安全一体化研究 [J]. 南通大学学报 (社会科学版), 2005 (4)：61-66.

[216] 苏小康等. 城市人口区域分布动态演化自组织模型初步研究 [J]. 系统工程理论与实践, 2003 (10)：115-120.

[217] 孙敬水等. 低碳经济发展的驱动因素研究——浙江省为例 [J]. 中南财经政法大学学报, 2011 (2)：48-55.

[218] 谭玲玲. 我国低碳经济发展机制的系统动力学建模 [J]. 数学的实践与认识, 2011 (12)：106-113.

[219] 谭静. 实现可持续人口集聚的路径的思考 [J]. 兰州学刊, 2012 (5)：176-180.

[220] 谭忠富等. 北京能源可持续发展的战略途径分析 [J]. 能源与环境, 2008 (1)：2-3.

[221] 唐国兴. 计量经济学——理论、方法和模型 [M]. 上海：复旦大学出版社, 1991：390.

[222] 田飞. 21 世纪初人口场景预测研究回顾 [J]. 人口与发展, 2010 (2)：48-51.

[223] 田雪原. 人口与环境的可持续发展 [J]. 南方人口, 1996 (1)：3-9.

[224] 童玉芬. 关于人口对环境作用机制的理论思考 [J]. 人口与经济, 2007 (1)：1-4.

[225] 童玉芬. 论人口与环境关系研究的主要思想流派与观点 [J]. 人口学刊, 2003 (5)：10-14.

[226] 涂雄苓等. ARIMA 与指数平滑法在我国人口预测中的比较研究 [J]. 统计与决策, 2009 (16)：21-23.

[227] 王德文等. 中国劳动经济学：第 3 卷 [M]. 北京：中国劳动社会保

障出版社，2006：130.

[228] 王飞鹏，欧阳联灿. 产业集群的人才集聚效应与人才管理制度创新 [J]. 山东工商学院学报，2008（4）：43-96.

[229] 王桂新，魏星. 上海老龄化高峰期预测及对策研究 [J]. 科学发展，2009（10）：38-57.

[230] 王桂新，武俊奎. 产业集聚、城市规模与碳排放 [J]. 工业技术经济，2012（6）：68-80.

[231] 王海滨，李彬. 静态资源关系观及其批判 [J]. 当代亚太，2009（1）：147-160.

[232] 王好芳，董增川等. 区域复合系统可持续发展指标体系及其评价方法 [J]. 河海大学学报（自然科学版），2003（2）：212-215.

[233] 王红霞. 就业人口与非农生产分布不均衡问题实证研究——上海大都市经济发展的时空及功能特征 [J]. 财经研究，2005，31（1）：5-14.

[234] 王卉等. 基于劳动参与率视角下的我国转型期就业安全探析 [J]. 经济体制改革，2008（6）：20-23.

[235] 王佳丽等. 区域生态系统服务对土地利用变化的脆弱性评估 [J]. 自然资源学报，2010（4）：556-563.

[236] 王金营. 中国人口劳动参与率与未来劳动力供给分析 [J]. 人口学刊，2006（4）：19-24.

[237] 王其潘. 系统动力学：修订版 [M]. 上海：上海财经大学出版社，2009：296.

[238] 王奇，叶文虎. 可持续发展与产业结构创新 [J]. 中国人口·资源与环境，2002（1）：9-12.

[239] 王倩倩等. 我国一次能源消费的人均碳排放重心移动及其原因分析 [J]. 自然资源学报，2009（5）：832-841.

[240] 王钦池. 基于非线性假设的人口和碳排放关系研究 [J]. 人口研究，2011（1）：3-13.

[241] 王钦池. 城市规模、城市化率与碳排放关系研究——基于近半世纪161个国家的数据 [J]. 西北人口，2015（3）：1-12.

[242] 王韶楠等. 土地资源可持续利用的影响因素及对策 [J]. 中国人口·资源与环境，2000（S2）：18-19.

[243] 王世军，周佳懿. 人口迁移与上海国际大都市建设 [J]. 同济大学学报（社会科学版），2009（2）：37-43.

[244] 王舒曼等. 江苏省自然资源核算及对 GDP 的修正：以水、大气资源

为例 [J]. 中国人口·资源与环境, 2001 (3): 68-72.

[245] 王晓娟. 可持续发展与制度创新 [J]. 理论界, 2006 (10): 26-27.

[246] 王新华等. 人口流动与产业结构升级的相关性分析 [J]. 南京人口管理干部学院学报, 2006 (4): 57-61.

[247] 王新前等. 可持续发展战略的内涵、实现途径及措施 [J]. 天府新论, 1996 (5): 3-7, 18.

[248] 王秀文. 上海市居民消费对碳排放的影响研究 [D]. 合肥工业大学硕士学位论文, 2010.

[249] 王雪娜. 我国能源类碳源排碳量估算办法研究 [D]. 北京林业大学硕士学位论文, 2006.

[250] 王志宪等. 长江三角洲地区可持续发展的态势与对策 [J]. 地理学报, 2005 (3): 381-391.

[251] 王忠平等. 江苏省就业人数与三大产业产值关系实证分析 [J]. 工业技术经济, 2011 (5): 63-68.

[252] 韦亚平等. 紧凑城市发展与土地利用绩效的测度——屠能-阿索隆模型的扩展与应用 [J]. 城市规划学刊, 2008 (3): 32-40.

[253] 魏梅等. 生产中碳排放效率长期决定及其收敛性分析. [J]. 数量经济技术经济研究, 2010 (9): 43-51, 81.

[254] 魏一鸣等. 中国能源报告: 碳排放研究 [M]. 北京: 科学出版社, 2008: 236.

[255] 翁开源. 实现可持续发展的几个关键因素 [J]. 大庆社会科学, 2001 (4): 31-32.

[256] 吴超, 魏清泉. 区域协调发展系统与规划理念分析 [J]. 地域研究与开发, 2003 (6): 6-10.

[257] 吴季松. 知识经济学 [M]. 北京: 首都经济贸易大学出版社, 2007: 278.

[258] 武继磊. 国家人口发展功能区规划和人口与环境发展关系的协调 [J]. 人口与发展, 2008 (5): 43-45.

[259] 肖周燕. 北京市人口经济与二氧化碳排放的关联分析 [J]. 西北人口, 2012 (1): 115-119.

[260] 谢玲丽. 正确认识和应对上海发展中的人口集聚问题 [J]. 人口与计划生育, 2009 (5): 20-21.

[261] 谢明. 政策分析概论 [M]. 北京: 中国人民大学出版社, 2004: 411.

[262] 徐国泉等. 中国碳排放的因素分解模型及实证分析: 1995~2004

[J]. 中国人口·资源与环境，2006（6）：158-161.

[263] 徐玮，宁越敏. 20 世纪 90 年代上海市流动人口动力机制新探 [J]. 人口研究，2005（6）：47-55.

[264] 许志伟等. 我国总量生产函数的贝叶斯估计 [J]. 世界经济文汇，2011（2）：87-102.

[265] 杨东峰等. 城市化与可持续性：如何实现共赢 [J]. 城市规划，2011（3）：29-34.

[266] 杨福霞等. 能源与非能源生产要素替代弹性研究 [J]. 资源科学，2011（3）：460-467.

[267] 杨荣军. "低碳城市"的空间结构分析 [D]. 天津大学建筑学院硕士学位论文，2010.

[268] 杨世琦，杨正礼等. 不同协调函数对生态·经济·社会复合系统协调度影响分析：以湖南省益阳市资阳区为例 [J]. 中国生态农业学报，2007（3）：151-154.

[269] 杨晓猛. 人口压力与经济增长：理论与中国的经验检验 [J]. 中国人口科学，2004（6）：20-30.

[270] 杨鑫，李通屏，魏立佳. 总和生育率影响因素实证研究 [J]. 西北人口，2007（6）：59-66.

[271] 杨扬等. 土地资源对中国经济的"增长阻尼"研究——基于改进的二级 CES 生产函数 [J]. 中国土地科学，2010（5）：20-25.

[272] 杨云彦. 人口、资源与环境经济学 [M]. 北京：中国经济出版社，1999：421.

[273] 杨子晖. 经济增长、能源消费与二氧化碳排放的动态关系研究 [J]. 世界经济，2011（6）：100-125.

[274] 姚永玲. 北京城市发展中的能源消耗影响因素分析 [J]. 中国人口·资源与环境，2011（7）：40-45.

[275] 叶文虎，陈国谦. 三种生产论：可持续发展的基本理论 [J]. 中国人口·资源与环境，1997（2）：14-18.

[276] 叶长法. 本世纪末浙江人口发展的适度量和预测的探讨 [J]. 商业经济与管理，1983（1）：9-17.

[277] 叶宗裕. 中国省际资本存量估算 [J]. 统计研究，2010（12）：65-71.

[278] 殷砚等. 对中国新型低碳技术扩散的实证研究 [J]. 科技进步与对策，2010（23）：20-24.

[279] 尹向飞. 人口、消费、年龄结构与产业结构对湖南碳排放的影响及

其演进分析——基于 STIRPAT 模型 [J]. 西北人口，2011（2）：65-74，82.

[280] 游和远等. 土地利用的碳排放效率及其低碳优化——基于能源消耗的视角 [J]. 自然资源学报，2010（11）：1875-1886.

[281] 游和远等. 土地利用结构与能源消耗碳排放的关联测度及其特征 [J]. 中国土地科学，2010（11）：4-9.

[282] 于同申. 发展经济学 [M]. 北京：中国人民大学出版社，2002：387.

[283] 余春祥. 可持续发展的环境容量和资源承载力分析 [J]. 中国软科学，2004（2）：129，130-133.

[284] 袁建华等. "九五"人口发展情景分析 [J]. 科学决策，1995（4）：41-44.

[285] 原华荣，周仲高等. 土地承载力的规定和人口与环境的间断平衡 [J]. 浙江大学学报（人文社会科学版），2007（5）：114-123.

[286] 原华荣. 人口—环境适宜度 [J]. 开发研究，2000（2）：42-44.

[287] 岳超等. 2050 年中国碳排放的情景预测——碳排放与社会发展 [J]. 北京大学学报（自然科学版），2010（4）：517-524.

[288] 翟振武. 关于地球的打赌：世界是一个拥挤的生态系统还是一个灵活的市场环境 [N]. 大众科技报，2002-03-12.

[289] 张爱胜，李锋瑞，康玲芬. 系统动力学及其在区域可持续发展研究中的应用 [J]. 干旱气象，2005（2）：70-74.

[290] 张佰瑞. 城市化水平预测模型的比较研究 [J]. 理论界，2007（4）：48-51.

[291] 张翠菊，张宗益. 产业和人口的空间集聚对中国区域碳排放强度的影响 [J]. 技术经济，2016（1）：71-77，125.

[292] 张纯元，曾毅. 市场人口学 [M]. 北京：北京大学出版社，1996：462.

[293] 张广裕. 人口与环境问题研究文献综述 [J]. 开发研究，2008（4）：50-54.

[294] 张军等. 对中国资本存量 K 的再估计 [J]. 经济研究，2003（7）：35-43.

[295] 张明东，陆玉麒. 我国主体功能区划的有关理论探讨 [J]. 地域研究与开发，2009（3）：7-11.

[296] 张琴. 基于低碳模式的城市景观设计模型与方法论 [D]. 武汉理工大学博士学位论文，2010.

[297] 张腾飞等. 城镇化对中国碳排放的影响及作用渠道 [J]. 中国人口·

资源与环境, 2016 (2): 47-57.

［298］张维庆. 人口问题是中国可持续发展的首要问题 ［J］. 人口研究, 2000 (1): 1-6.

［299］张卫, 郭玉燕. 人口问题与城市可持续发展研究: 以江苏为例 ［J］. 江苏社会科学, 2008 (2): 188-191.

［300］张象枢等. 人口、资源与环境经济学 ［M］. 北京: 化学工业出版社, 2004: 248.

［301］张雄. 退休年龄对劳动参与率的影响 ［J］. 西北人口, 2009 (6): 23-26, 36.

［302］张秀梅等. 江苏省 1996 年至 2007 年碳排放效应及时空格局分析 ［J］. 资源科学, 2010 (4): 768-775.

［303］张延等. 知识生产函数、规模报酬和经济增长模式——R&D 模型对中国的实证检验 ［J］. 当代财经, 2010 (3): 25-31.

［304］章上峰等. 时变弹性生产函数模型统计学与经济学检验 ［J］. 统计研究, 2011 (6): 92-96.

［305］赵敏等. 上海市能源消费碳排放分析 ［J］. 环境科学研究, 2009 (8): 984-989.

［306］赵荣钦等. 低碳土地利用模式研究 ［J］. 水土保持研究, 2010 (5): 190-194.

［307］赵欣等. 考虑全要素生产率的中国碳排放影响因素分析 ［J］. 资源科学, 2010 (10): 1863-1870.

［308］赵志耘等. 中国要素产出弹性估计 ［J］. 经济理论与经济管理, 2006 (6): 5-11.

［309］智静等. 中国城乡居民食品消费碳排放对比分析 ［J］. 地理科学进展, 2009 (3): 429-434.

［310］钟逢干. "两方向决策" 论与可持续发展 ［J］. 市场与人口分析, 2000 (2): 41-49.

［311］钟茂初. 环境库兹涅茨曲线的虚幻性及其对可持续发展的现实影响 ［J］. 中国人口·资源与环境, 2005 (5): 1-6.

［312］钟茂初. 可持续发展经济学 ［M］. 北京: 经济科学出版社, 2006: 458.

［313］钟宜根等. 城市规模与碳排放的相关性思考 ［J］. 现代城市研究, 2010 (5): 65-69.

［314］钟永光等. 系统动力学 ［M］. 北京: 科学出版社, 2009: 301.

[315] 周宏春等. 中国的城市化及其环境可持续性研究 [J]. 南京大学学报（哲学、人文科学、社会科学版），2010（4）：66-75.

[316] 周纪昌. 论消费—环境研究与人口—环境研究的融合 [J]. 人口与经济，2006（2）：1-6.

[317] 周丽等. 2005~2008 年中国各省 CO_2 排放现状分析 [J]. 中国人口·资源与环境，2012（11）：15-20.

[318] 周丽萍. "四种生产" 论与可持续发展 [J]. 中国人口科学，1998（5）：47-50，64.

[319] 周天勇等. 我国第三产业发展方略 [J]. 财经问题研究，2010（9）：3-7.

[320] 周伟林，严冀等. 城市经济学 [M]. 上海：复旦大学出版社，2004：377.

[321] 周一星. 城市化与国民生产总值关系的规律性探讨 [J]. 人口与经济，1982（1）：28-33.

[322] 周毅. 人口与环境可持续发展 [J]. 贵州师范大学学报（社会科学版），2003（2）：23-31.

[323] 朱宝树. 超大人口峰值与资源承载极限 [J]. 西北人口，1990（3）：40-42.

[324] 朱翠华. 企业研发使用低碳技术的政府作用研究 [J]. 开发导报，2011（2）：72-75.

[325] 朱道林等. 论低碳经济与转变土地利用方式 [J]. 中国土地科学，2010（10）：3-6.

[326] 朱勤等. 基于结构分解的居民消费品载能碳排放变动分析 [J]. 数量经济技术经济研究，2012（1）：65-77.

[327] 朱英明. 产业集聚论 [M]. 北京：经济科学出版社，2003：236.

[328] 邹秀梅等. 中国省级区域碳排放影响因素的实证分析 [J]. 生态经济，2009（3）：34-37.

附录一 人口预测相关参数设置

人口预测参数

年份	总和生育率设置（‰）		出生性别比	平均预期寿命		长三角地区规划经济增长率	年新增净迁移常住人口	
	高情景	低情景		男	女		高情景	低情景
2005	1.11	1.11	120.65	73.76	78.57	0.09	130.00	130.00
2006	1.13	1.13	120.33	73.94	78.76	0.09	136.05	130.00
2007	1.15	1.14	120.01	74.11	78.95	0.09	142.37	130.00
2008	1.17	1.16	119.69	74.29	79.13	0.09	148.99	130.00
2009	1.19	1.17	119.37	74.46	79.32	0.09	155.92	130.00
2010	1.21	1.19	119.05	74.64	79.51	0.09	163.17	130.00
2011	1.24	1.21	118.73	74.82	79.70	0.09	170.76	130.00
2012	1.26	1.23	118.42	74.99	79.89	0.09	178.70	130.00
2013	1.28	1.24	118.10	75.17	80.08	0.09	187.01	130.00
2014	1.30	1.26	117.79	75.35	80.27	0.09	195.70	130.00
2015	1.33	1.28	117.47	75.53	80.46	0.09	204.80	141.20
2016	1.35	1.30	117.16	75.71	80.65	0.09	210.95	141.20
2017	1.37	1.32	116.85	75.89	80.84	0.09	217.28	141.20
2018	1.40	1.33	116.54	76.07	81.03	0.09	223.79	141.20
2019	1.42	1.35	116.23	76.25	81.22	0.09	230.51	141.20
2020	1.45	1.37	115.92	76.43	81.42	0.09	237.42	141.20
2021	1.48	1.39	115.61	76.61	81.61	0.09	244.55	141.20
2022	1.50	1.41	115.30	76.79	81.80	0.09	251.88	141.20
2023	1.53	1.43	114.99	76.98	82.00	0.09	259.44	141.20
2024	1.56	1.45	114.69	77.16	82.19	0.09	267.22	153.36
2025	1.59	1.47	114.38	77.34	82.39	0.09	275.24	153.36
2026	1.61	1.49	114.08	77.52	82.58	0.09	283.49	153.36
2027	1.64	1.52	113.77	77.71	82.78	0.09	292.00	153.36
2028	1.67	1.54	113.47	77.89	82.98	0.09	300.76	153.36
2029	1.70	1.56	113.17	78.08	83.17	0.09	309.78	153.36

续表

| 年份 | 总和生育率设置（‰） | | 出生性别比 | 平均预期寿命 | | 长三角地区规划经济增长率 | 年新增净迁移常住人口 | |
	高情景	低情景		男	女		高情景	低情景
2030	1.73	1.58	112.86	78.26	83.37	0.09	319.08	153.36
2031	1.76	1.60	112.56	78.45	83.57	0.08	325.46	153.36
2032	1.80	1.63	112.26	78.63	83.77	0.08	331.97	153.36
2033	1.83	1.65	111.97	78.82	83.96	0.08	338.61	166.57
2034	1.86	1.67	111.67	79.01	84.16	0.08	345.38	166.57
2035	1.89	1.70	111.37	79.20	84.36	0.08	352.29	166.57
2036	1.93	1.72	111.07	79.38	84.56	0.08	359.33	166.57
2037	1.96	1.75	110.78	79.57	84.76	0.08	366.52	166.57
2038	2.00	1.77	110.48	79.76	84.97	0.08	373.85	166.57
2039	2.03	1.80	110.19	79.95	85.17	0.08	381.33	166.57
2040	2.07	1.82	109.89	80.14	85.37	0.08	388.95	166.57
2041	2.11	1.85	109.60	80.33	85.57	0.08	396.73	166.57
2042	2.15	1.87	109.31	80.52	85.77	0.08	404.67	180.92
2043	2.18	1.90	109.02	80.71	85.98	0.08	412.76	180.92
2044	2.22	1.93	108.73	80.90	86.18	0.08	421.01	180.92
2045	2.26	1.96	108.44	81.09	86.39	0.08	429.43	180.92
2046	2.30	1.98	108.15	81.29	86.59	0.08	438.02	180.92
2047	2.35	2.01	107.86	81.48	86.80	0.08	446.78	180.92
2048	2.39	2.04	107.57	81.67	87.00	0.08	455.72	180.92
2049	2.43	2.07	107.29	81.87	87.21	0.08	464.83	180.92
2050	2.47	2.10	107.00	82.06	87.42	0.08	474.13	180.92

长三角地区 2005 年人口年龄结构

长三角地区 2005 年人口年龄结构（人）		
年龄组	男	女
合计	70473633	71045406
0~4	3247582.4	2745089.2
5~9	3427017.2	2921653.1
10~14	4644001.2	4017074.6
15~19	5438425.5	5179434.9

续表

长三角地区 2005 年人口年龄结构（人）

年龄组	男	女
20~24	4280296.2	4777651.9
25~29	4836959.8	5261861.6
30~34	5844666.1	6170670.9
35~39	6851012.4	7356074.3
40~44	6353732.2	6523043.2
45~49	5354941.1	5294197.6
50~54	5660093.7	5613553.9
55~59	4306663.6	4144907.8
60~64	2995995.8	2839604.1
65~69	2553792.7	2479601.1
70~74	2225294.7	2343986.1
75~79	1416062.3	1705197.9
80 岁以上	1036869.1	1671728.6

多情景下长三角地区人口预测结果

年份	中国人口总量	多情景下长三角地区人口预测结果（人）			
		宽松开放	收紧开放	宽松封闭	收紧封闭
2005	130756	14152	14152	14152	14152
2006	131448	14289	14289	14289	14289
2007	132129	14434	14433	14428	14426
2008	132802	14587	14584	14567	14564
2009	134005	14748	14743	14707	14703
2010	136100	14917	14910	14848	14841
2011	136900	15095	15085	14991	14981
2012	137800	15284	15270	15134	15120
2013	138700	15482	15464	15278	15260
2014	139500	15689	15666	15422	15399
2015	140300	15906	15877	15564	15537
2016	141100	16131	16097	15717	15684
2017	141700	16366	16325	15869	15829
2018	142300	16611	16562	16018	15971

续表

年份	中国人口总量	多情景下长三角地区人口预测结果（人）			
		宽松开放	收紧开放	宽松封闭	收紧封闭
2019	142900	16864	16807	16164	16110
2020	143400	17126	17062	16306	16245
2021	143800	17399	17325	16446	16376
2022	144100	17682	17598	16581	16503
2023	144400	17976	17881	16713	16625
2024	144600	18282	18176	16842	16744
2025	144800	18600	18482	16980	16872
2026	144900	18933	18802	17115	16996
2027	145000	19280	19135	17248	17118
2028	145100	19644	19483	17378	17236
2029	145100	20025	19848	17507	17352
2030	145100	20425	20230	17635	17466
2031	145000	20846	20631	17762	17579
2032	145000	21289	21053	17889	17690
2033	144900	21756	21496	18017	17801
2034	144800	22248	21963	18160	17925
2035	144700	22767	22454	18305	18050
2036	144500	23315	22972	18452	18176
2037	144300	23895	23518	18603	18303
2038	144100	24507	24094	18757	18433
2039	143800	25152	24699	18914	18563
2040	143500	25833	25336	19074	18694
2041	143200	26551	26007	19236	18826
2042	142800	27308	26711	19402	18959
2043	142300	28104	27450	19586	19108
2044	141800	28941	28226	19772	19257
2045	141200	29822	29039	19961	19406
2046	140600	30749	29892	20152	19556
2047	139900	31724	30788	20348	19706
2048	139200	32750	31727	20547	19858
2049	138400	33829	32713	20750	20011
2050	137600	34965	33749	20958	20166

注：中国人口总量数据来源于国家人口计生委 2003 年预测结果（TFR=1.7）；单位：万人。

附录二 系统动力学模型（BaseRun）主要参数和方程

变量及公式	单位
城镇化率=0.403+0.2×LN（人均 GDP）	Units：Dmnl
城镇劳动年龄劳动力供给数=总劳动力供给数--一产劳动年龄从业数	Units：万人
城镇实际就业劳动年龄人数=城镇实际就业人数×(1-非劳动年龄劳动力比重)	Units：万人
城镇实际就业人数=第二产业吸纳劳动力+第三产业吸纳劳动力	Units：万人
城镇人口数=人口总量×城镇化率	Units：万人
出生人口数=人口出生率×人口总量	Units：万人
单位能耗技术因子= WITH LOOKUP（"R&D 占比"，（[[(0,-0.01)-(0.2, 0.01)]，(5.1948e-005,0)，(0.00507792,0)，(0.00535065,0)，(0.00550649, 0)，(0.0058961,0)，(0.01,0)，(0.012,0.001)，(0.0161039,0.002)，(0.017, 0.002552)，(0.0186494,0.00295238)，(0.04,0.0015)，(0.05,0.0014)，(0.06, 0.0014)，(0.0690909,0.0012381)，(0.081039,0.00114286)，(0.0945455, 0.000952381)，(0.104935，0.000952381)，(0.128312，0.000571429)，(0.141818,0.00047619)，(0.158442,9.52381e-005)，(0.165714,9.52381e-005)，(0.174545,9.52381e-005)，(0.195844,0)))	Units：Dmnl
单位生活能耗因子=节能观×居民消费×人均建设用地面积	Units：万吨/万人
单位 GDP 碳排放=碳排放总量/GDP	Units：万吨/亿元
第二产业生产总值=GDP×二产比重	Units：亿元
第二产业吸纳劳动力=上年二产劳动力×(1+二产就业增长率)	Units：万人
第三产业生产总值=三产比重×GDP	Units：亿元
第三产业吸纳劳动力=上年三产劳动力×(1+三产就业增长率)	Units：万人
第一产业生产总值=GDP×一产比重	Units：亿元
第一产业吸纳劳动力=上年一产劳动力×(1+一产就业增长率)	Units：万人
二产比重=1--一产比重-三产比重	Units：Dmnl
二产单位产值能耗= ACTIVE INITIAL(上年二产单位能耗×二产单位能耗变动率×(1-土地因子)×(1-单位能耗技术因子)，0.8163)	Units：万吨/亿元

续表

变量及公式	单位
二产单位能耗变动率 = WITH LOOKUP(Time,([(2005,0)-(2050,1.1)], (2005,1.00861),(2006,0.961745),(2007,0.975049),(2008,0.955346), (2009,0.939876),(2020,0.96),(2030,0.97),(2040,0.98),(2050, 0.99)))	Units: Dmnl
二产就业弹性 = 0.0958	Units: Dmnl
二产就业增长率 = 二产增长率×二产就业弹性	Units: Dmnl
二产增长率 = (第二产业生产总值-上年二产总值)/上年二产总值	Units: Dmnl
二产终端能耗 = 第二产业生产总值×二产单位产值能耗	Units: 万吨
非农产业比重 = 二产比重+三产比重	Units: Dmnl
非劳动年龄劳动力比重 = 0.09506	Units: Dmnl
抚养比 = WITH LOOKUP(Time,([(2005,0)-(2050,1)],(2004.88, 0.280952),(2006,0.280952),(2007,0.290476),(2008,0.2932),(2009, 0.2945),(2010,0.2971),(2011,0.3013),(2012,0.3068),(2013,0.3131), (2014,0.314286),(2015,0.3255),(2016,0.3307),(2017,0.3353),(2018, 0.342857),(2019,0.3427),(2020,0.3459),(2021,0.3502),(2022, 0.3548),(2023,0.3596),(2024,0.3644),(2025,0.3692),(2026,0.3741), (2027,0.3789),(2028,0.3837),(2029,0.3879),(2030,0.3915),(2031, 0.3944),(2032,0.3968),(2033,0.3988),(2034,0.4004),(2035,0.4019), (2036,0.4033),(2037,0.4047),(2038,0.406),(2039,0.4073),(2040, 0.4084),(2041,0.4094),(2042,0.4104),(2043,0.4113),(2044,0.4126), (2045,0.4144),(2046,0.4167),(2047,0.4193),(2048,0.4219),(2049, 0.4243),(2050,0.4263)))	Units: Dmnl
抚养人口低碳消费水平 = 0.7	Units: Dmnl
规模效应 = 1	Units: Dmnl
固定资本形成额 = 生产性积累×资本形成比	Units: 亿元
积累 = GDP×(1-居民消费比-政府消费比-净出口占比)	Units: 亿元
建设用地 = 上年建设用地×(1+建设用地年变动-建设用地减少而用于林地的比重)	Units: 平方公里
建设用地减少而用于林地的比重 = WITH LOOKUP(Time,([(0,0)-(4000, 10)],(2005,0),(2015,0),(2039,0),(2040,0),(2050,0)))	Units: Dmnl
建设用地年变动 = IF THEN ELSE(Time>=2020, 0.02, 0.08)	Units: Dmnl
进出口占比 = 0.1	Units: Dmnl

续表

变量及公式	单位
节能观 = WITH LOOKUP（Time，[（2005，0）-（2050，3.15e-005）]，（2005，3.135e-005），（2006，2.758e-005），（2007，2.642e-005），（2008，2.47e-005），（2009，2.402e-005），（2015，2.03e-005），（2020，1.77e-005），（2025，1.54e-005），（2030，1.34e-005），（2035，1.16e-005），（2040，1.01e-005），（2045，8.8e-006），（2050，7.65e-006）))	Units：Dmnl
净迁移率 = ACTIVE INITIAL（迁移制度因素×人均建设用地面积×EXP（非农产业比重+城镇化率）×就业机会吸引因子，0.00918598）	Units：Dmnl
净迁移人口数 = ACTIVE INITIAL（人口总量×净迁移率，130）	Units：万人
就业机会吸引因子 = IF THEN ELSE（城镇实际就业劳动年龄人数-城镇劳动年龄劳动力供给数>0，1.01，0.99）	Units：Dmnl
居民消费 = 居民消费比×GDP	Units：亿元
居民消费比 = 0.3225	Units：Dmnl
可持续的人口集聚：碳排放 = 碳排放变化率/人口变化率	Units：Dmnl
劳动参与率 = 0.8085	Units：Dmnl
劳动力产出弹性 = WITH LOOKUP（Time，([（2005，0）-（2050，0.3）]，（2005，0.057），（2006，0.057），（2007，0.057），（2008，0.057），（2009，0.057），（2010.49，0.0642857），（2013.06，0.0785714），（2016.81，0.101429），（2022.53，0.138571），（2027.56，0.175714），（2032.35，0.214286），（2038.31，0.252857），（2042.4，0.274286），（2045.56，0.287143），（2048.13，0.291429），（2050，0.3）))	Units：Dmnl
劳动力投入 = 总劳动力供给数×（1-失业率）+总劳动力供给数×非劳动年龄劳动力比重/（1-非劳动年龄劳动力比重）	Units：万人
劳动适龄人口 = 人口总量×（1-抚养比）	Units：万人
企业研发占比 = 0.5	Units：Dmnl
能源消费总量 = 一产终端能耗+二产终端能耗+三产终端能耗+生活终端能源消费	Units：万吨
迁移制度因素 = 0.006	Units：Dmnl
前期碳排放总量 = DELAY FIXED（碳排放总量，1，11615）	Units：万吨
失业率 = 0.0118686	Units：Dmnl
全要素技术因子 = 8e-005	Units：1/万人
全要素生产率 = 企业研发占比×人口总量×全要素技术因子	Units：Dmnl
死亡人口数 = 人口死亡率×人口总量	Units：万人
人均建设用地面积 = 建设用地/城镇人口数	Units：平方公里/万人

续表

变量及公式	单位
人均 GDP＝GDP/人口总量	Units：亿元/万人
人均碳排放＝碳排放总量/人口总量	Units：万吨/万人
人口变化率＝人口出生率–人口死亡率+净迁移率	Units：Dmnl
人口出生率＝上年人口出生率×(1+人口出生率变动)	Units：Dmnl
人口出生率变动＝0.009×人口生育政策影响	Units：Dmnl
人口死亡率＝ ACTIVE lnITIAL(0.75/预期寿命，0.00827)	Units：Dmnl
人口生育政策影响＝1	Units：Dmnl
人口总量＝ lnTEG((+出生人口数–死亡人口数+净迁移人口数)，14150.9)	Units：万人
上年二产单位能耗＝DELAY FIXED(二产单位产值能耗，1，0.7516)	Units：万吨/亿元
上年二产劳动力＝DELAY FIXED(第二产业吸纳劳动力，1，3086.01)	Units：万人
上年二产总值＝DELAY FIXED(第二产业生产总值，1，12663.3)	Units：亿元
上年建设用地＝DELAY FIXED(建设用地，1，1848.09)	Units：平方公里
上年人口出生率＝DELAY FIXED(人口出生率，1，0.00846601)	Units：Dmnl
上年三产单位能耗＝ DELAY FIXED(三产单位产值能耗，1，0.2429)	Units：万吨/亿元
上年三产劳动力＝DELAY FIXED(第三产业吸纳劳动力，1，2418.02)	Units：万人
上年三产总值＝DELAY FIXED(第三产业生产总值，1，8170.94)	Units：亿元
上年土地经济密度＝ DELAY FIXED(土地经济密度，1，5.33)	Units：亿元/平方公里
上年预期寿命＝DELAY FIXED(预期寿命，1，75.99)	Units：Dmnl
上年一产单位能耗＝ DELAY FIXED(一产单位产值能耗，1，0.29)	Units：万吨/亿元
上年一产劳动力＝ DELAY FIXED(第一产业吸纳劳动力，1，2874.6)	Units：万人
上年一产总值＝DELAY FIXED(第一产业生产总值，1，2077.42)	Units：亿元
生产性积累＝积累–研发积累	Units：亿元
生活终端能源消费＝劳动适龄人口×(1+抚养人口低碳消费水平×抚养比/(1–抚养比))×单位生活能耗因子	Units：万吨
三产比重＝0.403	Units：Dmnl
三产单位产值能耗＝ ACTIVE INITIAL(三产单位能耗变动率×上年三产单位能耗×(1–土地因子)×(1–单位能耗技术因子)，0.2376)	Units：万吨/亿元
三产单位能耗变动率＝ WITH LOOKUP(Time，([[(2005,0)–(2050,1.2)]，(2005,0.908261)，(2006,1.02366)，(2007,1.01973)，(2008,0.961527)，(2009,0.938585)，(2010,0.98)，(2050.1,0.98)]))	Units：Dmnl
三产就业弹性＝0.2992	Units：Dmnl
三产就业增长率＝三产增长率×三产就业弹性	Units：Dmnl

续表

变量及公式	单位
三产增长率=（第三产业生产总值−上年三产总值）/上年三产总值	Units：Dmnl
三产终端能耗=第三产业生产总值×三产单位产值能耗	Units：万吨
FINAL TIME=2050	Units：年
GDP=ACTIVE INITIAL（全要素生产率×[（资本存量)^资本产出弹性]×[（劳动力投入)^劳动力产出弹性]）	Units：亿元
碳排放变化率=（碳排放总量−前期碳排放总量）/前期碳排放总量	Units：Dmnl
碳排放总量=能源消费总量×碳排放折算系数×（1−碳中和及捕获技术）×（1−土地利用变化的碳吸收）	Units：万吨
碳排放折算系数=0.61	Units：Dmnl
碳中和和捕获技术=WITH LOOKUP（"R&D占比"，（[[（0,0)−（0.2,0.01)]，（0.00601299,0)，（0.012,0)，（0.011,0)，（0.0137195,0.000857143)，（0.0141247,0.00104762)，（0.0151377,0.00152381)，（0.0176623,0.00195238)，（0.0275325,0.00157143)，（0.0384416,0.000809524)，（0.0498701,0.000380952)，（0.0638961,0.000190476)，（0.0825974,4.7619e−005)，（0.0997403,9.52381e−005)，（0.117922,0)))	Units：Dmnl
土地经济密度=（第三产业生产总值+第二产业生产总值）/建设用地	Units：亿元/平方公里
土地利用变化的单位碳吸收=0.836	Units：Dmnl
土地利用变化的碳吸收=土地利用变化的单位碳吸收×建设用地减少而用于林地的比重	Units：Dmnl
土地因子=IF THEN ELSE（土地经济密度−上年土地经济密度>=0,0.001,−0.001)	Units：Dmnl
INITIAL TIME=2005	Units：年
研发积累=研发经费×企业研发占比	Units：亿元
研发经费=政府用于科技投资/（1−企业研发占比)	Units：亿元
预期寿命=上年预期寿命×(1+预期寿命变动)	Units：Dmnl
预期寿命变动=0.002	Units：Dmnl
一产比重=0.06	Units：Dmnl
一产单位产值能耗=ACTIVE INITIAL[一产单位能耗变动率×上年一产单位能耗×（1−单位能耗技术因子），0.2862]	Units：万吨/亿元
一产单位能耗变动率=IF THEN ELSE（Time>=2010,0.97,0.91)	Units：Dmnl
一产就业弹性=−1.1959	Units：Dmnl
一产就业增长率=一产增长率×一产就业弹性	Units：Dmnl
一产劳动年龄从业数=第一产业吸纳劳动力×（1−非劳动年龄劳动力比重)	Units：万人

续表

变量及公式	单位
一产增长率=(第一产业生产总值-上年一产总值)/上年一产总值	Units：Dmnl
一产终端能耗=第一产业生产总值×一产单位产值能耗	Units：万吨
资本产出弹性=规模效应-劳动力产出弹性	Units：Dmnl
资本存量= INTEG((固定资本形成额-资本折旧)，74511.8)	Units：亿元
资本形成比=0.85	Units：Dmnl
资本折旧=资本存量×资本折旧率	Units：亿元
资本折旧率=0.096	Units：Dmnl
总劳动力供给数=劳动适龄人口×劳动参与率	Units：万人
政府消费=GDP×政府消费比	Units：亿元
政府消费比= WITH LOOKUP(Time,([(2005,0.1)-(2050,0.2)],(2005,0.109048)，(2007.34,0.114286)，(2010.26,0.119524)，(2013.77,0.124762)，(2017.16,0.13)，(2022.06,0.137619)，(2029.55,0.147619)，(2034.34,0.154286)，(2038.9,0.160952)，(2043.81,0.16619)，(2045.91,0.167619)，(2048.01,0.168095)，(2049.3,0.168571)，(2050,0.168571)))	Units：Dmnl
政府研发比=0.05	Units：Dmnl
政府用于科技投资=政府消费×政府研发比	Units：亿元
R&D 占比=研发经费/GDP	Units：Dmnl
SAVEPER=TIME STEP	Units：年
TIME STEP = 1	Units：年

注：其中 Dmnl 代表无量纲。

后　记

2007 年，在导师任远教授的引荐下，我进入一家外资企业学习，接触到系统动力学，随后读到罗马俱乐部的著作《增长的极限》，查知该文批判众多，而我却被书中漂亮无比的世界模型深深触动。亦让我对研究价值有了深入理解，对于一些社会科学的探索性研究，必然多假设、难以精确模拟现实，若能以宽容和理解待之，便发觉那些结论能给后来者些许启示性的价值。面对诸多研究问题和关系，梳理中也难免踌躇沮丧，导师多次苦心提示"用有限的系统去分析无限的世界，这才是模型的意义所在"，而我也渐渐在模型调试中发现许多有意思的结论，与其说是在为最后的学位准备，倒不如是给我更多继续学习和探索的启示，以至于在本书最后我不得不总结出诸多有待继续的工作，时至今日，虽本书瑕疵处诸多，青春汗水倾注于其中，亦心有所乐，心有所得。

博士论文的完成要感谢导师任远教授孜孜不倦、"甘为孺子牛"般的教我、育我。记得师从任先生之初，先生说过"我未必熟知全部知识并授予你，但我会尽力通过各种方式让你接受到更多知识"。学生所盼不过如此，这句话成为我作为一个学生最大的幸运和骄傲。

离开美丽的研究生时代已近七年。完成后，2012 年，进入复旦大学理论经济学博士后流动站，师从袁志刚教授。袁教授的大师风范、家国理想不断感染着我，为我开启了更广阔的经济学大门，也更加坚定了我的学术理想。2015 年，我进入上海大学经济学院工作，在李友梅校长、聂永有院长、沈瑶院长、李骏阳院长、陈秋玲教授等领导及老师的帮助下，我顺利地从学生成长为光荣的人民教师。尽管一路有坎坷，但学术梦想的光辉始终是我人生中重要的灯塔。

这几年里另一个重要转变是我嫁作人妇、初为人母。感谢曾是好友现在已是丈夫的王树峰，从 1996 年开始的同窗情升华为终身伴侣。感激 2018 年宝贝女儿王沐夕的出生，因母爱而激发的责任感和使命感，激励我在教书育人、科研工作中尽心尽力，成为女儿的好榜样。更感激母亲辛苦帮助我照顾女儿，为本书的完成创造了条件。

多年过去，博士论文研究的主要范式和方向与我目前的主要研究工作已有一定的差异，这也使我重新从经济学角度对自己以系统动力学为主要方法论的博士论文在文献上的贡献进行思考，以便重新审视自己的学术目标和方向；另外也提醒自己莫忘初心、砥砺前行。考虑到论文的系统性较强，在博士论文的基础上，本书主要做了若干内容的修正、调整和文献更新。

此外，特别感谢经济管理出版社任爱清等编辑老师的帮助和修订，你们认真负责的精神保证了这本著作的质量。

因知识而优雅，因研究而谦和，因学术而不朽，将是我穷其一生追求的目标。